Bernard Sallé

HISTOIRE DU THÉÂTRE

Librairie Théâtrale
3, rue Marivaux
Paris 2e

ISBN 2-7349-0089-0

INTRODUCTION

« Où va le théâtre ?... », demandait un jour un journaliste à Louis Jouvet ; et comme ce dernier hésitait, ne sachant comment répondre à une pareille question, Pierre Renoir[1] lui souffla : « On ne peut jamais savoir où l'on va, mais tu peux lui dire d'où l'on vient. »

Où va le théâtre ? La question reste d'actualité, car le théâtre continue d'errer entre un passé glorieux et un avenir incertain, victime d'une désaffection endémique des spectateurs, et de la fuite des auteurs vers des formes d'écriture plus prometteuses. Où va donc le théâtre ?... Les reprises, redécouvertes, re-créations ou re-éclairages de textes passés occupent de nombreux professionnels, tandis que d'autres tentent de faire passer leur travail de recherche pour une nouvelle forme d'évolution. D'intéressantes tentatives pèchent par un intellectualisme souvent rebutant, et les productions grand public ne s'écartent guère des formules éprouvées.

Rien de tout cela ne semble aller dans le sens d'un renouvellement, et l'on a bien de la peine, depuis quelque temps, à citer dix véritables auteurs contemporains. Le théâtre donne l'impression d'une tradition qui perdure, mais qui n'est plus en osmose avec son temps. D'occasionnelles réussites apportent tout de même de l'espoir aux plus optimistes, mais les plus pessimistes n'y voient rien d'autre que les derniers sursauts d'un art agonisant.

L'avenir seul tranchera, mais il est probable que le regard qui sera un jour porté sur cette fin de siècle fera la part entre le métier théâtral, qui s'honore de grands comédiens et de

(1) Pierre Renoir était le fils d'Auguste Renoir et le frère de Jean Renoir. Sous la direction de Jouvet, il créa *Jean de la lune, Siegfried, Amphitryon* ; et on se souvient de lui au cinéma dans le rôle du marchand d'habits des *Enfants du paradis*.

grands scénographes, et la poursuite d'un art vivant, pauvre en nouveaux dramaturges — ou en nouvelles formes de théâtre.

Quoi qu'il en soit, ces temps étranges sont propices à la réflexion et aux bilans. Et, en réponse à l'avenir incertain du théâtre, la boutade de Pierre Renoir, en invitant à se tourner vers le passé, conduit à trouver une amorce de réponse. Car c'est dans la recherche de son identité profonde, dans l'étude de son évolution depuis ses origines, que le théâtre d'aujourd'hui découvrira peut-être de nouvelles perspectives.

A son invitation, nous allons donc tenter de faire le bref historique d'un art complexe, qui a souvent marqué l'histoire humaine, et qui a laissé d'inaltérables chefs-d'œuvre. Et peut-être découvrirons-nous des raisons d'espérer encore dans l'avenir du théâtre.

Définition du théâtre

Il convient cependant de situer le propos de cet ouvrage. Car le domaine de l'art théâtral, qui recouvre aussi bien une forme de spectacle qu'une forme de littérature, n'est pas toujours facile à cerner. Jusqu'où peut-on parler de théâtre ? Un texte dialogué est-il du théâtre ? un poème que l'on récite ? une cérémonie religieuse est-elle une manifestation théâtrale ? et le music-hall, le mime, les marionnettes ? l'improvisation, le happening ? l'opérette, la comédie musicale ?

En bref, quelle est la définition du théâtre ?

Si l'on s'en réfère à la simple étymologie, théâtre vient du grec *theatron*, "théâtre", qui dérive du verbe *theaomai*, signifiant "contempler, considérer, être spectateur (au théâtre), passer en revue". L'accent à l'origine est donc mis sur les spectateurs d'abord, le lieu ensuite. Le théâtre est défini par ceux qui regardent, dans un certain lieu.

Il faut donc s'accorder là-dessus : il n'y a pas de théâtre sans spectateurs, et le théâtre demande la définition d'un lieu scénique, quand bien même il serait primitif ou provisoire.

Néanmoins, tout spectacle qui remplit ces conditions n'est pas nécessairement du théâtre : un match de boxe ne devient pas du théâtre parce qu'il se joue sur une estrade devant des spectateurs. Mais un match de boxe reconstitué et joué par des comédiens deviendrait du théâtre, sauf dans le cas où les comédiens, piqués au jeu, se mettraient à s'affronter réellement, rendant l'issue incertaine, c'est-à-dire non prévue, non représentée.

On le voit, la nuance est subtile, mais essentielle. Le rapport entre les comédiens et les spectateurs implique une certaine connivence qui inclut le sens du jeu représenté, la notion d'un argument défini à l'avance, et le don au public de ce jeu ; l'acte théâtral ne doit pas s'exercer pour soi, mais s'adresser aux spectateurs.

Le théâtre, tous les commentateurs s'accordent là-dessus, doit raconter une histoire humaine, représenter « l'imitation d'une action de caractère élevée et complète » (Aristote, définissant la tragédie), ou « l'image exacte et animée de la nature humaine, représentant ses passions et ses caractères » (Dryden, dramaturge anglais du XVIIe siècle). Le théâtre ne se contente pas d'être une source d'émotion ou de plaisir : il doit rendre compte de l'homme.

Ainsi, le théâtre est un art qui a pour but de représenter en un lieu défini la nature humaine dans ses actions, ses pensées, ses grandeurs ou ses bassesses, en procurant au spectateur une émotion directe. La forme écrite n'est que le reflet de cet art vivant.

La Gesamtkunstwerk

Comme tant de définitions, celle-ci n'est pas totalement satisfaisante. Le théâtre utilise le plus souvent la forme parlée, bien qu'il se soit à toutes les époques approprié la danse, le chant, le rythme et la musique. Néanmoins, les formes les plus directement orientées vers la danse ou la musique ont trouvé leurs spécificités et leurs destinations propres, qui ne sont plus celles du théâtre. L'opéra, par exemple, sacrifie généralement la qualité littéraire du livret à la partition.

Il est quelquefois arrivé que des auteurs aient tenté le mariage idéal de tous les arts, réalisant la *Gesamtkunstwerk*, synthèse des arts chère à Wagner. Et, dans cette perspective, ils ont été tenté de ne voir dans le théâtre que l'une des formes — incomplète et imparfaite — d'un art suprême.

L'idée d'une forme de spectacle total comme un aboutissement de tous les arts serait évidemment séduisante, si elle conservait l'égalité entre les différentes formes artistiques sans asservissement de certaines par l'une d'entre elles qui deviendrait prépondérante. Or, le mélange des genres se fait presque toujours au détriment de l'un ou de l'autre, et la partie dramatique y perd souvent sa crédibilité, et ce qu'on pourrait appeler "l'illusion théâtrale".

L'illusion théâtrale

Nous avons vu que le théâtre impliquait de la part du spectateur la conscience du spectacle représenté, et pourtant, tout l'art théâtral tend à transmettre des émotions, des sentiments ou des idées avec force et conviction. Le théâtre, s'il ne veut pas tromper, cherche à illusionner. Il tend à entraîner le spectateur dans des moments fragiles où le comédien se confondra avec le rôle, la fiction avec la réalité, l'émotion jouée avec la véritable émotion ressentie.

Tout l'art du théâtre est là, dans l'ambiguïté entre le spectacle conscient et l'illusion, et sa réussite demande la fusion de différents talents : celui de l'auteur, qui apporte sa portion d'histoire humaine, celui du metteur en scène qui fixe le rituel de la représentation, et celui du comédien, qui tend à la plus grande véracité dans son jeu.

Le poète humaniste, le metteur en scène mystificateur et l'acteur véridique ne sont quelquefois qu'une seule et même personne, et c'est alors que le théâtre atteint sa plus haute dimension, avec des hommes tels que Shakespeare ou Molière. Et l'on ne s'étonnera pas que les trois premiers tragédiens grecs, ceux que l'histoire nous a laissés comme les véritables fondateurs du théâtre, aient été, eux aussi, en même temps des auteurs, des scénographes et des comédiens.

ORIGINES DU THÉÂTRE

LE "PROTO-THÉÂTRE"

Homo ludens

De toutes les activités que l'homme a pu s'inventer, le théâtre se distingue par le fait qu'il ne demande que très peu de moyens. Dans ses formes les plus restreintes, il peut se résumer à une unique personne se présentant devant d'autres personnes, en quelque lieu que ce soit ; aucune invention, aucune étape particulière dans l'évolution des sociétés n'est réellement nécessaire. Ainsi, le théâtre a pu apparaître de manière primitive à n'importe quel moment de la Préhistoire, à partir du moment où l'*homo sapiens* s'était doté d'une organisation sociale. Toutefois, les traces les plus anciennes d'une forme de spectacle, dans les civilisations assyro-babylonienne et hittite, datent tout au plus du troisième et deuxième millénaires av. J.-C., et ne permettent rien d'autre que de prudentes hypothèses sur ce qui a pu se passer auparavant.

En Mésopotamie, on sait qu'un poème retraçant le mythe de la création était donné chaque année pour la nouvelle année babylonienne ; mais faisait-il l'objet d'une déclamation ou d'une véritable mise en scène ? Dans quelles conditions était-il joué ? Était-ce une cérémonie mystique, rituelle ou à demi profane ? Toutes ces questions restent en suspens et ne permettent d'ailleurs pas d'affirmer qu'il s'agit réellement d'une première manifestation théâtrale. Jusqu'à la civilisation grecque, qui est la première à être mieux connue, il convient de rester prudent dans les origines du théâtre.

Peut-on néanmoins se faire une idée de certaines formes primitives de spectacle ? Paul Léautaud disait :

« Le théâtre, à son origine, c'est un loustic à la langue bien pendue, qui imitait ou contrefaisait ses camarades, savait inventer pour les faire rire. Le théâtre c'est le rire, la fantaisie, l'imagination, la répartie vive, le tout inattendu, le trait prompt et pénétrant, l'irréel et la vérité tout à la fois, l'observation qui amuse et se répand en traits comiques, le mouvement, la farce, au besoin la bouffonnerie ! »

La proposition est probablement très appropriée, même si le théâtre des origines ne s'est pas limité aux simples formes verbales. On peut imaginer, le soir au coin du feu, l'amuseur du village singeant ses compagnons ou retraçant les exploits héroïques d'un ancien. On peut encore imaginer l'ensemble des chasseurs reconstituant la capture d'un animal, pour favoriser la chasse du lendemain. William Golding, dans "Sa Majesté des mouches", fait ainsi jouer par des enfants redevenus sauvages une séance de chasse rituelle, dans laquelle l'un d'entre eux tient le rôle du cochon sauvage.

Entre le jeu, le rite et l'exorcisme, une forme vivace de spectacle a donc très certainement existé, et peut-être même dans des lieux réservés pour cela. Sur le site de Lepenski-Vir, en Serbie orientale, les archéologues se sont par exemple interrogés sur un espace qui pourrait faire penser à une aire de jeu primitive. Mais rien ne permet de l'affirmer, ni d'en tirer une véritable conclusion.

Le chamanisme

De récentes études ont permis de mieux cerner l'importance des anciens *chamans*, et de dégager le rôle qu'ils ont pu avoir dans l'avènement d'une première forme de théâtre.

Les pratiques chamaniques traditionnelles de part et d'autre de l'Océan Pacifique étaient bien connues, mais rien ne permettait d'affirmer qu'elles étaient d'origine très ancienne. Or, des relations évidentes ont été établies entre différents rituels asiatiques, par exemple ceux des Esquimaux sibériens, des Chinois (des documents existent sur les chamans chinois de la dynastie T'ang, entre 618 et 907), des Mongols, des Indiens (fakirs), Népalais, Tibétains, et même Javanais et Ceylanais ; et ces rituels présentent d'étranges points communs avec ceux des Indiens nomades d'Amérique du Nord et des Précolombiens d'Amérique centrale et d'Amérique du Sud. Ces constats sont d'un grand intérêt, car ils tendent à établir que ces pratiques proviendraient d'une même tradition culturelle, au moins aussi ancienne que la période de migrations à travers le détroit de Béring (antérieure au XVe millénaire av. J.-C.). Et les études comparées ont permis de cerner le rôle essentiel du chaman, le "maître des esprits", qui était à la fois exorciseur, guérisseur, prêtre des morts, faiseur d'oracle, mais aussi homme de spectacle.

Le chaman opérait le plus souvent en état de transe. Il utilisait des cris, des incantations, des dialogues, de la ventriloquie, de la musique, de la danse, des chansons. Une séance récente de chamanisme sibérien, relatée par A. F. Anasimov, décrit le chaman parlant avec la voix des esprits, mimant un animal, imitant le cri des oiseaux, le bruit des ailes, enchaînant avec des dialogues comiques ou dramatiques, se répondant à lui-même, tout en s'accompagnant avec un tambourin. Il est costumé, et il utilise un masque et des accessoires. Bientôt, le rythme sur le tambourin devient frénétique, le chaman passe le tambourin à un assistant et entame une danse hallucinée, qui est d'une forte impression sur les participants.

Un tel rituel se composait jadis de tout un répertoire d'incantations, de danses et de prières, qui avait pour but de favoriser les récoltes et la fécondité, de combattre la maladie, d'aider à la chasse, d'assurer la domination sur l'ennemi, de garantir un climat approprié et, d'une manière générale, d'apporter une protection totémique au groupe ou à l'individu. Le masque, celui, par exemple, de l'homme-oiseau ou de l'homme-cheval, aidait l'exécutant à personnifier l'animal totémique, et se révélait d'un effet très spectaculaire. Mais ce n'était que l'un des attributs du spectacle théâtral que le chaman utilisait pour rendre plus efficace — ou plus crédible — sa performance magique.

En fait, il s'agissait bien là d'un véritable spectacle à un seul personnage ; et il semble que le rituel essentiellement incantatoire, utilisant l'état de transe, se soit également complété par de véritables scènes de comédie. Le chaman singeait par exemple les malformations physiques, les maux et les plaies dans une intention d'exorcisme. Un témoignage de Caroll Edward Mace sur les comédies aztèques souligne qu'elles prenaient pour cible la stupidité, l'ivrognerie, la folie, la surdité ou les maladies ;

« des farces, précise-t-il, sur la syphilis, le rhume, la toux, ou les larmoiements étaient jouées au temple de Quetzalcoatl, et elles étaient supposées avoir un effet d'exorcisme sur ces afflictions. »

L'ébauche du comédien

La finalité, probablement, était alors plus comique que réellement magique. Et, pour provoquer les rires des spectateurs, le sorcier se devait avant tout d'être un bon comédien. Les transes incontrôlées devaient laisser place à une bonne maîtrise des effets comiques, et la magie se retirait devant le *jeu*.

La forme comique fut très certainement la première voie qui conduisit au genre théâtral. Le rituel religieux s'en approchait par ses aspects spectaculaires, mais dans la mesure où il cherchait surtout à impressionner et à convaincre, il excluait le plaisir complice du jeu et de l'interprétation. A l'inverse, le spectateur qui riait n'était pas dupe ; le rire était une brèche dans la crédulité, il introduisait le faux-semblant. Le rire devenait l'un des facteurs qui allaient inventer le théâtre.

Le chamanisme ancien, tel qu'il nous apparaît aujourd'hui, serait donc à l'origine des toutes premières formes du théâtre. Il est intéressant de noter qu'il a créé une fonction, celle d'un intervenant professionnel, qui n'est plus un amuseur de hasard, mais l'ébauche d'un comédien en pleine possession de ses moyens, avec une place à ce titre dans la société.

L'évolution de cette forme de théâtre chamanique est difficile à évaluer. Il n'est pas certain qu'elle ait survécu dans les villes, lorsque les peuples se sont urbanisés. La part de spectacle magique avec utilisation de transes semble toutefois s'être perpétuée dans de nombreuses cultures sous des formes diverses (oracles, exorcismes) ; il est beaucoup plus difficile d'évaluer la continuité des manifestations burlesques du chamanisme.

Les premiers rituels théâtraux des civilisations sumérienne ou égyptienne, s'ils se sont éventuellement inspirés du chamanisme, lui ont donné la dignité de grandes représentations religieuses en passant de l'unique intervenant à une distribution plus importante, voire à une véritable figuration.

Y eut-il d'autres formes de spectacle dans d'autres civilisations ? Peut-on imaginer, parallèlement aux spectacles religieux, une forme de théâtre laïque ? La question, hélas, reste sans réponse, faute de traces et de documents. Et ce n'est qu'avec le développement de l'écriture que le théâtre trouvera enfin sa pérennité et sa mémoire.

LES RITUELS ÉGYPTIENS

Cérémonies funéraires

Dans l'Égypte ancienne, les formes théâtrales furent riches et variées dès la fin du deuxième millénaire av. J.-C. ; elles restaient, cependant, étroitement liées à la religion.

Les stèles et les papyrus retrouvés dans les tombes font état d'incantations qui appartenaient aux rituels de ce qu'on appelle aujourd'hui les "Livres des Morts". L'une des cérémonies d' « ouverture de la bouche » (dans laquelle le défunt demande à Thoth, le scribe des dieux, de lui enlever les bandages qui le bâillonnent pour lui permettre de ressusciter dans l'au-delà), datant du ~XXe siècle, se présente ainsi sous une forme dialoguée.

Un autre poème du rituel des morts appartenant aux Textes des sarcophages (entre ~2250 et ~1780) raconte un "Jeu des quatre vents", que l'on a également identifié sur une peinture tombale de ~1900 : quatre jeunes filles, symbolisant chacune un alizé, sont confrontées à un cinquième personnage. Le rituel, qui avait pour but de donner au défunt la maîtrise des vents, était probablement chanté et dansé.

Spectacles liturgiques

Datant également des environs du deuxième millénaire, un texte appelé le "Papyrus dramatique du Ramesseïon" a été retrouvé dans la tombe d'un ancien maître de cérémonies. Il consiste en une sorte d'aide-mémoire pour un spectacle liturgique, avec le début de chaque réplique et des dessins qui indiquent les différentes actions. C'est le premier document technique du théâtre, qui témoigne à la fois d'une mise en scène codifiée et de l'intervention d'un organisateur.

La plupart des spectacles, semble-t-il, mettaient en scène le dieu-soleil Rê, Isis, Osiris, Seth et Horus dans différentes aventures mythiques, et principalement dans la légende d'Osiris. On sait qu'Osiris, dieu de la végétation devenu ensuite dieu des morts, fut tué par son frère Seth, dieu maléfique qui dispersa sa dépouille en quatorze parties ; mais son épouse Isis et son fils Horus parvinrent à retrouver les morceaux et à lui redonner vie.

Un texte conservé, "Naissance et Apothéose d'Horus", présente sous forme de répliques une sorte d'identification au dieu-faucon. Dans le temple d'Edfou, une série de bas-reliefs et de colonnes peintes racontent la "Victoire d'Horus sur l'hippopotame". Selon l'interprétation d'Étienne Drioton, les bas-reliefs illustrent, scène par scène, les étapes d'un rituel avec des parties parlées et chantées, au cours duquel on transperçait un pain en forme d'hippopotame, lequel pain était ensuite rompu en morceaux et distribué sur les autels.

Invention de la théâtralité

Toutes ces traces, aussi intéressantes soient-elles, ne décrivent que des fragments de cérémonies religieuses. Elles prouvent néanmoins que les Égyptiens avaient maîtrisé l'art de la mise en scène, intégrant le chant et la danse. De grandes cérémonies se déroulaient d'ailleurs avec un évident sens du spectacle, et Hérodote raconte que les Égyptiens participaient par milliers à des scènes reconstituées. A Pamprémis, pour la fête d'un dieu qu'il assimile à Mars, les fidèles se livraient à une bataille à coups de bâton pour permettre au dieu d'entrer dans son temple. Lors d'une autre fête à Saïs, tous les habitants allumaient une lampe à huile le soir, et la ville en était tout illuminée. On sait d'autre part que les prêtres dans les temples utilisaient de véritables effets de théâtre, avec des machineries, des fumées, des bruitages, etc.

Les Égyptiens semblent avoir été les premiers à avoir perfectionné les différentes formes de spectacle religieux. Ils ont développé l'art de la mise en scène et celui de l'interprétation. Ils ont créé la notion de répertoire, et les textes dramatiques rédigés s'accompagnaient d'indications scéniques. Il semble même que soient apparus de véritables professionnels du spectacle ; une stèle retrouvée à Edfou, et qui daterait de ~1580, fait déclarer à un certain Emheb :

« J'étais celui qui accompagnait mon maître dans ses tournées, sans faillir à déclamer. Je lui donnais la réplique. S'il était un dieu, j'étais un prince, et lorsqu'il tuait, je revivifiais... »

Étonnante profession de foi d'un homme qui est probablement le premier comédien connu de l'histoire du théâtre.

LES SPECTACLES MINOENS

Une civilisation oubliée

Ce fut une véritable surprise, au début de ce siècle, de découvrir qu'avait existé, entre le ~XXe et le ~XVe siècle, une antique civilisation crétoise. La fouille du palais de Cnossos, puis d'une demi-douzaine d'autres palais, confirma l'importance de cette culture et de son influence sur une grande partie du bassin méditerranéen.

Tout laisse à penser que la civilisation crétoise fut brillante, ingénieuse et active. Les fresques retrouvées, beaucoup moins rigides que les fresques égyptiennes, montrent des jeunes gens souriants, richement parés, aux corps gracieux ; les motifs de décoration sont vifs et harmonieux, remplis de motifs floraux et d'animaux bondissants. Aux alignements froids et solennels des Égyptiens, les architectes préférèrent un mélange harmonieux de façades et d'entrées indirectes, de portiques bien ordonnés et de corridors étroits, tortueux, labyrinthiques, communiquant par des escaliers contournés. L'administration, d'autre part, semble avoir été suffisamment sage et efficace pour générer une société stable et pour favoriser la navigation et le commerce.

Arthur Evans, l'archéologue qui exhuma Cnossos, donna le nom de minoenne à cette civilisation oubliée, en référence au roi Minos de l'histoire de Thésée. Ses découvertes venaient en effet d'éclairer d'une lumière tout à fait nouvelle les légendes et le passé grecs.

Le goût du spectacle

Quelles étaient les distractions des Minoens ? Chaque palais était doté d'une grande cour centrale, toujours orientée nord-sud, dans laquelle se donnaient des cérémonies à grand spectacle. A Mallia, elle a conservé en son centre une fosse sacrificielle ; elle était vaste et bien disposée à Cnossos, et la plus petite, à Kato Zakro, mesure encore 12 mètres sur 30. Dans ces enceintes, ou peut-être sur des aires un peu plus vastes, se déroulait également un étrange rite tauromachique qui figure sur une fresque retrouvée à Cnossos : on y voit trois jeunes gens qui se présentent devant un taureau chargeant, et qui jouent à l'empoigner par les cornes pour effectuer un saut périlleux par-dessus son dos ; plus étonnant encore, deux de ces acrobates sont des jeunes filles. Probablement s'agissait-il de professionnels donnant une représentation rituelle, car l'importance symbolique du taureau se retrouve dans toute la civilisation minoenne. Et la performance acrobatique est bien représentative d'une civilisation où l'on aimait les activités physiques, et où les concours d'athlètes étaient fréquents.

Tout laisse à penser que la classe aristocratique avait le goût des beaux spectacles, de la musique et de la danse. La flûte double et la cithare étaient largement utilisées ; l'art théâtral trouva également sa propre forme d'expression, qui fut une étape marquante dans l'évolution de la dramaturgie. Bien que rien, malheureusement, ne soit resté du théâtre minoen, il semble qu'il ait largement préparé celui de la future Grèce antique. Il est très certainement à l'origine du *chœur cyclique,* ce groupe d'acteurs-danseurs évoluant ensemble d'un même mouvement, chantant, marquant la cadence et s'exprimant d'une même voix, et qui était certainement présent dans toutes les manifestations de culte.

A l'issue d'une brillante expansion de quelques siècles, la civilisation minoenne disparut mystérieusement, peut-être à la suite d'un cataclysme volcanique qui eut lieu vers ~1500. Un demi-siècle plus tard, la Crète fut conquise par les Mycéniens, venus du Péloponnèse. Leur présence est attestée par de nombreux vestiges : des armes tout d'abord, et des milliers de tablettes qui révèlent une langue toute nouvelle : le proto-grec.

Les Mycéniens prenaient leur revanche sur ceux qui les avaient longtemps dominés. Ils subirent cependant l'influence de la culture minoenne, lui empruntant de nombreuses coutumes et s'appropriant certains de ses dieux. Ils avaient vaincu le Minotaure, mais c'était pour mieux l'intégrer à leur mythologie.

Le récit épique

La civilisation mycénienne, à la célébration religieuse, préférera bientôt l'évocation de ses propres exploits, rassemblés dans une véritable épopée. Ceux qu'Homère nommait les *Achéens* eurent une civilisation de riches dynasties locales[1] autour de villes telles que Mycènes, Thèbes, Tirynthe ou Pylos. Cette sorte de confédération de palais-états guerriers, avide de combats et surtout de butin, réalisa selon la légende une dernière action d'éclat vers ~1230, commandée par le roi mycénien Agamemnon, en allant assiéger et piller la ville de Troie ; mais la civilisation mycénienne touchait déjà à son terme. Les héros de l'Iliade, on le sait, reviennent dans un pays fort agité : Agamemnon est assassiné par un usurpateur, Ulysse doit ruser pour reprendre son trône, etc. Le récit poétique n'avait fait qu'utiliser et transposer la situation véritable de l'époque.

Il n'est pas sûr que les Mycéniens aient pratiqué un art théâtral autre que celui de la déclamation de poèmes épiques, chantés par des *aèdes* qui s'accompagnaient d'une lyre pour scander leurs beaux vers. C'était néanmoins une forme de

(1) « ...C'est beaucoup de rois et de chèvres éparpillés sur du marbre », dit Hélène dans *La Guerre de Troie n'aura pas lieu.*

spectacle tout à fait adaptée à une société féodale de rois locaux. Si l'interprétation dépendait surtout de la bonne déclamation, la forme prenait une importance considérable, car les récits, bien connus de tous, ne pouvaient plus provoquer d'effets de surprise. L'art des poètes allait donc s'attacher à leur donner une forme parfaite, lyrique et poétique, dans une langue en évolution qu'ils allaient contribuer à enrichir.

Le panthéon mycénien s'était probablement rempli de dieux de toutes les sortes et de toutes les origines.

« Presque tous les noms des dieux, reconnaissait Hérodote, nous sont venus des Barbares, et surtout d'Égypte, toutes mes enquêtes l'ont prouvé. Les dieux, à l'exception de Poséidon, des Gémeaux, d'Héra, d'Hestia, de Thémis, des Grâces et des Néréides, ont existé en Égypte de tous temps, et je ne fais que répéter ici ce que disent les Égyptiens. Quand aux dieux qui ne proviennent pas d'Égypte, ils doivent nous venir des Pélasges(1) sauf Poséidon, qui est originaire de Libye. »

L'histoire de tous ces dieux, qui se déployait en multiples anecdotes, devenait une source inépuisable de poèmes. Les exploits des héros mortels, à peine accomplis, prenaient également une forme épique. Ulysse, dans l'"Odyssée", est très étonné d'entendre un aède chanter ses propres aventures, alors qu'elles n'ont guère plus d'une dizaine d'années. La civilisation mycénienne avait le sens de sa propre légende.

Elle fut néanmoins la victime de ses dissensions et de toute une décadence méditerranéenne. Entre ~1250 et ~1130, Thèbes, Pylos, Gla, Iolkos, Tirynthe et Mycènes furent pillées et détruites, et il s'ensuivit une période confuse et violente, avec l'intégration de peuplades (Doriens) d'une autre culture. Et seul resta, au-delà de ce moyen âge grec, le souvenir magnifié de temps héroïques et lointains au cours duquel les hommes conversaient avec les dieux.

Subsistaient également les rituels d'exorcisme ou de divination, lesquels rappellaient encore par de nombreux points les

(1) Les Grecs du temps d'Hérodote donnaient le nom de "pélasges" à ce qu'ils pensaient être les habitants primitifs de l'Égéide, et cela inclut les Crétois, dont ils avaient oublié la puissante civilisation.

pratiques chamaniques. Le nom de Dionysos était lié à des rites orgiaques où le participant entrait en transes, au point de devenir temporairement un *bakkhos*, généralement sous l'action du vin. Mais il semble que le culte de Dionysos était déjà célébré depuis longtemps (on le retrouve cité sur une tablette mycénienne du ~XIIe siècle), même s'il est à peu près absent des poèmes homériques. Il tomba probablement en désuétude avant de réapparaître en force après le ~VIIIe siècle, ce qui explique que Dionysos était alors considéré comme une divinité récente.

Et, toujours au ~VIIIe siècle, les récits mythologiques trouvèrent une forme définitive, en splendides hexamètres dactyliques, sous l'inspiration d'un aède grec d'Asie mineure du nom d'Homère.

LE THÉÂTRE ANTIQUE

LA TRAGÉDIE GRECQUE

Des conditions propices

Au ~VIe siècle, la Grèce était composée d'une population active d'artisans, de marins, de commerçants et de paysans, qui avait par ailleurs fondé des colonies en Asie mineure, et des comptoirs en Italie, Sicile et à Marseille. L'ardeur belliqueuse des anciens Mycéniens était maintenant largement tempérée, mais les Grecs étaient fiers de leur passé mythique et de leurs origines qu'ils faisaient remonter aux héros, et même aux dieux. Les poèmes d'Homère, largement répandus[(1)], contribuèrent à faire progresser un système de valeurs plus humaniste et moral qu'essentiellement religieux.

L'aède avait toujours sa place dans la société grecque, mais la vulgarisation des poèmes commençait à démoder sa fonction de récitant exclusif. A côté de l'aède, le *rhapsode* était un conteur de rue qui reprenait à sa manière les histoires des dieux et des héros pour un public populaire, souvent en s'aidant d'un bâton et en rendant plus expressives les différentes actions.

Les spectacles liturgiques possédaient leur propre forme d'expression avec l'*hyporchème,* chanson mimée et dansée en chœur. Les textes au ~VIe siècle étaient déjà fixés sous la forme versifiée des *dithyrambes,* et il est intéressant de

(1) L'Iliade et l'Odyssée ne trouvèrent une forme écrite que sous Pisistrate, le tyran modéré qui favorisa au ~VIe siècle l'éclosion de toute la culture grecque. Ils furent alors récités chaque année à Athènes à l'occasion des Panathénées. Les élèves des gymnases en utilisaient de nombreux extraits pour apprendre à lire, à écrire, à transposer en grec contemporain, et aussi à pratiquer l'art du commentaire. Dès cette époque, les poèmes homériques étaient devenus des livres nationaux qui étaient à la base de toute éducation, et dans lesquels on allait jusqu'à voir la source de toute sagesse et de toute science.

constater que le terme de *dithyrambe* est d'une origine plus ancienne, préhellénique ou minoenne.

Le renouveau du culte de Dionysos avait sous Pisistrate entraîné l'organisation d'une manifestation annuelle à Athènes, appelée *Grandes Dionysies*, pendant lesquelles on célébrait le printemps. Mais, par un curieux glissement, la célébration orgiaque et débridée du "principe humide", du renouveau de la nature étendu à la fécondité animale et humaine, allait se rapprocher de plus en plus d'un spectacle codifié, chanté, dansé, déclamé en *dithyrambes*, beaucoup plus apollinien que dionysiaque. Les Grandes Dionysies devinrent une sorte de fête nationale à l'occasion de laquelle on commençait à donner des représentations sous la forme de tableaux vivants, avec une importance prédominante du chœur. Et, pour varier les spectacles, le besoin de nouveaux textes commençait à se faire sentir. Vers ~534, on institua un concours afin d'encourager les poètes à écrire dans la forme particulière du poème dramatique.

En se conjuguant, le répertoire de l'épopée, la forme dithyrambique et le concours institué pour les Dionysies allaient donner naissance au théâtre. A l'origine, il s'agissait d'un art encore très religieux, mais avec une tendance plus morale que mystique. L'intention première d'utiliser le spectacle pour inspirer aux Athéniens de nobles sentiments était parfaitement évidente, ce qui fera dire à Plutarque que les tragédies pré-eschyliennes étaient des « instruments de l'éducation des Grecs ». Toutefois, la manière dont le concours était organisé laissait aux poètes une grande liberté d'expression. Et c'est ainsi qu'ils allaient inventer, et très vite faire évoluer, un art déterminant pour la culture occidentale.

L'invention de la tragédie

Les Grandes Dionysies rassemblaient un certain nombre de processions, de sacrifices, de manifestations du culte, ainsi que de représentations de poèmes dramatiques qui se déroulaient sur trois journées. Un endroit spécial avec des gradins en bois et une aire de jeu était prévu pour cela dans l'enceinte du temple de Dionysos, et il est possible que ces gradins de bois aient été ensuite déplacés chaque hiver sur la place du Vieux-Marché, car un second concours dramatique vit bientôt le jour en décembre pour les fêtes des *Lénéennes*.

Selon la légende, la première représentation tragique serait due au poète Arion qui vivait à Corinthe vers la fin du ~VIIe siècle. La tradition avance ensuite le nom de Thespis, qui, venu d'Icarie sur son chariot lui servant de scène, aurait donné une première tragédie aux Dionysies entre ~536 et ~533. En précurseur, Thespis aurait dégagé nettement le premier comédien du chœur et différencié les parties chantées des parties parlées. Il aurait également établi l'usage d'un prologue, d'une présentation, et utilisé des masques moins grossiers qu'auparavant. Ensuite, et s'il faut en croire Aristote ("Poétique"),

> « Eschyle le premier porta de un à deux le nombre des acteurs, diminua l'importance du chœur et donna le premier rôle au dialogue ; Sophocle porta le nombre des acteurs à trois et fit peindre la scène. »

Aristote, soucieux d'échafauder une théorie d'évolution, simplifiait un peu les choses. A son époque déjà, de nombreuses tragédies était perdues, oubliées, souvent remplacées par de nouvelles versions sur les mêmes thèmes. Des grands précurseurs, il ne restait que les noms de Pratinas et Phrynichos ; Eschyle, Sophocle et Euripide ont conservé la gloire d'être les inventeurs de la tragédie grecque, mais c'est essentiellement parce que leurs rivaux, Ion de Chios, Néophron, Nicomaque, Euphorion et Evaïon (deux fils d'Eschyle), ou encore Philoclès l'Ancien (un neveu d'Eschyle), sont tombés dans l'oubli. D'autre part, n'ont été conservé d'Eschyle que sept tragédies, sept également de Sophocle et dix-huit d'Euripide, dont une qui est douteuse. Or, Eschyle écrivit quatre-vingt-dix tragédies, Sophocle plus de cent vingt, et Euripide quatre-vingt-douze.

L'étude de la tragédie grecque se résume donc à l'analyse d'une trentaine d'œuvres, alors qu'il s'en écrivit, entre le ~VIe et le ~Ve siècle, plus d'un millier ; et que l'on pense qu'un théâtre privé s'était développé dans les maisons aristocratiques, plus libre, plus évolutif, avec l'intervention de mimes, des conteurs, danseurs, bouffons et poètes. L'ampleur de la perte reste donc considérable, même si les textes qui nous sont parvenus figurent probablement parmi les chefs-d'œuvre de l'époque.

L'âge d'or de la tragédie fut d'ailleurs extraordinairement court. Il coïncida avec la grandeur d'Athènes, qui commença avec la victoire de Salamine sur les Perses en ~480, et se termina avec la victoire de Sparte en ~404. Mais déjà, un an avant cette date, Aristophane dans "Les Grenouilles" ne parvenait plus à trouver un véritable poète :

« DIONYSOS : Nul ne saurait me dissuader d'aller le[1] retrouver.
HÉRAKLÈS : Dans l'Hadès, là-dessous ?
DIONYSOS : Oui, par Zeus, et même plus bas au besoin.
HÉRAKLÈS : Pourquoi ?
DIONYSOS : Il me faut un poète habile, car les uns ne sont plus, les autres sont mauvais.
HÉRAKLÈS : Quoi ! Iophon ne vit pas ?
DIONYSOS : C'est le seul reste acceptable et encore ! Je ne sais pas trop ce que ça vaut ! »

En un peu moins de quatre-vingts ans, l'art dramatique eut le temps de naître et de mourir, mais aussi d'évoluer de manière considérable, ainsi que l'a souligné Jacqueline de Romilly :

« A beaucoup d'égards, la différence est plus large et plus profonde entre Eschyle et Euripide, qu'entre Euripide et Racine. »

Le chœur et les personnages

La légende d'un tout premier auteur-comédien jouant sur son chariot est, hélas, trop belle pour être vraie. Thespis est probablement un personnage imaginaire[2], mais il illustre bien le premier stade de l'évolution : Le premier comédien (*protagoniste*) s'exprime en toute indépendance, interprète l'histoire qui est racontée, et commentée par le chœur. Il s'exprime dans une versification différente pour marquer cette opposition.

Bientôt apparurent le deuxième comédien (*deutéragoniste*), puis le troisième (*tritagoniste*). Aristote commenta ces différentes étapes, séparant nettement la naissance du genre tragique de celle du genre comique. On sait maintenant que dans le

(1) Euripide.

(2) *Thespis* est un adjectif qui, dans l'Odyssée, a le sens d'"inspiré", dans des expressions telles que : "un chanteur inspiré", "une chanson inspirée"...

bouillonnement d'idées, d'inventions, et surtout dans le véritable engouement populaire qui avait saisi le peuple grec, tous les genres cohabitèrent et s'influencèrent entre eux. Cela dut entraîner le perfectionnement rapide des techniques de représentation, et renforcer l'importance des concours. Les Tyrans, s'efforçant de conserver au théâtre son caractère noble, ne firent qu'accentuer par la suite la différence entre la tragédie et la comédie, mais ne purent lutter contre l'introduction de la comédie elle-même dans les Dionysies et les Lénéennes.

Dans les premières pièces, le chœur est incontestablement le personnage principal. Évoluant au pied du public, il le personnifie, le représente dans une action dont il est souvent la victime. Les autres personnages, haussés sur des cothurnes, statufiés dans leurs amples vêtements rembourrés, sublimés par leurs masques, ne sont là au départ que pour donner une réalité au drame qui est appréhendé et commenté par le chœur. Paul Claudel décrivait ainsi le rôle de ce dernier :

> « Il raconte le passé, il décrit le site, il développe l'idée, il explique les personnalités, il répond et correspond par la poésie et le chant ; il rêve et murmure accroupi au côté de la Statue qui parle. » Et il ajoutait : « Cette assistance multiple de personnes sans traits par qui l'acteur principal du drame est entouré, chargées de fournir une réponse et une résonance à chacun des éclats de sa personnalité et à chacun des mouvements de sa passion : à quoi il s'appuie et se réfère en tant que témoins officiels et porte-parole délégués par le public, dans un déguisement approprié à la fiction. »

Dans sa forme primitive, la tragédie grecque éprouve le besoin de personnifier le public, de lui donner accès au drame en lui donnant une forme idéalisée. Le chœur, a révélé Nietzsche, « a pour tâche de stimuler la disposition dionysiaque de l'auditoire », de lui donner l'accès à l'illusion, et à l'émotion dramatique. Un pas est franchi : le participant n'a plus seulement, comme dans la transe dionysiaque, le sentiment de la proximité du dieu ; il accède à la vision, impressionnante et claire, des personnages épiques ou des dieux eux-mêmes. L'effet, nous disent les témoignages anciens, était bouleversant.

La tragédie, tirant ses sujets de la mythologie, n'innove pas par ses thèmes. Mais elle en vient très vite à développer une certaine forme d'exploration psychologique, fouillant dans l'âme des personnages et les obligeant à s'expliquer, sinon à se justifier. Les héros y gagnent en profondeur et en complexité. Dans un premier temps, de longs monologues intérieurs alternent avec les stances du chœur. Dans un deuxième temps, le débat entre deux, trois ou quatre personnages, commence à prendre tout son sens. Le chœur, de participant, devenait témoin. Le stade suivant d'évolution, qui aurait consisté en la disparition du chœur, n'eut pas lieu dans la tragédie grecque, mais il était inéluctable.

Athènes et le théâtre

La tragédie grecque était liée à la démocratie athénienne, qui en avait fait son étendard moral. Les spectacles étaient gratuits, et quand ils furent payants, les citoyens pauvres touchaient une petite allocation pour venir au théâtre. La tragédie trouva donc son épanouissement dans une véritable communion entre tous les Grecs.

Avaient accès au théâtre les citoyens et les étrangers, c'est-à-dire à peu près toutes les personnes libres en dehors des esclaves. Les femmes, qui avaient pourtant fort peu de droits, pouvaient cependant assister aux spectacles.

Lors de la préparation du concours, deux des magistrats les plus importants de la ville choisissaient les chorèges, citoyens riches qui allaient prendre en charge les différents chœurs et supporter les frais de représentation ; on procédait ensuite à la sélection des dramaturges.

Un auteur, quand il était choisi, s'engageait à faire représenter une tétralogie composée de trois tragédies et d'un drame satyrique, lesquels étaient présentés dans la même journée. En principe, l'auteur faisait lui-même répéter le chœur et jouait l'un des personnages. Un peu plus tard, des poètes comiques participèrent également aux concours, mais avec une seule pièce comique sélectionnée par auteur.

A l'issue des représentations, un jury composé de dix personnes tirées au sort parmi les spectateurs désignait un poète vainqueur, lequel recevait un trépied de bronze et une pension ; de même, le chœur et les comédiens qui lui avaient été associés se voyaient récompensés.

Le théâtre de bois d'Athènes, installé dans l'enceinte sacrée de *Dionysos Éleuthéros*, permit bientôt de recevoir de 12 000 à 14 000 spectateurs. Outre les gradins, il était constitué d'un espace rond de terre battue, l'*orchestra* (du verbe *orcheo*, "faire danser"), simplement limité par les genoux des premiers spectateurs, et sur lequel évoluait le chœur de la tragédie. Derrière l'*orchestra* se trouvait la *skéné* qui, comme son nom l'indique (*skéné* signifie "cabane, hutte, baraque"), était l'endroit où les comédiens se préparaient. Mais, entre la *skéné* et l'*orchestra* se situa bientôt le *proskenion* ("devant la *skéné*") qui, à partir d'une certaine période, a été virtualisé par une estrade de bois sur laquelle se présentaient les acteurs[1]. Eschyle, Sophocle, et Euripide ne connurent pas d'autre théâtre que ce premier édifice en plein air. Selon la tradition, Sophocle eut l'idée de fonds peints sur des châssis et de prismes tournants décorés (*périactes*) de chaque côté, qui permettaient des sortes de changements à vue. Et, avant même la fin du ~Ve siècle, des trappes, des treuils primitifs, des plates-formes roulantes permettaient quelques effets de scène.

Il est très difficile de se faire de nos jours une idée du rôle essentiel que pouvait avoir le chœur, ainsi que de la manière dont il évoluait. Ce que l'on sait, c'est que la versification jouait sur la longueur des syllabes et sur l'ordonnance de celles-ci, selon des rythmes bien définis. Mais ces agencements, qui demandaient par ailleurs une véritable virtuosité d'écriture, étaient de surcroît liés à l'évolution des sentiments, à la surprise, la peur, avec l'utilisation de refrains, de vers qui se répétaient, mettant en valeur la pensée dominante. Les mouvements eux-mêmes étaient intimement dépendants de cet art vocal et poétique, tout en cadences chargées

(1) Cette estrade de bois n'était certainement pas très élevée, et elle communiquait probablement avec la *skéné* par des portes. Mais la nature, la dimension et l'importance de ces parties à différentes époques font encore l'objet d'inépuisables discussions. Bornons-nous à rappeler que les installations étaient très simples, essentiellement pratiques, et qu'elles faisaient surtout appel à l'imagination des spectateurs.

de sens, et pour lequel on a un peu de peine aujourd'hui à trouver de véritables équivalences[1].

Derrière le chœur, et se mêlant assez rarement à lui, les comédiens primitifs devaient avoir, dans leur raideur et leur immobilité de "statues qui parlent", une majesté extraordinaire.

Tragos et komos

Les Athéniens adoptèrent vite le terme de tragédie, et ce nom mérite que l'on s'attarde un peu sur sa troublante origine. *Tragos* signifie "bouc", et *trag-œdia* "chant du bouc", ou "ode au bouc", ce qui, tout de même, n'a pas un très grand rapport avec le théâtre. On pourrait croire que le terme découle d'un qualificatif de Dionysos, mais le dieu, quand il est assimilé à la vigueur sexuelle de l'animal, est appelé *ériphos*, "jeune bouc", et non pas *tragos*. Tout au plus peut-on supposer que la *trag-œdia*, à l'origine, était un « chant religieux dont on accompagnait le sacrifice d'un bouc aux fêtes de Bacchus » (Bailly). Mais rien n'explique le glissement du sens jusqu'au poème dramatique. Les auteurs grecs eux-mêmes étaient bien en peine de l'expliquer.

Peut-être, par contre, le terme de tragédie a-t-il pris une tournure plus dramatique quand il s'est opposé à celui de comédie. L'origine de comédie, au moins, semble beaucoup plus claire : *Kômos* était le nom d'une joyeuse fête processionnelle en l'honneur de Dionysos, avec des chants et des danses.

De toute façon, ce sont les termes qui se sont imposés et qui se sont répandus partout dans le monde ; mais il reste tout de même assez étonnant que la forme la plus noble de l'expression théâtrale, celle qu'Aristote lui-même mettait au-dessus de la poésie épique, se soit épanouie en Grèce sous le signe étrange du bouc.

(1) Au XXe siècle, de nombreux scénographes ont tenté de reconstituer le spectacle antique. Mais ce fonctionnement si particulier du chœur reste un obstacle difficile à surmonter. Les meilleures tentatives — parmi lesquelles il faut peut-être citer *Les Perses*, que Jean-Louis Barrault signa pour l'ORTF en 1961 — provoquent au mieux une impression d'étrangeté qui est de toute façon très loin de l'émotion originelle.

Eschyle, le premier dramaturge

Pour Eschyle, la notion de patrie n'était pas un vain mot. Né en ~525, il se distingua en ~490 dans la bataille de Marathon, et combattit encore en ~480 à Salamine, alors qu'il avait quarante-cinq ans[1]. Eschyle, avant tout, était un homme au service de la grandeur d'Athènes.

L'univers d'Eschyle est violent, peuplé de forces obscures et d'affrontements terribles. Tout aspire pourtant à l'ordre et à l'apaisement, mais il faut compter avec la justice divine. Car les dieux sont omniprésents dans le théâtre d'Eschyle, ils sont terribles, redoutables, et pèsent sur le destin de l'homme pour le punir quand il s'égare.

L'action est généralement simple, linéaire, épurée, et fait progresser la tension dramatique à travers les longs chants du chœur, dans un lent et hiératique cheminement. L'unique événement que raconte généralement chaque tragédie est attendu, et survient vers les deux tiers du drame ; puis il est commenté, déploré, et le chœur en tire toutes les leçons.

La théâtralité était néanmoins très forte, et, pour ses mises en scène, Eschyle utilisait déjà un certain nombre de machineries. On sait par ailleurs qu'un décor avait été peint pour "L'Orestie".

Eschyle présenta probablement une première tragédie au concours des Dionysies en ~500, qui fut refusée. Il lui fallut attendre ~484 pour être couronné aux Dionysies, et la première pièce d'Eschyle qui nous soit parvenue, "Les Perses" — la première pièce de tout le répertoire mondial —, date de ~472. Il est intéressant de constater que la chorégie des "Perses" fut confiée au jeune Périclès, qui deviendra le brillant dirigeant que l'on sait de la démocratie athénienne.

L'auteur des "Perses", traitant avec quelques années de recul de la victoire grecque de Salamine, place son action dans la capitale ennemie. Le procédé n'était pas nouveau, puisqu'il avait déjà été adopté par Phrynichos quatre ans auparavant. Mais Eschyle donne à ce qui n'aurait pu être qu'une tragédie

(1) Pour faire une rapide comparaison entre les dates, Sophocle avait alors une quinzaine d'années, et Euripide naissait cette année-là.

de circonstance une étonnante grandeur sacrée. Le chœur est composé de vieillards perses qui attendent des nouvelles de la bataille, et qui appréhendent pour leur pays. Le désastre est progressivement annoncé par un messager. L'ombre du grand Darius sort de son tombeau pour prophétiser l'issue tragique de la défaite. Il souligne surtout que l'armée perse a été moins vaincue par les Grecs qu'anéantie par les dieux. « Quand un mortel s'emploie à sa perte, les dieux viennent l'y aider », rappelle-t-il. Orgueil, défi au dieux, impiété, sacrilège, c'est d'abord pour ses fautes que Xerxès, fils de Darius, a été puni par la justice divine. Et les longues lamentations finales entremêlent la crainte des dieux, l'horreur de la défaite et un terrible sentiment de culpabilité et d'impuissance.

Outre "Les Perses", nous sont parvenues "Les Sept contre Thèbes", représentée en ~467, "Les Suppliantes", de ~463, la trilogie de "L'Orestie" ("Agamemnon", "Les Choéphores" et "Les Euménides"), de ~458, première grande fresque de la tragédie humaine, et l'énigmatique "Prométhée enchaîné", dont on ignore la date et le lieu de représentation, et qui, avec ses nombreux personnages divins, se résume à un long cri de fureur et de douleur.

Après "L'Orestie", Eschyle avait quitté Athènes pour la Sicile où l'avait invité le tyran Hiéron de Syracuse, et où il mourut en 456.

Premier dramaturge, Eschyle fut aussi le premier grand poète visionnaire du devoir et du destin, de l'échec et de la mort, bien qu'il ait toujours préservé la description des émotions humaines. Son théâtre a conservé quelque chose à la fois d'archaïque et d'inouï, dans son mélange de grandiose et de fruste simplicité. Il a osé, en vrai poète, comme personne n'osera plus jamais après lui.

« Que ne puis-je m'asseoir, chante par exemple le chœur des Danaïdes, au sein de l'éther, là où l'eau des nuées se vient changer en neige ! Ou trouver du moins un roc escarpé, abandonné des chèvres, inaccessible aux yeux, hautain et solitaire, suspendu dans le vide, aire de vautour, qui me garantirait une chute profonde, avant que je subisse, contre ma volonté, l'hymen du ravisseur ! »

D'Eschyle, restent encore des noms de pièces évoquées par les anciens, "Iphigénie", "Philoctète", "Pénélope", "Les

Mysiens", "Les Femmes thraces", "Les Salaminiennes", "Laios", "Œdipe", dont les textes sont à jamais perdus. Restent également les témoignages décrivant la grande émotion qui avait saisi le public lorsque, dans une pièce sur le rachat de la dépouille d'Hector, Achille avait été saisi tout à coup d'un long et douloureux silence. Malgré le masque de plâtre et de chiffons, malgré le costume grossier, un comédien — peut-être Eschyle lui-même — avait amené ce jour-là sur le théâtre d'Athènes l'émotion suprême, la plus belle de cet art qui venait de naître.

L'immortel Sophocle

De l'histoire athénienne, Sophocle ne connut que les temps de grandeur et de gloire. Trop jeune pour participer à la bataille de Salamine, il conduisit néanmoins le chœur d'éphèbes chargés d'en célébrer la victoire. Il était né en ~495 dans une famille aisée, avait rapidement rencontré le succès, était devenu l'ami de Périclès et d'Hérodote. Vingt fois vainqueur aux concours dramatiques, il vécut heureux et adulé jusqu'à l'âge avancé de 90 ans auquel il écrivit sa dernière pièce, "Œdipe à Colone". Sa mort en ~405 fut celle d'un grand poète national.

A la grandeur inspirée d'Eschyle, Sophocle répondit par un véritable génie théâtral, avec l'ambition avouée d'une œuvre universelle. Sophocle avait foi en l'homme, et l'homme allait prendre la première place dans son théâtre, s'égalant par son héroïsme et sa dignité aux dieux eux-mêmes.

De même que l'on retrouve la justice divine dans toutes les pièces d'Eschyle, on rencontre un problème éthique dans chaque pièce de Sophocle. A une situation donnée, le héros ou l'héroïne répond par ce qui lui paraît être juste, quitte à braver le pouvoir des hommes ou la volonté des dieux. Et toujours, les affrontements s'annoncent comme une véritable symbolique de la destinée humaine. Sophocle, disaient les anciens, fit descendre la tragédie du ciel sur la terre.

La construction des pièces est toujours remarquable, avec une progression à la fois spectaculaire et très épurée. Sophocle s'attarde sur la mise en situation des personnages et invente ce qu'on appellera plus tard "l'intrigue dramatique", avec de l'action, des surprises et des péripéties. Le destin n'est plus le seul intervenant, et l'homme est également confronté au hasard, aux circonstances, aux erreurs de jugement. Ses réactions, d'autre part, sont plus humaines, et les personnages semblent maintenant faits de chair et de sang, créant chez le spectateur une sensation nouvelle. Le public ne s'identifie plus seulement avec le chœur, il comprend et s'interroge avec les personnages, cherchant également en lui-même ses propres réponses.

Les dieux sont encore très présents, mais Sophocle les considère désormais avec une sorte de respect un peu distant. Leurs desseins apparaissent obscurs, et l'homme en est souvent réduit à chercher dans les oracles des réponses trompeuses.

Des pièces qui nous sont restées, "Antigone" et "Électre" sont probablement les plus représentatives de son œuvre, avec leurs héroïnes intransigeantes et fières. Dans "Antigone", le conflit fait s'opposer les lois divines, sacrées et inviolables, aux lois civiles, utiles et opportunes. Mais il n'y a pas de victoire : Antigone, qui veut donner une sépulture à son frère paria, paie son courage de sa vie. Et Créon, roi de Thèbes, n'a guère le loisir de triompher : son fils Hémon, fiancé d'Antigone, se suicide, ainsi que sa femme Euridice. L'amère victoire de Créon n'aura servi qu'à magnifier l'héroïsme de la jeune fille.

Électre aspire au retour de son frère Oreste pour obtenir justice contre sa mère et Égisthe qui, on le sait, ont tué Agamemnon. Un messager annonce la mort d'Oreste et apporte ses cendres, mais, devant la douleur d'Électre, il avoue qu'il est Oreste et devient l'instrument de sa vengeance. Moins morale qu'"Antigone", plus violente et plus sombre, la pièce a tout le poids d'un drame inéluctable, avec des personnages conscients de ne pouvoir échapper à un destin qui les libère, les uns par la mort, les autres par l'accomplissement. Les deux héroïnes se rejoignent dans leur intransigeante pureté, et dans leur détermination ; « Frappe deux fois », crie Électre à son frère au moment de tuer leur mère Clytemnestre.

"Antigone" fut créée en ~442, "Électre" à une date qui est probablement postérieure à l'"Électre" du jeune Euripide, et donc après ~413. Ont encore été conservés de Sophocle "Ajax" et "Les Trachiniennes", présentés à des dates inconnues, "Œdipe roi", représenté vers ~420, "Philoctète", représenté en ~409 et sa dernière œuvre, "Œdipe à Colone", que son petit-fils fit représenter en ~401. C'est évidemment peu si l'on considère le nombre de pièces qu'il écrivit. Aristophane en connaissait cent trente, dont sept passaient pour douteuses. Ce fut de toute façon une œuvre considérable, qui lui donna l'occasion de reprendre une grande partie des légendes mythologiques. Il en proposa sa propre interprétation dans une langue simple et lyrique, plus accessible que la poésie épique, car la langue homérique était remplie de tournures particulières et d'archaïsmes. Sophocle, toutefois, resta respectueux des thèmes antiques, et c'est dans l'étude des personnages qu'il se fit novateur. Souvent incompris, souvent jugés injustement, les héros de Sophocle restent d'une orgueilleuse lucidité, comme Œdipe qui, au soir de sa vie, affirme la différence entre l'acte et l'intention : « Mes actes, je les ai subis et non commis... Comment, d'un acte involontaire, pourrait-on raisonnablement me blâmer ? » Au jugement des hommes et à celui des dieux, le héros de Sophocle répond par sa conscience.

Euripide le sceptique

La carrière dramatique d'Euripide coïncida en partie avec celle de Sophocle, mais avec des directions très différentes. Les quinze ans qui les séparent avaient fait naître une nouvelle génération, marquée par l'enseignement de Protagoras, de Gorgias ou de Démocrite, dont on peut rappeler le célèbre postulat : « Les hommes ont fabriqué une Fortune imaginaire pour excuser leur propre sottise : car la sagesse a peu à craindre de la Fortune, et presque toujours une âme habile et clairvoyante gouverne sa vie. » Avec Euripide, les Sophistes montent sur la scène du théâtre. Ils y apporteront leur goût du débat, mais aussi leur scepticisme et leurs interrogations.

Né vers ~480 dans une famille qui n'avait pas le mérite ni le prestige de celle de Sophocle, Euripide eut une vie difficile et scandaleuse. Sa carrière littéraire provoqua de vives réactions. Malgré ses nombreuses tragédies, il n'eut que quatre fois la palme du meilleur poète. Il quitta finalement Athènes pour aller vivre à la cour du roi de Macédoine, où il mourut en ~406.

Euripide était pourtant un homme qui appartenait pleinement à son époque. Il n'hésita pas à aborder dans ses pièces les problèmes politiques du jour, prenant position, même si cela devait l'entraîner dans d'inévitables contradictions, comme celle, par exemple, de l'ambiguïté de son patriotisme pacifique. Euripide inaugurait la difficile position du poète engagé.

D'Euripide nous restent des tragédies d'inégale valeur, "Alceste" (~438), "Médée" (~431), "Les Héraclides" (entre ~430 et ~427), "Hippolyte" (~428), "Andromaque" (vers ~425), "Hécube" (vers ~424), "Les Suppliantes" (entre ~424 et ~421), "Héraklès furieux" (entre ~420 et ~415), "Ion" (entre ~418 et ~414), "Les Troyennes" (~415), "Électre" (~413), "Iphigénie en Tauride" (entre ~415 et ~412), "Hélène" (~412), "Les Phéniciennes" (~410), "Oreste" (~408), et deux pièces qui furent représentées après la mort du poète, "Iphigénie à Aulis" et "Les Bacchantes".

On peut dégager quelques grands thèmes dans l'œuvre d'Euripide. Il y a d'abord celui de la grandeur d'Athènes, illustrée dans "Les Héraclides", ou "Les Suppliantes", ce qui n'exclut pas les regrets et les critiques du poète dans "Hécube", "Électre" ou "Oreste". Il y a aussi sa haine violente de la guerre, dans "Andromaque", "Hécube", ou "Les Troyennes", qui se traduit souvent par l'illustration de la douleur des mères et des femmes ; rien, à ses yeux, ne pouvait excuser la mort, la cruauté et la souffrance. Mais il fut avant tout le dramaturge des passions, de l'irrationnel dans l'homme, de ses hésitations, de ses troubles, de ses désirs, de ses déchirements en forces contraires, de ses peurs... Le véritable sujet d'Euripide fut l'être humain, non plus héroïque, mais pathétique, non plus l'égal des dieux, mais à peine sorti du monde primitif.

Euripide, d'ailleurs, ne croyait guère aux dieux. Il les jugeait sévèrement, soulignant leurs mauvaises actions et ne leur pardonnant aucune invraisemblance. Dans sa dernière pièce, "Les Bacchantes", Dionysos apparaît comme un dieu aimable et généreux, mais il finit par se révéler d'une telle cruauté qu'il fait basculer toute la pièce dans l'horreur. Euripide conserva néanmoins la nostalgie d'une religion épurée des « vieux contes » et qui aurait mieux répondu aux aspirations de l'homme. Il continuait de puiser ses thèmes dans la mythologie ancienne, tout en passant au crible les interprétations traditionnelles. Les héros, tout à coup, apparaissaient sous un jour nouveau : Agamemnon devenait un démagogue douteux, Ménélas un lâche et un hypocrite, Ulysse un politicien cynique. Une véritable soif de réalisme lui faisait montrer des hommes très ordinaires, qui jusque-là n'avaient pas leur place au théâtre. Il osa marier Électre à un paysan, il osa mettre en scène des rois faibles et veules. Apparurent, ce qui est nouveau, d'importants personnages dont la médiocrité était évidente, alors que des personnes d'humble condition, comme le mari d'Électre, se révélaient d'une grande dignité.

Souvent impuissants, les héros d'Euripide mesurent leur faiblesse : « Nous avons la notion et le discernement de l'honnête, dit Phèdre dans "Hippolyte", mais nous ne le mettons pas en pratique. » Et Oreste répond à Ménélas, qui lui demande quel mal le dévore : « ma conscience ; je sens l'horreur de mon forfait. » Dans cet univers de lucidité et de doute, les personnages cherchent les valeurs auxquelles ils pourraient se raccrocher. Euripide met en avant l'héroïsme très simple de ceux qui se sacrifient, celui, par exemple, d'Alceste qui accepte de donner sa vie pour sauver celle de son mari, ou encore celui d'Iphigénie : « J'ai réfléchi, ma mère, et j'ai compris que je dois accepter de mourir. Mais j'entends me donner une mort glorieuse. » Il exprime également le regret de la pureté, de l'innocence, des temps d'une bienheureuse ignorance. Le chœur, souvent, chante un bonheur perdu, un lieu de quiétude dans un pays lointain.

Dans tous les domaines, Euripide ne se lassa pas d'innover. Ses tragédies se firent quelquefois plus légères, à la limite de la fantaisie, et l'histoire d'"Hélène", par exemple, annonce presque *La Belle Hélène* de Meilhac et Halévy. Il fut aussi le premier à montrer l'homme dans le vertige de ses passions amoureuses, ce qui choquera beaucoup en son temps. Il multiplia les jeux de scène, les coups de théâtre, et utilisa très largement différentes machineries, les décors changeants, plateaux tournants ou roulants. Une sorte de grue (*mêchanê*, "machine") lui permettait même l'apparition surnaturelle d'un dieu pour dénouer in extremis les intrigues[1].

Le public athénien ne donna pas aux pièces d'Euripide l'accueil qu'elles méritaient. Il semble bien que la véhémence de ses personnages, allant quelquefois jusqu'à l'horreur, choqua beaucoup. Les vues personnelles qu'il exposait étaient aussi inconvenantes que les discours au coin des rues de son ami Socrate. Sa démarche d'analyse psychologique dans l'évolution d'un personnage, étonnamment moderne, déconcerta. Aristophane était capable de reconnaître le génie de son confrère, mais Aristote, jugeant qu'il manquait de logique et de cohérence, lui reprocha de ne pas respecter la « constance » des caractères. Ses audaces et son ouverture d'esprit, en avance sur le temps, n'étaient comprises que d'un très petit nombre.

Avec la mort d'Euripide et de Sophocle se terminait cet étonnant siècle d'or de la tragédie, et la comédie allait prendre le relais en rendant compte à son tour de la conscience athénienne. Malgré la condamnation de Socrate en ~399 pour impiété et corruption de la jeunesse, la Grèce s'ouvrait à la philosophie, et les plus brillants esprits se passionnaient maintenant pour la réflexion ou pour l'étude des sciences. L'art de la tragédie grecque, déjà, appartenait au passé.

LA COMÉDIE GRECQUE

La comédie ancienne

Les dramaturges écrivaient généralement des trilogies, mais aussi des drames satyriques, l'ensemble de trois tragédies et d'un drame satyrique constituant le spectacle d'une journée.

(1) D'où l'expression qui en est restée : *deus ex machina*.

Nous avons peu d'informations sur ce qu'étaient ces drames satyriques. Les fragments des "Limiers" de Sophocle, retrouvés au XXe siècle, et "Le Cyclope" d'Euripide sont trop insuffisants pour s'en faire une idée générale, mais il est probable qu'ils apportaient, sans prétention aucune, une respiration un peu bouffonne dans la sombre ambiance des drames. Contribuèrent-ils à imposer la comédie comme un genre à part entière ? Toujours est-il qu'en même temps que Sophocle donnait ses premières pièces, la comédie accédait au concours des Dionysies avec l'attribution d'un chorège et d'un chœur, audace que pouvait alors se permettre la jeune démocratie triomphante.

Il semble que la comédie ait pris pour la première fois une forme littéraire en Sicile avec Épicharme et Phormis, qui vécurent à Syracuse dans la première moitié du ~Ve siècle. Vers ~450, Cratinos, Cratès, Chionidès, Magnès, Phérécratès et, plus tard, Eupolis et Phrynichos se distinguèrent quant à eux à Athènes, sans que rien ne soit resté de leurs œuvres.

Toutefois, les Grecs étaient unanimes à reconnaître que le grand inventeur de la comédie, l'unique et l'incomparable, n'était autre que le prodigieux Aristophane.

Aristophane

Paul Mazon l'appelait « un gamin de génie », et il était aussi profondément athénien que Gavroche est parisien. Né vers ~445, trop jeune pour concourir avec sa première pièce, il la présenta sous le nom d'un autre. En ~427, "Les Babyloniens" s'en prenait à Cléon et à la politique du jour. Il obtint la palme en ~425 avec "Les Acharniens", en ~424 aux Lénéennes avec "Les Cavaliers", sous son véritable nom. Puis viennent "Les Nuées" aux Lénéennes de ~423, "Les Guêpes" en ~422, "La Paix" en ~421.

Dans cette première période, Aristophane ne recula devant rien, devant aucune bouffonnerie, aucune grossièreté, mais avec un tel génie comique qu'il était impossible de lui en tenir rigueur. Si Aristophane nous a montré, dit André Bonnard,

« avec une vérité cruelle, la versatilité, l'injustice, l'ingratitude et la frivolité des Athéniens, s'il a dénoncé les politicards, les profiteurs de la démocratie, les non moins redoutables penseurs, les sycophantes, les maîtres chanteurs, les vieilles folles aux ardeurs surannées, les parasites de l'idéal, s'il n'a pas reculé devant la scatologie et l'obscénité, en paroles comme en gestes, son œuvre fleure bon pourtant l'odeur des campagnes et sa saine poésie. Le chœur parfois exprime des sentiments les plus élevés et les plus divins et, soudain, s'enfle et déborde en un flot de lyrisme éblouissant et sublime : la parabase lave et parfume tout de sa mystérieuse ambroisie. »

Onze pièces d'Aristophane ont survécu à l'oubli, sur les quarante-quatre qu'il est coutume de lui attribuer. Toutes sont étonnantes de verve et d'invention, mais certaines ont conservé, par leur forme ou leur sujet, un intérêt tout particulier.

"Les Nuées", par exemple, montrent un vieillard qui souhaite, par opportunisme, recevoir l'enseignement de Socrate. Il découvre des disciples idiots, et le philosophe suspendu dans les airs dans une corbeille, car, déclare-t-il,

« je ne serais jamais parvenu à une connaissance exacte des phénomènes célestes, sans avoir suspendu mon intelligence et confondu ma pensée, subtile qu'elle est, avec l'air de même essence. Si je restais à terre et examinais d'en bas les régions d'en haut, je ne ferais jamais aucune découverte, je dis bien aucune, car la terre attire à elle, de force, l'humidité de la pensée. C'est exactement ce qui arrive pour le cresson. »

La charge est drôle et vive, mais il est intéressant de noter que cette pièce-ci fut fraîchement reçue par les Athéniens. Aristophane, pour railler les Sophistes, s'en était en effet pris à Socrate qui s'en distinguait pourtant par son humilité. Socrate était populaire et respecté, et le public athénien montra qu'il n'était pas prêt à suivre aveuglément le poète comique dans toutes ses satires.

Dans une seconde période, avec "Les Oiseaux" (~414), "Lysistrata" (~411), "Les Thesmophories" (~411) et "Les Grenouilles" (~405), Aristophane aborde une forme de comique plus modérée, plus légère, pleine de charme et de fantaisie. Les femmes grecques y ont la place belle avec des personnages enjoués et provocants, et n'hésitent pas, par exemple, à faire la grève du sexe pour obtenir la paix.

"Les Grenouilles" est probablement la pièce la plus littéraire et formellement la plus accomplie d'Aristophane : le dernier grand poète dramatique vient de mourir, et Dionysos, dégoûté de ce qu'il voit maintenant sur la scène, décide de se rendre aux Enfers pour ressusciter Eschyle ou Euripide. Remplie d'inventions comiques, la pièce remporta le prix aux Lénéennes, et eut même, chose exceptionnelle, une seconde représentation.

On considère qu'avec "L'Assemblée des femmes" (~392) et "Ploutos" (~388), le poète ouvre la voie à une nouvelle forme d'humour, plus proche de la comédie de mœurs. "L'Assemblée des femmes" raille les idées communistes du temps, et "Ploutos" mesure les effets d'une nouvelle répartition des richesses.

La comédie se donnait dans des conditions assez similaires à celles de la tragédie. Mais le chœur, à l'*orchestra*, était beaucoup plus turbulent ; les comédiens, vêtus légèrement sinon même à moitié nus, prenaient des attitudes grotesques, s'empoignaient, se roulaient par terre, affublés de masques grimaçants, d'accessoires invraisemblables ou de monstrueux phallus. Dans l'ensemble, Aristophane ne reculait devant rien pour égayer ses concitoyens. Une partie spéciale de chaque pièce, la *parabase*, permettait d'ailleurs au poète de prendre directement la parole à travers le chœur, pour accabler son œuvre de louanges, pour dénigrer ses rivaux, pour donner son avis sur la situation du temps ou entretenir les spectateurs de ses affaires personnelles. Il ne perdait cependant pas de vue ses cibles favorites. Dans un premier temps, ce fut la guerre qui déchirait la Grèce en factions rivales. Puis il s'en prit aux travers et aux ridicules du temps, ne ménageant jamais les politiciens en vue. Armé d'un véritable génie comique et d'un sens aigu de l'observation, il trouvait immanquablement l'invention qui s'adaptait à son propos et qui faisait rire. Il jouait de l'ironie, du calembour, du trait d'esprit, de la dérision ; il parodiait de manière irrésistible la tragédie, couvrant de ridicule des personnes réelles ou imaginaires, ne respectant rien, ni les dieux, ni les hommes, ni les institutions.

Pourtant, sa poésie restait très sûre et très gaie, et son lyrisme égalait celui des plus grands :

« Grâce à Aristophane, dit Paul de Saint-Victor, on a entendu une fois, sur la terre, le rire inextinguible des dieux. »

Bien qu'il ait eu des concurrents, Aristophane fut le véritable précurseur du théâtre comique et satirique. Il eut dans la République athénienne un rôle essentiel de polémiste, faisant quelquefois du théâtre une arme à double tranchant, aux effets souvent incontrôlés.

« Quand à la comédie attique, écrivait Robert Pignarre, c'est l'*agora* sur le théâtre ; elle tient lieu de la presse d'opinion, ne respectant rien, désignant les gens et appelant les choses par leur nom. L'intrigue n'y a d'autre valeur que d'un apologue ; l'acteur unique en est le peuple athénien : c'est lui le bonhomme Chremyle, ou Strepsiade, ou le naïf Démos ; et le chœur, qui est l'âme du jeu, c'est encore lui. Dans la tragédie, il représente l'élément modérateur ; ici, il excite à la bagarre. »

On imagine l'influence que les comédies d'Aristophane eurent sur les mentalités, et l'on comprend que Platon, plus tard, ait qualifié la République d'Athènes de *théâtrocratie*. Alors que les grands dramaturges avaient contribué à éveiller la conscience civilisatrice de l'hellénisme et à instaurer un "modèle grec", Aristophane, confronté au déclin d'Athènes, ne put que tenter de lui opposer ses armes comiques. Il aimait la paix, la nature et son bon sens lui tenait lieu de sagesse. On ne sait en fait que très peu de choses sur sa vie privée, sinon ce qu'il en disait d'une manière bouffonne dans ses parabases. Il mourut probablement vers ~386, alors que Sparte, puis Thèbes, dominaient maintenant la péninsule grecque.

Athènes, cependant, restait le grand berceau de la civilisation, avec de nouveaux philosophes et de grands courants artistiques. Mais le théâtre n'était plus le lieu de communion où venait se tremper l'âme grecque. Il avait été la source de la fierté nationale, avait inspiré le rêve, l'idéal ou la réflexion, avait tenu lieu de presse patriotique, satirique ou d'opinion. Désormais, le théâtre devait trouver en lui-même ses propres voies et sa propre raison d'être.

La comédie "moyenne"

Le théâtre athénien de Dionysos, cependant, était le siège d'importants travaux. On taillait dans le roc pour creuser les gradins. On porta le nombre de places à 25 000, l'*orchestra* fut dallée, la *skéné* construite en pierre. Il s'orna des statues d'Eschyle, de Sophocle et d'Euripide. L'ensemble des travaux durèrent jusqu'en ~343, et des améliorations furent encore apportées au théâtre jusqu'en ~330. Dès le ~IVe siècle, l'endroit, qui avait perdu en grande partie sa vocation religieuse, servait également pour les assemblées du peuple(1). D'autres grandes cités grecques avaient déjà fait construire leurs propres théâtres sur le même modèle. Citons ceux de Delphes, d'Éphèse (le plus grand), d'Épidaure (le plus beau), et ceux de Syracuse et de Ségeste en Sicile.

Les nouveaux dramaturges ne surent que prolonger sans génie les inventions d'Euripide. Si leurs pièces se sont perdues, nous connaissons leurs noms, ceux d'Ariston et Iophon, les fils de Sophocle, Agathon, Antiphon, Mélétos, l'accusateur de Socrate, Critias, l'oncle de Platon, Astydamas (quinze fois couronné) et Philoclès, descendants d'Eschyle, Carcinos, Chérémon, ou Théodecte de Phasélis (huit fois vainqueur au théâtre d'Athènes). Ils eurent leur temps de gloire, mais les pièces de leurs prédécesseurs, que l'on rejouait quelquefois, ne faisaient qu'accentuer la différence.

Dans le domaine comique, toutefois, l'écriture évoluait vers ce qu'on a appelé la comédie "moyenne" dont il ne reste que des fragments épars et qui se cantonna, semble-t-il, dans la parodie des mythes. Outre Ararôs et Philippos, deux fils d'Aristophane, nous sont restés les noms d'Antiphane (~407-~330 ?), treize fois victorieux à des concours dramatiques, Anaxandride (~410 ?-~348 ?), dix fois vainqueur, et qui fut certainement un auteur remarquable, Alexis (~372 ?-~270 ?), auteur prolifique qui inspira Plaute.

La comédie "nouvelle"

Puis, dans une nouvelle évolution, la comédie attique se fit le "miroir de la vie" avec Ménandre (~343-~292), qui tendait à refléter les préoccupations de la nouvelle classe moyenne.

(1) D'après Robert Flacelière, il y avait à Athènes environ 40 000 "citoyens", et 20 000 "métèques" (étrangers) qui n'avaient pas de droits politiques. Avec les femmes et les enfants, la population libre représentait environ 200 000 personnes, et les esclaves au service des uns et des autres étaient au moins aussi nombreux.

Ménandre fut un poète remarquable, aux fines études de caractères, aux histoires souvent sentimentales. « Aucune pièce de Ménandre n'est dépourvue de son affaire de cœur », disait Ovide. Ne reste cependant de lui qu'une œuvre mineure, "Dyscolos" (ou "L'Atrabilaire"), récemment retrouvée, et des fragments plus ou moins importants d'autres comédies, dont "La Chevelure coupée" et "Le Second Frère". Il est intéressant de constater que les textes ont été retrouvés sur des papyrus égyptiens, ce qui donne une idée de la circulation des comédies à l'époque d'Alexandre le Grand.

L'argument de "La Chevelure coupée" est du genre de ceux que l'on retrouvera dans la comédie pendant plus de quinze siècles : Polémon, un soldat irascible, a recueilli chez lui une toute jeune fille, Glycère, avec l'intention manifeste de l'épouser. Mais il la soupçonne d'avoir un amoureux, ce qui le conduit à couper les cheveux de sa pupille. L'amoureux de Glycère n'est en fait que son propre frère, orphelin lui aussi. Un vieillard intervient par hasard, découvre que les jeunes gens sont ses propres enfants, et dote généreusement Glycère qui épousera Polémon. On le voit, c'est une comédie de caractères aux ressorts comiques maintenant très éloignés de ceux d'Aristophane. La pièce est découpée en actes, et le chœur n'a plus qu'un rôle d'intermède. Les personnages sont néanmoins finement étudiés, la langue est nerveuse et élégante. Ménandre, malgré une vie privée assez scandaleuse, fut très apprécié pas ses contemporains, qui ne cherchaient plus dans le théâtre qu'un agréable divertissement.

De Philémon (~361 ?-~236 ?) ne reste que des fragments, et ce jugement d'Apulée :

« Philémon fut un poète de la comédie nouvelle. Il représenta des comédies avec Ménandre et il rivalisa avec lui ; il lui était peut-être inférieur, mais il fut son rival et assez souvent, on a honte de le dire, il le vainquit. On peut trouver dans ses comédies beaucoup d'esprit, des sujets bien charpentés, des intrigues bien résolues, des personnages adaptés aux situations, des sentences conformes à la vie ; les bons mots ne sont pas indignes du style comique et le sérieux ne va pas jusqu'au tragique ; les flatteurs et les séductions sont rares et les amours, de même que les fautes, sont licites. Nous trouvons néanmoins chez lui le souteneur perfide et l'amant fervent, l'esclave astucieux et l'amie trompeuse, l'épouse tyrannique et la mère indulgente, l'oncle bourru, l'ami serviable, le soldat belliqueux, voire les parasites voraces, les parents entêtés et les agréables prostituées. »

Des personnages, on le voit, qui feront encore la fortune du théâtre comique jusqu'à Goldoni.

Diphile (~360 ?-~263 ?), semble-t-il, avait une prédilection marquée pour le tragi-comique et les fins très morales. Nous connaissons encore Apollodore de Carystos, Apollodore d'Athènes (bien que ces deux dramaturges aient pu être une seule et même personne), Apollodore de Géla et Posidippe, mais avec des restes trop fragmentaires pour permettre une interprétation. Leurs comédies ont cependant laissé des traces non négligeables, puisqu'elles ont été largement exploitées par les auteurs latins.

La fin du théâtre grec

Avec Alexandre, la Grèce retrouva une splendeur nouvelle et éphémère dans laquelle le théâtre, cependant, et malgré de superbes architectures, ne tenait plus la première place. Alexandre lui-même dédaigna la tragédie antique pour organiser, nous dit Plutarque, de grandioses et somptueuses fêtes mythologiques, lesquelles faisaient intervenir des milliers de figurants.

Les riches et les princes, quand à eux, préféraient faire venir à leurs banquets des acrobates et des danseuses nues. Sur les théâtres se déroulaient aussi des représentations à grand spectacle, avec une vaste figuration et de nombreux effets. La disposition "classique", privilégiant l'*orchestra*, perdait sa raison d'être et devenait malcommode. Les tragédies antiques continuaient d'être représentées, mais elles n'étaient plus le reflet de l'époque. Les acteurs en revanche prenaient de l'importance, et ils s'organisèrent au ~IIIe siècle en associations "d'artistes dionysiaques", sorte de groupements qui subsistèrent jusqu'à la fin de l'Empire romain.

Les contacts des Grecs avec les peuples d'Orient et d'Égypte eurent comme conséquence de leur faire découvrir de nouvelles divinités, et il devint naturel de choisir et de célébrer les dieux de son choix. Les Dionysies perdirent toute importance religieuse. Par la suite, Athènes fut pillée en ~86, et ravagée par les Gaulois en 276. Mais, déjà, le relais du théâtre était passé sur la scène romaine.

LES ÉPIGONES ROMAINS

La continuité grecque

Peu de temps après la première guerre punique, vers ~230, un affranchi tarentin, grec de naissance, Livius Andronicus, commença à traduire pour la scène romaine des tragédies et des comédies du répertoire athénien. Il fut imité par Nævius (?-~201), Ennius (?-~169) et son neveu Pacuvius (?-~130), Accius (?-~86) et quelques autres, dont il ne reste que de rares fragments. En même temps qu'ils reproduisaient le théâtre grec, ces nouveaux poètes tentaient de donner vie à une forme de tragédie romaine, la *prætexta fabula,* du nom de la toge qui était alors portée pour jouer(1).

Dans les formes comiques, les auteurs renoncèrent définitivement au chœur et se tournèrent de plus en plus vers les croquis de mœurs à travers des personnages très typés, parmi lesquels le jeune homme amoureux, l'esclave rusé, le père soupçonneux, le soldat fanfaron, le corsaire vendeur d'esclave, l'entremetteuse, et la fraîche jeune fille largement convoitée. A la fin des pièces, un riche protecteur intervenait opportunément pour tenir le rôle du *deus ex machina,* et pour débrouiller les intrigues et les imbroglios. Sur des trames de plus en plus convenues, seule la verve de Plaute allait le différencier de ses concurrents.

Plaute

Titus Maccius Plautus (~254 ?-~184) apparaît alors que la République romaine est en plein essor. Peut-être tenta-t-il

(1) *Prætexta* vient de *prætexo,* border, de *præter,* "le long de". La toge des comédiens romains était bordée d'une large bande pourpre. Cela a donné "prétexte" en français, avec le sens de "motif mis en avant". *Fabula* signifie "récit", "pièce de théâtre".

dans sa jeunesse, comme l'avance Aulu-Gelle, une première expérience théâtrale qui se serait soldée par l'esclavage pour dette ; toujours est-il qu'il n'aborda réellement le théâtre qu'à quarante ans, vers ~215. A l'évidence, il connaissait les pièces classiques grecques et celles de la "nouvelle comédie" de Ménandre, Philémon et Diphile. Il s'en inspira très largement pour créer un répertoire de farces allègres et plaisantes, qui n'avaient pas d'autre but que de faire rire. Il écrivait pour sa propre troupe et pour lui-même, et fut un exceptionnel technicien de la farce, avec un sens aigu de la construction et de l'effet. « Il fonce au but, disait Périgny, dans le dru de l'intention burlesque. » Il semble bien avoir rejeté l'usage du masque, un peu trop contraignant, mais il utilisa l'accompagnement musical, allant jusqu'à introduire de véritables chansons dans le texte.

Sur les cent trente comédies de Plaute, vingt sont parvenues jusqu'à nous, parmi lesquelles "Amphitryon", "L'Aululaire" (ou "La Marmite"), "Les Ménechmes", "Le Revenant" (ou "La Comédie du fantôme"), "Casina", "Le Soldat fanfaron", "Le Carthaginois".

Il faut peut-être s'attarder sur "Amphitryon", qui clôt le chapitre de la satire mythologique avec des personnages divins qui ne sont plus que des personnages de farce. Chez Aristophane, l'utilisation des dieux était parodique, mais conservait l'esprit d'un affectueux hommage. Cette fois-ci, les dieux ne représentent plus rien.

"Casina" est intéressante parce qu'elle donne une idée de procédés comiques qui seront ensuite largement réutilisés. Il y a cette jeune esclave Casina, dont tout le monde parle et dont on vante abondamment les charmes, et qui en fait n'apparaît que tardivement sur scène ; et il y a la substitution dans le lit conjugal entre la jeune mariée et un robuste jeune homme, situation scabreuse qui sera reprise jusque dans les "Joyeuses Commères" de Shakespeare.

On ne peut, hélas, comparer Plaute à Aristophane, dont il ne possède ni le génie, ni la profondeur. Mais il est en revanche l'évident précurseur des comédies de la Renaissance, de tout un univers burlesque qui va de la commedia dell'arte à

Molière et Goldoni, et dont les dernières traces seront encore sensibles chez les boulevardiers du XIXe siècle.

Les théâtres romains

Les théâtres romains qui se construisirent se différenciaient nettement du modèle grec. L'ensemble des gradins (*cavea*), plus abrupt et plus proche pour améliorer la vision des spectateurs, était conçu dans un souci nouveau de confort. L'*orchestra*, libéré par la disparition du chœur, était maintenant de dimensions plus réduites et réservé aux fauteuils des sénateurs et des dignitaires. Le *proscenium* s'était agrandi et avait désormais l'aspect d'une véritable scène.

« Si nous donnons au *proscenium* plus de largeur que les Grecs, c'est que, chez nous, tous les artistes jouent sur la scène, l'*orchestra* étant réservée aux sièges des sénateurs. La hauteur du *proscenium* ne doit pas dépasser cinq pieds afin que les personnes assises dans l'orchestra puissent voir tout le jeu des acteurs. » (Vitruve.)

Derrière le *proscenium*, surtout, s'élevait maintenant un véritable mur, aussi haut que les gradins, orné comme une façade de palais, et qui avait pour fonction principale d'améliorer l'acoustique. On peut encore se rendre compte de l'excellente qualité du son dans des théâtres comme celui d'Orange, qui est toujours utilisé. Le théâtre s'agrémentait d'autre part de nombreux équipements : un *velarium* ("voile") était tendu au-dessus des spectateurs pour atténuer l'ardeur du soleil. Les accès étaient décorés de plantes et de fleurs. Dans le théâtre de Pompée, construit en ~55, plusieurs cours d'eau amenaient un peu de fraîcheur, et de plus, quand il faisait trop chaud, on arrosait aussi les spectateurs avec une pluie aromatique.

Les représentations utilisaient un décor peint, soit sur une toile de fond, soit sur des écrans roulants que l'on déplaçait latéralement. Les romains inventèrent le rideau de scène, un rideau qui s'élevait et s'abaissait devant l'avant-scène. Tout était conçu pour distraire agréablement.

« Allez donc aux spectacles, disait Aurélien, allez au cirque : les nécessités publiques sont nos affaires, les vôtres sont le plaisir. »

Au départ, les spectacles n'avaient lieu qu'à l'occasion des fêtes. A partir de ~214, on introduisit dans les *ludi romani* (jeux romains) quatre jours de spectacles, qui incluaient les jeux du cirque. Il n'y avait plus de chorégies, mais les *ludi* étaient financés par les différentes tendances politiques qui constituaient l'autorité romaine, ce qui n'excluait évidemment pas le souci de propagande durant les périodes électorales.

Sur le modèle des associations de comédiens grecs, il se forma des compagnies, dirigées par un *dominus gregis* (chef de troupe), lequel se chargeait de proposer et de négocier les représentations, et de veiller aux intérêts de son équipe. Avec le monde romain, le théâtre devenait — aussi — une entreprise commerciale.

Térence

Plaute écrivait pour un public peu cultivé, populaire et bruyant. Vingt ans plus tard, Térence (~190 ?-~159 ?) voulut apporter un peu de noblesse au répertoire comique.

Jeune esclave africain, Publius Terentius Afer fut affranchi et élevé par le sénateur Terentius Lucanus qui lui donna son nom. S'inspirant également de la "nouvelle comédie" et surtout de Ménandre, Térence traita sensiblement des mêmes sujets, mais avec une écriture qui tentait d'équilibrer l'humour et la peinture sentimentale. Les six pièces qu'il écrivit, "L'Andrienne", "La Belle-Mère", "Le Bourreau de lui-même", "L'Eunuque", "Le Phormion" et "Les Adelphes" témoignent avec un bonheur inégal de cette recherche nouvelle, qui ne pouvait guère être comprise à son époque. Térence vécut peu à Rome et mourut à vingt-cinq ans selon Suétone, mais plus probablement autour de trente ans.

Le public n'apprécia que modérément les pièces élégantes et moralistes de Térence(1), et leur préféra peut-être les œuvres du gaulois Cæcilius Statius que Cicéron plaçait au premier rang des comiques latins, et dont on ne sait rien, sinon qu'il écrivit une quarantaine de comédies.

(1) Diderot en souligna pourtant la modernité, le caractère novateur et les éléments nettement bourgeois, qui n'étaient pas sans points communs avec la "comédie sérieuse" du XVIIIe siècle.

Parmi les quelques noms de poètes comiques qui nous ont encore été transmis, citons celui du chevalier Decimus Laberius, qui semble avoir utilisé la comédie comme instrument de satire politique. Et notons pour l'anecdote que César lui-même écrivit dans sa jeunesse un "Œdipe", que l'on aimerait bien pouvoir feuilleter aujourd'hui.

Les farces et le cirque

Dès le ~IIe siècle, semble-t-il, s'était instauré une tradition de parades ou atellanes (*fabula atellana*), à la fois parodiques et licencieuses, sur des estrades facilement démontables et transportables. A demi improvisées, les atellanes mettaient en scène des personnages très entiers dont les principaux étaient Maccus, le lourdaud, Pappus, le vieillard ronchon, Dossennus, le bossu pédant, Surdus, le sourd, Sannio, le grimacier, Manducus, le bâfreur et la belle Prostitula, apostrophant le client devant sa chambre voûtée (*fornix*). Un certain Pomponius semblait s'être spécialisé dans l'écriture d'atellanes aux titres prometteurs, *Macci gemini* ("Les Frères Maccus"), *Bucco adoptatus* ("L'Adoption de Bucco"), *Pappus agricola* ("Pappus paysan"), *Hirnea Pappi* ("La hernie de Pappus"), *Verres ægrotans* ("Le Cochon malade"), etc. On en sait guère plus sur les atellanes, sinon qu'elles étaient déjà complètement démodées à l'époque de Cicéron.

Un art de la pantomime s'était par ailleurs développé à Rome pour un public très populaire, avec un comique qui ne sortait guère du pet sonore, de la gifle et du coup de pied au cul. Les meilleurs amuseurs publics étaient tout de même invités dans les grandes maisons, ce qui n'empêcha pas Libanios de souligner l'indigence de leurs canevas. Deux affranchis du ~Ier siècle, Pylade et Bathylle, furent néanmoins assez célèbres pour diviser Rome en deux camps ennemis : les partisans de Pylade avec la pantomime bouffonne, et ceux de Bathylle avec la pantomime tragique. Mais déjà, il ne s'agit plus vraiment de théâtre.

Le théâtre romain avait connu une brève période de gloire, puis il en était rapidement arrivé à des artifices plus spectaculaires. Selon Horace, la « populace ignare et stupide » du

~Ier siècle préférait surtout aller voir dans le monumental théâtre de Pompée les défilés d'éléphants, de girafes, mêlés à des cortèges triomphaux de captifs. Dans la "Clytemnestre" d'Accius, ce sont les six cents mulets portant les dépouilles de Troie que l'on applaudit. On en vint à montrer Léda s'accouplant avec un cygne, Pasiphaé avec un taureau, ou à substituer un condamné au héros dans la dernière scène des drames, pour le tuer véritablement. Un jour, lors de *Floralies* — fêtes qui se distinguaient par leur licence —, le sévère Caton avait quitté le théâtre au moment où le public s'était mis à crier pour que les comédiennes se déshabillent, car il ne voulait pas que

« sa présence empêchât d'observer les rites accoutumés ».

Le goût des spectateurs allait d'ailleurs surtout vers le cirque, que le peuple s'était habitué à réclamer en même temps que le pain (*panem et circenses*, comme l'avait résumé Juvénal), et qui offrait des pugilats, des combats de gladiateurs, des chasses aux fauves ou des batailles navales reconstituées, pendant lesquels le sang coulait abondamment. Les triomphes, d'autre part, ainsi que les funérailles, étaient l'occasion de grands spectacles munificents sur plusieurs journées, avec la participation de toutes sortes de saltimbanques(1). Une classe patricienne corrompue donnait en pâture à une plèbe cosmopolite, pour en acheter les voix, des spectacles qui n'avaient plus pour objet que de flatter leurs bas instincts.

Sénèque

Alors que les Romains entraient sans le savoir dans l'ère chrétienne, le théâtre, même dans la comédie, avait perdu son public populaire. On ne sera donc pas surpris que Sénèque ait délibérément choisi, bien avant Musset, de rédiger du "théâtre à lire".

Philosophe stoïcien et moraliste, Lucius Annæus Seneca (~4 -65) fut le précepteur de Néron et eut même une sorte de rôle de régent quand le jeune Néron, âgé de dix-sept ans, accéda à la charge de l'Empire. On pense qu'il fut d'une grande

(1) *Saltare in banco*, "saute-en-banc", qualificatif pour tous les bateleurs, bouffons, prestidigitateurs, et ceux qui font des tours d'adresse, de souplesse...

influence sur la première période de son règne, mais l'élève échappa bientôt au maître. Accusé d'avoir participé à la conspiration de Pison, Sénèque dut se suicider sur l'ordre de Néron.

De Sénèque, neuf tragédies ont été préservées : "Hercule furieux", "Les Troyennes", "Les Phéniciennes", "Médée", "Phèdre", "Œdipe", "Agamemnon", "Thyeste", "Hercule sur l'Œta". Reprenant de grands sujets grecs, Sénèque s'en est surtout servi pour illustrer des situations morales et pour en tirer des leçons. De pièce en pièce, il tente de faire ressentir l'horreur du vice par des visions sanglantes et d'effrayants portraits de personnages monstrueux, dans lesquels on est souvent tenté de reconnaître ceux qu'il ne connaissait que trop bien, Claude et Messaline, Néron et Agrippine. Malheureusement, il n'échappa pas aux défauts de la grandiloquence et de l'outrance, défauts que n'avaient jamais eu ses illustres prédécesseurs grecs.

Les pièces de Sénèque (ainsi que le reste de son œuvre), furent pourtant d'une grande importance dans la pensée occidentale. Le Moyen Âge continua de le lire et de l'étudier, et il influença vivement la Renaissance et Montaigne. Les classiques du XVIe siècle s'en inspirèrent, et surtout les Élisabéthains. Plus proche de nous, Antonin Artaud réhabilita encore Sénèque en en faisant le modèle du "Théâtre de la cruauté".

Sénèque fut en tout cas le premier à avoir volontairement séparé la forme écrite du théâtre de sa forme représentée. Ce faisant, il donnait à son œuvre une tendance beaucoup plus directement littéraire que théâtrale.

La disparition du théâtre

L'évolution du théâtre avait tué la religion, mais, comme l'a joliment dit Léon Moussinac, les jeux du cirque et de l'amphithéâtre finirent par tuer le paganisme. Les nouveaux chrétiens n'avaient que répugnance pour des réjouissances populaires dont ils avaient en partie fait les frais, et les autres formes de spectacle ne pouvaient trouver grâce à leurs yeux : les tragédies parlaient de dieux païens, et les comédies étaient pleines d'obscénités. Au IVe siècle, Saint Augustin se repentit en ces termes d'avoir trop aimé le théâtre :

« J'avais aussi en même temps une passion violente pour les spectacles du Théâtre, qui étaient pleins des images de mes misères et des flammes amoureuses qui entraînaient le feu qui me dévorait. [...] Mais quelle compassion peut-on avoir en des choses feintes et représentées sur un Théâtre, puisque l'on n'y excite pas l'auditeur à secourir les faibles et les opprimés, mais que l'on le convie seulement à s'affliger de leur infortune [...] Et moi au contraire j'étais alors si misérable que j'aimais à être touché de quelque douleur et en cherchais des sujets, n'y ayant aucune action des Comédiens qui me plussent tant, et qui me charmassent davantage que lors qu'ils me tiraient des larmes des yeux, par la représentation de quelques malheurs étrangers et fabuleux qu'ils représentaient sur le Théâtre. Et faut-il s'en étonner, puisqu'étant alors une brebis malheureuse qui m'étais égarée en quittant votre troupeau, parce que je ne pouvais souffrir votre conduite, je me trouvais comme tout couvert de gale ? [...] Telle était alors ma vie : mais peut-on l'appeler une vie ? mon Dieu.(1) »

La jeune Église contribua à faire disparaître le théâtre, mais le public, de toute façon, n'était plus au rendez-vous.

Avec la fin de l'Empire romain se tournait une page définitive. Les textes se perdaient, les beaux édifices de pierre étaient laissés à l'abandon, et personne ne venait plus y faire résonner les cris d'Électre ou les plaintes d'Œdipe. Arrivait un âge des ténèbres durant lequel le théâtre n'était même plus l'ombre d'un souvenir.

(1) La traduction est d'Arnauld d'Andilly, qui fut l'un des maîtres à penser de Port-Royal.

[illegible]

[illegible] Ainsi [illegible] rendez-vous.

Ainsi, [illegible]

[illegible]

(1) [illegible]

LE MOYEN ÂGE

DU PRÊCHE THÉÂTRAL A LA FARCE JOYEUSE

Théâtre d'inspiration religieuse

Il est assez difficile d'imaginer qu'en Occident, le théâtre ait pu se mettre en sommeil pendant près de dix siècles. L'Europe eut à digérer les vagues successives d'invasions barbares, et ne conserva son empreinte culturelle qu'à travers le filtre de la religion dominante. L'Église contrôlait l'éducation, intervenait largement dans les affaires des royaumes, dans la vie publique, l'art, le commerce, les institutions ; et le théâtre ne pouvait pas lui non plus échapper à son influence. L'aristocratie féodale, quant à elle, se contentait des passages de troubadours, acrobates jongleurs et autres montreurs d'ours. Quand elle s'inventa au XIIe siècle une mythologie héroïque, ce fut, avec le cycle arthurien, celle d'une classe noble et guerrière éprise de valeurs chrétiennes et d'amour courtois. Comme les aèdes antiques déclamant Homère, de nouveaux ménestrels répandirent en Europe les divers épisodes des romans de la Table Ronde. Mais cette écriture épique n'eut pas de correspondance scénique.

Également destinées à la lecture, les six comédies en prose de la nonne germanique Hroswitha[1] (Xe siècle) s'étaient voulu des imitations de Térence dans un esprit chrétien.

Cependant, la farce grossière subsistait sur des estrades de fortune, avec une plus ou moins grande tolérance de l'Église ; elle se distingua rapidement du *jeu* liturgique ou profane,

(1) Hroswitha fut-elle la première femme dramaturge ? Elle œuvra pour substituer aux « basses turpitudes des femmes lascives » la « chasteté louable des vierges sacrées », et son absence de talent est compensée par son émouvante certitude dans le triomphe du bien, et dans la « victoire de la fragilité féminine sur les ivresses de la force virile. »

généralement versifié, qui avait une prétention plus littéraire ; la *moralité* avait une intention édifiante, avec un recours à l'allégorie ; le *dict* se résumait le plus souvent à un monologue qui traitait d'un sujet d'actualité ; la *sottise* ou *sotie* était une farce qui mettait en scène des membres de l'imaginaire "peuple sot" ; enfin, la *pastorale*, plus tardive, était une sorte de tragi-comédie aux personnages champêtres.

Un *Danielis ludus*, "Jeu de Daniel", de Beauvais, est représentatif au XIe siècle du type de spectacle en latin ecclésiastique qui va bientôt sortir des églises pour être donné sur les parvis et sur les places. Au XIIIe siècle, des spectacles dans la langue du pays furent désormais tolérés, sans qu'en soit abandonné l'esprit édifiant. Cela donna les *laudi* en Italie, les *miracle plays* en Angleterre, les *Lehrstücke* allemands ; en France, les *Jeux* sacrés prirent le nom de *Mystères*(1) quand ils mettaient en scène des sujets tirés des deux Testaments ou des vies de saints, de *Miracles* quand ils traitaient particulièrement d'un épisode merveilleux, de *Passions* quand ils illustraient la Passion du Christ rapportée par les apôtres.

Le Jeu d'Adam (composé entre 1146 et 1174) est le plus ancien drame liturgique connu en langage français vulgaire. *Le Jeu de saint Nicolas* de Jean Bodel (?-1210), date quant à lui du début du XIIIe siècle. Dans la deuxième moitié du même siècle, Rutebeuf (1230-1285), le poète de « Que sont mes amis devenus ?... » écrivit *Le Miracle de Théophile*, et les siècles qui suivent verront apparaître un grand nombre de textes, toujours assez dépendants de l'esprit religieux.

Il y eut toutefois une exception avec Adam de la Halle (1240-1285), mime et musicien, qui osa vers 1275 et 1280 deux pièces profanes, *Le Jeu de la Feuillée* et *Le Jeu de Robin et Marion*. La première est une fantaisie autobiographique, la seconde une "pastourelle" plaisante, mais ces deux pièces furent sans suite dans leur temps.

Jusqu'au XVIe siècle, les épisodes bibliques, les vies de saints et les passions du Christ furent représentés avec un grand luxe

(1) L'usage a établi l'orthographe de "mystère", alors que, le nom dérivant du bas-latin *ministerium*, "service", "office", il devrait être écrit "mistère" ; on rencontre quelquefois cette forme plus exacte.

de moyens, une figuration importante et de nombreux effets. Chaque ville tenait d'ailleurs à célébrer ses propres saints, tels saint Martial à Limoges, saint Martin à Tours, saint Romain à Rouen, etc., et les corporations artisanales honoraient également leurs saints patrons.

Il est indubitable qu'il y eut dans cette époque l'intervention de metteurs en scène, ou tout du moins de régisseurs, qui coordonnaient les spectacles, et qui donnaient des recommandations de cet ordre :

« Le paradis doit être établi en un lieu élevé, il doit être entouré de courtines et de tentures de soie à une hauteur telle que les personnages qui sont dans le Paradis ne puissent être vus qu'à partir des épaules. Qu'on y voie des fleurs odoriférantes et des feuillages, qu'il y ait divers arbres avec des fruits suspendus afin que le lieu semble très agréable. Le Sauveur sera vêtu d'une dalmatique. Adam sera vêtu d'une tunique rouge, Ève d'un manteau de soie blanche. [...] Qu'Adam soit bien exercé à répondre quand il faudra et qu'il ne réponde ni trop tôt ni trop tard. Et que non seulement lui, mais tous les autres personnages soient instruits à parler posément et à faire le geste qui convient à ce qu'ils disent et, dans les vers, n'ajoutent ni ne retranchent une syllabe, mais qu'ils les prononcent toutes nettement et qu'ils disent bien à la suite ce qui doit être dit. »

Les participants étaient des amateurs non rétribués, mais auxquels on attribuait des indemnités en nourriture et en boisson, et chacun devait s'engager sur l'Évangile à tenir son rôle « avec conscience et sans défaillance ». D'habiles machinistes réglaient les feintes, trucages et machineries diverses.

Les spectacles, donnés dans le cadre des fêtes religieuses, attiraient des foules importantes. Un témoignage de 1535, par exemple, décrit la longue procession des gens qui s'étaient mis en route pour venir assister à un spectacle à Issoudun, où « il n'y eut bourgeois de la ville qui n'eût à cette occasion hébergé quelques étrangers ».

Le lieu de représentation prit bientôt une forme établie, que l'on retrouvera de manière assez semblable dans toute l'Europe : une grande aire délimitée pour le jeu, quelquefois entourée de véritables gradins, ou d'une haute palissade(1), avec

(1) « ...afin qu'on ne puisse voir le spectacle sans payer », précise un manuscrit de Montauban.

divers lieux scéniques signifiés par des décors appelés *mansions*. D'un côté, il y avait le Paradis, symbolisé par une façade de maison avec un trône surélevé pour Dieu, un chœur des anges et un aréopage des personnages sacrés ; de l'autre, l'Enfer, qui était représenté par une gueule ouverte de dragon, avec force exhalations de fumées puantes et le tintamarre des chaudrons dans lesquels on faisait cuire les damnés. Ici et là, des maisonnettes de toile servaient de coulisse aux participants qui n'en sortaient que pour jouer leurs scènes. D'autres mansions évoquaient au besoin le Palais du roi Hérode, le Temple de Jérusalem, le Calvaire, etc., et un bassin rempli d'eau figurait le lac de Tibériade.

Il arrivait que les spectacles soient donnés à la suite d'un vœu propitiatoire effectué par exemple pendant une épidémie, ou en action de grâce. La population d'une ville mettait alors en scène la vie du saint dont l'intercession avait été particulièrement efficace.

Cependant, comme la ferveur religieuse n'excluait pas le désir de se distraire, des intermèdes de jonglerie, de chansons et de farces vinrent bientôt mettre un peu de variété dans les spectacles ; et les représentations, de plus en plus soignées, avec une figuration de plus en plus nombreuse, tendaient vers le spectaculaire : des diablotins hurlants se répandaient dans le public pour semer la terreur ; les scènes violentes ou audacieuses se multiplièrent, flagellation, tortures, crucifixions, et martyrs de malheureuses jeunes filles à demi dévêtues, tandis que l'histoire s'attardait sur les épisodes de tentation, les péchés de Madeleine ou sur les amours de Judas. L'organisation des spectacles était maintenant sous la responsabilité de confréries professionnelles et les acteurs eux-mêmes en vinrent à se regrouper en sociétés, appelées *puys*. Après 1402, les Confrères de la Passion eurent à Paris un monopole de représentations dans leur salle de l'hôpital de la Trinité, qui commençaient à se rapprocher d'une forme de théâtre presque conventionnelle.

Les *Laudi* italiens eurent une évolution assez similaire, mais un peu moins audacieuse. Les textes les plus anciens des confréries conservaient un aspect nettement édifiant. Parmi les meilleurs textes qui ont subsisté jusqu'à aujourd'hui, citons *La rappresentazione di Abramo e Isaac* ("Abraham et Isaac") de Feo Belcari, *La rappresentazione del di del Giudizio* ("Le Jour du Jugement") de Feo Belcari et Antonio Araldo, et *La rappresentazione del Figliuol prodigo* ("L'enfant prodigue") de Castellano Castellani.

Datant d'avant 1485, *La leggenda di un monaco che ando al servizio di Dio* ("La Légende d'un moine qui alla au service de Dieu") témoigne d'une évolution vers un théâtre moins religieux. Mais *La rappresentazione di Santa Uliva* ("Sainte Olive") et *La rappresentazione di Rosana*, toutes deux de la fin du XVe siècle, s'appuient essentiellement sur des thèmes chevaleresques et aventureux, avec des scènes à la limite de la licence.

Boccace, avec le "Décaméron" (vers 1350), s'était déjà illustré sur le mode romanesque dans un mélange de genres haut en couleur, qui demeurait, selon Voltaire, « le premier modèle en prose pour l'exactitude et pour la pureté du style, ainsi que pour le naturel de la narration ». Il n'est pas possible de ne pas citer le Décaméron, car il sera d'une grande influence sur les dramaturges des siècles suivants ; il ouvrait la voie en effet à un humanisme nouveau qui allait être celui de la Renaissance, et il n'est guère d'auteur comique, de Shakespeare à Molière, chez qui l'on ne retrouve l'influence de Boccace.

En Angleterre, les *miracle plays* se distinguèrent par des personnages à la psychologie moins sommaire et des mises en scène beaucoup plus soignées. *Noah* ("Noé"), *Secunda Pastorum* ("Seconde Histoire des Bergers"), *The Killing of Abel* ("Le Meurtre d'Abel") sont presque de véritables pièces de théâtre. Au début du XVe siècle apparurent les *morality plays*, dont le plus célèbre est *The Summoning of Everyman* ("Le jugement d'Everyman"), avec des personnages purement allégoriques comme Bonne-Action, Doctrine, Force, Cinq-Sens, Beauté, etc. Joués comme partout ailleurs dans des endroits adaptés, mais aussi sur des tréteaux, le théâtre religieux et moraliste anglais était surtout lié à la foi catholique. Il se heurta à la montée du protestantisme, et disparut complètement avant le fin du XVIe siècle.

En Allemagne, comme partout ailleurs en Europe, l'élément spectaculaire et humain prit bientôt le pas sur la rigueur liturgique et dogmatique. Des représentations comme *La Passion de Benediktbauern* ont ensuite laissé la place après le XVIe siècle aux *Lehrstücke* (pièces didactiques), dont le *Cenodoxus* de Jacob Bidermann. En Hollande, notons que les représentations, quand elles se déroulaient sur les places des villes, utilisaient les maisons avoisinantes pour figurer les différents lieux de l'action. Là encore, on retrouve l'évolution d'un théâtre religieux vers des formes plus spectaculaires ou vers un théâtre de moralités.

Le bilan de toute cette production d'inspiration plus ou moins religieuse reste cependant très maigre. Au mieux, les textes relèvent surtout de la célébration, et il semble que les spectacles n'aient jamais été d'une bien grande qualité dramatique. Les troupes spécialisées s'étaient pourtant multipliées au XVIe siècle, rassemblant des

> « ...gens ignares, artisans mécaniques, ne sachant ni *a* ni *b*, qui oncques ne furent instruits ni exercés en théâtre et lieux publics à faire tels actes et davantage n'ont langue diserte ni langage propre ni les accents de prononciation décente, ni aucune intelligence de ce qu'ils disent, tellement que le plus souvent advient que d'un mot ils en font trois ; font point ou pause au milieu d'une proposition, sens ou oraison imparfaite ; font d'un interrogatif un admirant ou autre geste ou accent contraire à ce qu'ils disent, dont souvent advient dérision ou clameur publique dedans le théâtre même, tellement qu'au lieu de tourner à édification, leur jeu tourne à scandale et dérision. » (Jugement du Parlement de Paris en 1543.)

Différents arrêts furent pris en 1523, 1525, 1536, 1540 pour faire cesser des représentations qui devenaient de plus en plus profanes et contre lesquelles le Concile de Trente prit fermement position en 1563. L'ordonnance de Blois de 1580 mit fin définitivement à un genre qui aurait peut-être pu aboutir, en France, à une forme plus noble de théâtre à la fois populaire et spectaculaire.

A Paris, les Confrères de la Passion, qui venaient de quitter l'Hôtel de Flandres après l'Hôpital de la Trinité, et qui avaient aménagé une salle sur l'emplacement de l'Hôtel des ducs de Bourgogne, jouèrent encore des pièces profanes « honnêtes et licites », et préférèrent en fin de compte louer leur établissement à diverses troupes de passage, françaises ou étrangères. On sait l'importance que prendra, dès le siècle suivant, cette salle de l'Hôtel de Bourgogne.

Les amuseurs

En même temps que se déroulaient ces manifestations très officielles, les amuseurs publics continuaient d'errer de places publiques en salles de châteaux, quand ils n'étaient pas conviés à se produire à l'occasion de mariages, célébrations et fêtes diverses. Une "Somme de Pénitence" du XIIIe siècle fait la différence entre les mimes « transformant et transfigurant », ceux qui, presque nus, font « des danses et des gestes indécents » en portant « d'horribles masques », ceux qui « débitent des opprobres et des ignominies sur les gens », ou qui, « par le moyen d'images déshonnêtes, font apparaître des façons de fantômes par incantations ou autrement ». On le voit, les petits métiers du spectacle n'avaient pas tardé à renaître de leurs cendres. C'est dans le genre "opprobre" qu'il faut placer le *Dict de l'Herberie* de Rutebeuf, chef-d'œuvre de l'art du boniment, avec des passages tels que :

« Si la veine du cul vous bat
Je vous guérirai sans débat,
Cela sans faute
Et je guéris de goutte haute
Au point que le malade en saute
Et de la dent,
La guérirai adroitement
Par un petit d'oignement... »

Les dicts et autres monologues comiques se développèrent à partir du XIIIe siècle, et, parmi les textes conservés, se distingue une *Cœdia Bile* italienne, dans laquelle un convive se voit servir les poissons les plus petits, alors que l'amphitryon se réserve les plus gros.

Des moralités, mais surtout des farces, étaient données dans les foires, dans les tavernes, avec un dispositif des plus rudimentaires. Le thème le plus éprouvé était celui de la ruse d'un personnage qui lui permet de surmonter tous les obstacles, mais qui peut également se retourner contre lui ; quelques illustrations de proverbes (*Farce des femmes qui font accroire à leurs maris de vessies que sont lanternes*, par exemple), quelques situations vigoureuses (*Farce des femmes qui font escurer leurs chaudrons*) complètent un répertoire qui s'apparente surtout à celui des fabliaux.

Le terme de farce, qui vient du bas-latin *farsa*, "farcissure", témoigne également du jargon utilisé, qui était un mélange de langages savants, de mots de patois, d'énumérations, de sonorités cocasses, de grossièretés. Et le jeu très outré ne faisait qu'accentuer l'intention première de divertir.

De cette éphémère production nous sont restés l'intéressante *Farce nouvelle très bonne et fort joyeuse du Cuvier*, la *Farce nouvelle du pâté et de la tarte*, et *Le Garçon et l'Aveugle*, probablement dû à un saltimbanque belge. Un seul texte se dégage nettement par sa qualité et sa verve, ainsi que par le dessin de ses personnages : écrite vers 1464 par un auteur inconnu, la *Farce de Maître Pathelin* est véritablement la première comédie en langue française. On en connaît le sujet : un avocat rusé, Pathelin, aide un berger à berner un marchand de draps, avant de se faire berner à son tour. Elle a laissé une réplique célèbre, celle du juge qui n'y comprend plus rien, et qui répète à l'envi : « Revenons à nos moutons. »

Les comédies d'étudiants

Les saltimbanques n'allaient pas tarder à se trouver en concurrence avec les clercs d'université, qui commençaient eux aussi à s'adonner à l'écriture comique.

Il faut, pour situer un peu l'origine de leur démarche, souligner la place qu'avait pris la *Fête des fous* dans les différents pays d'Europe. Aux Saints-Innocents, à la Sainte-Catherine ou à la Saint-Nicolas, les étudiants entraînaient la population dans des fêtes qui se terminaient en joyeuses bacchanales dans les rues, et même dans les églises. Les jeunes gens se costumaient, se masquaient, se déguisaient en filles ou se promenaient dans le plus simple appareil, dansaient dans les églises sur les autels, buvaient, élisaient "l'Évêque des fous", qui les poussait à d'autres folies. L'Église s'était montrée impuissante à contrôler ces manifestations païennes, et elle en était arrivé à les supporter comme un défoulement nécessaire pour le petit clergé et les étudiants.

Au XVe siècle, un certain Maffeo Vegio s'indigna d'une fête assez excessive qui s'était déroulée sous le Dôme de Pavie (Italie). Nous verrons d'ailleurs que les clercs et les lettrés de Pavie seront les tout premiers à donner un aboutissement théâtral à leurs divertissements.

C'est probablement dans les Fêtes des fous qu'il faut voir l'origine des *Sermons joyeux,* qui ne se différencient des monologues comiques que par leur manière de parodier l'éloquence sacrée. Il s'y mêlait évidemment les plus grossières plaisanteries, et les titres s'en font l'écho : *Sermon de l'Andouille, Discours des friponniers et des friponnières, Sermon du dépuceleur de nourrices, Sermon du ramoneux de cheminées, Panégyriques de saint Hareng, saint Raisin, saint Oignon, sainte Andouille,* etc. On y retrouve les deux ressorts comiques les plus courants au Moyen Âge, celui de la tentation de la chair, et celui de la tentation de la bonne chère.

Dans la première moitié du XVe siècle, un certain Antonio Barzizza, dit Le Palermitain, écrivit à Pavie des textes fort drôles dans un latin plutôt barbare, dont probablement *La Cauteriaria,* directement inspirée de Boccace, qui raconte l'histoire d'un prêtre donnant des rendez-vous galants dans son confessionnal. Le titre fait allusion à la punition au fer rouge, non pas de l'ecclésiastique impie, mais du sexe féminin tentateur ; et la pièce s'excuse de ne pas être à la hauteur du comique de Plaute, dont on venait de redécouvrir un recueil de douze comédies.

D'autres farces, *Janus Sacerdos* et *Philogenia,* semblent bien avoir été rédigées par des disciples ou des admirateurs de Barzizza. Dans le *Janus Sacerdos,* les étudiants jouent leur propre rôle, qui consiste à guérir à coups de gourdins un prêtre pédéraste. *Philogenia* (avant 1437), due à Ugolino Pisani, raconte les déboires d'une jeune fille séduite et malmenée par son amant Épiphèbe. Du même Pisani, la *Repetitio egregii Zanini coqui* ("La Leçon de l'excellent cuisinier Zanino") est une énumération burlesque de toutes les sottises humaines, suivie d'un aperçu de l'art du maître queux.

La découverte des comédies de Plaute (elles furent retrouvées en 1429, et divulguées en 1431) fut probablement décisive. Elles furent abondamment analysées, commentées, représentées, de même que celles de Térence, qui n'avaient pas subi le même oubli. Elles commencèrent à susciter des imitations en latin, et la recherche d'un comique moins grossier que celui des simples farces. Progressivement de nouveaux textes, aussi bien grecs que latins, étaient redécouverts, renforçant encore l'engouement nouveau pour la comédie et la tragédie.

L'une des conséquences de tout ce renouveau théâtral fut la création de *Sociétés joyeuses*, rassemblant ici et là des comédiens amateurs, clercs pour la plupart, et qui connurent très vite le succès. La plus célèbre société fut celle des *Clercs de la Basoche de Paris* (qui se divisaient en *Basoche du Parlement*, *Basoche du Châtelet* et *Empire de Galilée*), avec la concurrence, toujours parisienne, des *Enfants sans-souci* et des *Sots*. Dans la province française se distinguaient *La Mère folle* à Dijon, *Les Connards* à Rouen et à Évreux, *Les Suppôts de la coquille* à Lyon, *Les Momeurs du Pont-Pinard* à Beauvais, *Les Cache-Profit* à Cambrai, etc. Ces troupes se déplaçaient, et les plus célèbres étaient invitées ici et là pour de grandes occasions. La célébrité de la *Basoche* fut bientôt éclipsée par celle des *Enfants sans-souci*, parmi lesquels on compta Clément Marot, Pierre Gringoire (ou Gringore), et le comique Jehan, dit Songecreux.

Gringoire (1475-1538) fut un fournisseur prolifique de farces, moralités et sotties, tel son *Jeu du prince des Sots et de mère Sotte*, avec des thèmes satiriques qui allaient jusqu'à critiquer les abus du royaume. Louis XII acceptait volontiers ces manifestations d'humeur sociale, et un certain Jean Bouchet écrivit à l'époque, à propos du répertoire des *Sots* :

> « Sots, des gens de grand renom
> Et des petits jouent les grand'folies
> Sur eschaffauts en paroles jolies
> Qui est permis par les Princes et Rois,
> A cette fin qu'ils sachent les desroys
> De leur Conseil, qu'on ne leur ose dire,
> Desquels ils sont avertis par satire. »

François Ier, un peu plus tard, goûtera moins l'expression de cette franchise populaire et interdira de

« jouer aucunes farces, sottises ou aultres jeux contre l'honneur du Roy, de la duchesse d'Angoulême mère du Roy, des princes, des seigneurs de son sang et autres de sa cour... »

La sotie s'orientait surtout vers la critique sociale ; la farce ne sortait guère du domaine du simple divertissement ; ce qu'on appelait comédie allait du mélodrame qui finit bien[1] jusqu'à la pièce édifiante, et la moralité couvrait de manière non moins lâche les sujets édifiants, depuis les thèmes bibliques jusqu'aux allégories les plus symboliques. En fait les termes se recoupaient souvent et se chevauchaient, de même que les troupes de comédiens ne se spécialisaient pas dans un genre particulier.

Encore une fois, les mêmes tendances se retrouvent un peu partout en Europe. Le poète allemand Hans Sachs (1494-1576) fut l'un de ceux qui se distinguèrent dans les *Fastnachtspiele*, "Farces de carnaval", avec par exemple l'amusant *Der farendt Schüler im Paradeiss* ("L'Écolier vagabond") de 1550. En Angleterre, *The Four PP* ("Les Quatre PP") de John Heywood, et les anonymes *Gammer Gurton's Needle* ("L'Aiguille de commère Gurton"), et *The Return from Parnassus* ("Le Retour du Parnasse") s'inscrivirent également dans ce nouveau répertoire.

Toutes ces comédies avaient en commun de s'ancrer désormais dans la réalité et de décrire des scènes du temps, même de façon cruelle ou parodique. Elles s'affranchissaient progressivement des modèles latins, et témoignaient d'une maîtrise nouvelle des techniques comiques en jouant sur de meilleurs quiproquos et sur une psychologie plus approfondie des personnages.

En 1550 arrivèrent à Paris les premiers comédiens italiens, qui pratiquaient un art assez subtil de semi-improvisation. Mais après 1562, la situation politique allait considérablement perturber cet élan théâtral. Les guerres de religion, les

(1) Selon une magistrale classification du temps, le terme de "tragédie" s'appliquait à toutes les pièces qui avaient une fin malheureuse, et "comédie" à tout ce qui avait une fin heureuse.

massacres, l'insécurité et les malheurs du temps provoquèrent la disparition de nombreuses troupes, tandis que celles qui subsistaient cessaient de circuler. Les comédiens italiens repartirent de Paris jusqu'à la fin du siècle. Les représentations se firent de plus en plus rares, et toute une forme de théâtre comique, qui n'avait pas eu le temps ou le talent de s'imposer avec un solide répertoire, tomba en désuétude. Ce ne fut heureusement qu'une assez courte éclipse, et la vie théâtrale retrouva des formes nouvelles au XVIe siècle après le rétablissement de la paix sous Henri IV.

THÉÂTRE NÉO-LATIN

Les humanistes français

La découverte de textes de plus en plus nombreux des auteurs latins et grecs avait entraîné un engouement extraordinaire chez les lettrés français, qui se sentirent bientôt dignes, avec la forme nouvelle de l'alexandrin, de figurer parmi les continuateurs des auteurs antiques. En 1549, Joachim du Bellay dans sa *Défense et illustration de la langue française*, condamnait les farces populaires et souhaitait « restituer comédies et tragédies dans leur ancienne dignité ». Jean de La Taille, auteur en 1562 d'un imposant *Saül le Furieux*, renchérissait en souhaitant que l'on écrive des comédies « faites au patron, à la mode et au portrait des anciens Grecs et Latins. »

Auparavant, des clercs du nom de Vital de Blois et de Mathieu de Vendôme avaient donné au XIIe et au XIIIe siècles des dialogues dramatiques en distiques élégiaques, qu'ils destinaient à la lecture, car on croyait alors que le théâtre antique était simplement déclamé. On connaissait également un *Paulus*, de Per Paolo Vergerio, datant de 1390, qui restait très proche de Térence. Plus tard, des textes d'imitation furent joués, et l'Église encouragea dès le milieu du XVe siècle des représentations à Rome de ce type.

La langue latine réservait néanmoins ces spectacles à un auditoire éclairé, comme le démontre en 1502 cette réaction à une représentation d'une pièce de Térence à Metz, où le public populaire s'en prit violemment aux acteurs, car il ne comprenait rien.

Deux auteurs néerlandais donnèrent sur des sujets religieux deux pièces qui circulèrent dans toute l'Europe, l'*Ascolastus* (1529) de Gnapheus, et l'*Asolus* (1537) de Macropedius. En France, Ronsard traduisit en 1549 le *Ploutos* d'Aristophane pour le Collège de Clermont[(1)]. En 1553, Étienne Jodelle (1532-1573), alors âgé de 21 ans, écrivit une comédie, *Eugène*, et fit représenter à l'Hôtel de Reims en présence d'Henri II la première vraie tragédie française, *Cléopâtre captive*. Cependant, c'est Robert Garnier (1545?-1590) qui fait figure de premier auteur dramatique français avec sept tragédies largement jouées et souvent rééditées, dont *Bradamante* (1582), et *Les Juives* (1583). Notons que, à l'imitation des Anciens, il avait continué d'intégrer un chœur dans l'action et à suivre les règles et les structures anciennes. Dans sa lignée, mais avec l'influence de Malherbe, Antoine de Montchrestien (1575?-1621) fut le dernier représentant d'un genre que l'on pourrait appeler "tragédie humaniste".

Paradoxalement, alors que les temps troublés réduisaient en peau de chagrin l'expression du théâtre populaire, les représentations se multipliaient dans les collèges qui y trouvaient le moyen d'illustrer leurs prises de position sur la Réforme. Et c'est Henri IV qui mit le holà à toute cette hardiesse par un arsenal de règlements universitaires.

La France entrait dans le XVIe siècle avec un art théâtral en évolution, sinon même en ébullition, qui n'allait prendre ses formes définitives qu'avec Corneille, Molière et Racine, mais les Préclassiques leur avaient largement ouvert la voie. Il y avait cependant à l'époque un trop grand fossé entre le théâtre populaire et le théâtre savant. Les comédiens avaient piètre réputation et leur vie était famélique. Les auteurs de farces vivaient difficilement de leur plume ; Rutebeuf se définissait comme « vilain d'origine, clerc par le savoir, laïque par l'habit et pauvre comme Job. » A l'inverse, les auteurs

(1) Futur collège Louis-le-Grand, où Jean-Baptiste Poquelin fera ses humanités.

érudits étaient de nobles familles, mais ils n'avaient pas de contacts avec les véritables comédiens, et se renfermaient dans un théâtre à base essentiellement littéraire. Il manquait cette relation directe entre l'écriture et la scène, car le théâtre n'est jamais aussi vivant que lorsqu'il est écrit pour des comédiens, lorsque l'auteur hante également les coulisses.

Et l'on peut regretter que les auteurs français d'alors n'aient guère connu de leurs confrères italiens que quelques rares ouvrages, ceux de L'Arioste ou de Bibbiena. Avec retard, les pièces de la Renaissance italienne allaient être progressivement traduites ou jouées en France par les comédiens italiens, et se révéler d'une influence profonde. Mais le théâtre français s'engageait dans sa propre évolution, de même que les théâtres espagnols et anglais. Marquée par ses guerres intestines, l'Europe se morcelait en cultures nationales plus spécifiques, et c'est dans ces différences que le théâtre allait trouver son meilleur renouvellement.

LE RENOUVEAU DU THÉÂTRE

LA RENAISSANCE

Les précurseurs italiens

On sait ce que fut la Renaissance dans les domaines des arts et des techniques. Au théâtre, la Renaissance allait apporter une nouvelle conception du jeu et de la scène, ainsi qu'un affranchissement de la tutelle religieuse. Déchirée par le schisme luthérien, l'Église n'était plus en état d'imposer ses directives ; d'autre part, en dénonçant violemment les abus de l'Église, Luther obligeait l'homme de la Renaissance à affronter la dichotomie entre les élans de la spiritualité et une pratique religieuse passablement frelatée. S'y ajoutait, à l'exemple de Boccace et de ses continuateurs, un intérêt nouveau pour la peinture de la société dans toutes ses facettes.

L'Italie, en avance sur son temps, était le lieu propice pour une nouvelle éclosion du théâtre. Les premiers dramaturges s'étaient inspirés des auteurs antiques et avaient redonné au théâtre une place privilégiée dans la belle société. Léonard de Vinci imaginait des machines de scène pour les divertissements de Ludovic Sforza, Raphaël peignait des décors, et les poètes s'exerçaient à la pastorale, qui n'était qu'une illustration scénique des thèmes romanesques en vogue.

Vers 1540, l'architecte Sebastiano Serlio conçut à Vicence (entre Vérone et Venise) le premier décor en perspective, avec une ligne de fuite médiane donnant au fond jusqu'à l'infini. Une sorte de place était ainsi ouverte devant les spectateurs, avec un alignement de maisons peintes de part et d'autre, se rejoignant dans la toile de fond par d'habiles raccords. Il perfectionna ensuite sa technique du trompe-l'œil, et sa fascination pour les façades, piliers, colonnades, chapiteaux et architraves entraîna un engouement durable pour le décor architectonique. La scénographie à l'italienne était née, avec des principes de composition qui sont toujours d'actualité. Avec Serlio et les multiples décorateurs qui l'imitèrent, la scène devenait un écrin pour le théâtre, un lieu imaginaire qui transcendait le réel. Par la suite, les maisons figurées dans le décor s'équipèrent de portes et de fenêtres, et l'utilisation de plus en plus judicieuse de la lumière renforça l'effet spectaculaire de la disposition, au point de rendre assez secondaire, quelquefois, l'intérêt de la pièce elle-même.

La comédie italienne

Dans cette ambiance propice apparurent de nouvelles comédies désormais dégagées des modèles latins, qui se révélèrent plus incisives, sinon même plus douloureuses. Elles y trouvaient une force comique renouvelée, un sens de la théâtralité qui se démarquait des formes plus poétiques. Les pièces s'écrivaient maintenant en langue toscane et non plus en latin, et elles devenaient compréhensibles pour le plus grand nombre.

Historiquement, la première pièce italienne est *Il Formicone* ("Formicone"), d'un certain Publio Filippo Mantovano, probablement écrite en 1506. Le sujet, qui tournait autour d'une histoire de séduction troublée par le retour impromptu du mari, était encore à mi-chemin entre la comédie latine et la farce populaire.

Mais ce fut Ludovico Ariosto, dit L'Arioste (1474-1533), qui illustra réellement la renaissance du théâtre avec cinq comédies, *La Cassaria* ("Le Coffret"), 1508, *I Suppositi* ("Les Personnages supposés"), 1509, *Il Negromante* ("Le Nécromant"), 1520, *La Lena* ("Léna"), 1528, et l'inachevée *Scolastica* ("La Scolastique"), publiée après 1533. Les histoires tournaient presque toujours autour d'un couple d'amants contrariés, avec des valets, des entremetteurs, des parents contraignants, une cassette de bijoux... On y découvrait des ressorts dramatiques qui seront inlassablement repris, et surtout un véritable renouvellement du style et de la peinture des personnages, qui trouvera son apogée hors du théâtre dans l'*Orlando furioso*, histoire, dit L'Arioste, de « femmes, chevaliers, tournois, amours et audacieux exploits ».

La première grande pièce de la comédie italienne, *La Calandria*, est due au cardinal Bernardo Dovizi, dit Bibbiena. Le cardinal l'écrivit en 1512 ou 1513, et elle fut représentée à Urbino (à l'est de Florence) pendant le carnaval de 1513. *La Calandria* est une pièce drôle, enlevée, qui puise dans de nombreuses sources pour parvenir à une composition très originale, à partir de quiproquos, de travestis, et de situations particulièrement inextricables. Deux jumeaux, Santilla et Lidio, arrivent à Rome, et Lidio s'est amusé à se travestir en fille pour se rendre chez son amoureuse Fulvia. La jeune femme se croit trahie, tandis que son vieux mari Calandro s'éprend du jeune homme, puis tout se complique encore avec les trouvailles du valet Fessenio. A la verve des personnages, à la légèreté des situations s'ajoute la description d'un des tout premiers couples amoureux du théâtre, celui de Lidio et Fulvia.

De Niccolo Machiavel (1469-1527), on connaît les écrits politiques ou militaires ; on sait moins qu'il fut l'auteur, vers 1518, de l'un des plus grands succès de la comédie italienne, *La Mandragola* ("La Mandragore"). En quelques années, la pièce fut jouée à Florence, Bologne, Rome et Venise, et reprise pendant tout le XVIe siècle.

La Mandragola raconte comment Callimaco, amoureux de la vertueuse Lucrezia, parvient à convaincre son vieil imbécile de mari Nicia Calfucci, lequel désire un enfant, de faire prendre à sa femme une potion à la mandragore ; cependant, l'effet secondaire de la potion étant de tuer le premier homme qui fera l'amour à la jeune femme, on fera enlever un mendiant (ce sera évidemment Callimaco) qui sera sacrifié sur ce tendre autel. Menée de manière délicieuse et légère, la pièce surprend par le réalisme des personnages, par la peinture féroce et amère du vieux Nicia et du frère Timoteo. Par la manière dont elle était écrite, *La Mandragola* dépassait de très loin la simple farce ; elle devenait, à travers la perfection de son intrigue et le dessin de ses personnages, l'instrument d'une plus grande connaissance humaine, et l'illustration d'une morale nouvelle.

On peut regretter que Machiavel ne se soit prêté qu'une seule fois au jeu du théâtre. Macaulay a dit de *La Mandragola* qu'elle était l'œuvre d'un homme qui, s'il s'était consacré à la carrière dramatique, aurait certainement atteint les sommets. Avec une fausse humilité, mais un vrai pessimisme d'observateur de la nature humaine, Machiavel écrivit dans le prologue :

« Et si cette matière, pour être trop légère, n'est pas digne d'un homme qui veut paraître sage et grave, excusez-en l'auteur en songeant qu'avec ces vaines pensées, il s'ingénie à rendre son temps plus agréable ; parce qu'ailleurs, il n'a où tourner le visage. »

Avec Ruzzante s'ébaucha une nouvelle ambiguïté, celle du message social qu'on était tenté de discerner dans ses comédies rustiques. Angelo Beolco, dit *Ruzzante*(1) (1502-1542), écrivit entre 1520 et 1533 une série de pièces paysannes qui firent preuve, en tout cas, d'un profond humanisme et d'une volonté de témoigner concrètement, malgré les thèmes bouffons, de la vie difficile dans les campagnes. Il puisa dans Plaute, respectant souvent le schéma initial mais conservant toute sa liberté dans la composition des personnages.

Ruzzante, lui-même comédien, avait sa propre troupe. Il se produisait dans les grandes maisons de Venise et les cours princières, et ses spectacles étaient fort appréciés. Outre l'intérêt de ses comédies, dont *La Pastorale, Bilora, Betia, L'Anconitana, La Moschetta, La Piovana,* il faut souligner l'effort de Ruzzante vers un jeu moins outré, plus cohérent, avec une harmonie de l'ensemble du spectacle dramatique. Certaines de ses pièces possédaient des éléments d'improvisation, ce qui était rendu possible par le travail collectif avec ses comédiens, et qui préfigurait la grande période des troupes italiennes.

Ruzzante resta dans la comédie italienne un auteur à part, qui ne sera pas imité, mais dont l'influence sera déterminante. Il fut également l'auteur d'une vérité profonde : « Beaucoup de choses qui font bien sur le papier feraient fort mal sur le théâtre », et demeure le premier à avoir énoncé, en même temps que son attachement à l'utilisation des patois, la véritable nécessité de plaire au théâtre :

« Ne vous étonnez pas si je parle ma grossière langue padouane,

(1) *Ruzzante* signifie "le tranche-montagne".

c'est pour ne point sortir du naturel. Lorsqu'on sort du naturel, on ne saurait plaire et si je suis ici devant vous, c'est pour vous plaire. »

Fin d'un genre

A l'exemple de L'Arioste, de Bibbiena, de Machiavel et de Ruzzante, différents auteurs se voueront encore à la comédie avec un succès inégal et parfois de belles réussites, comme en témoignent *La Cortegiana* et *Il Marescalco* de L'Arétin (1492-1556) ou le féroce *Candelaio* de Giordano Bruno (1548-1600), qui sonnait le glas, en 1582, de la comédie italienne.

Dans le *Candelaio* ("Le Chandelier", ou "Boniface et le Pédant"), Bruno poussait à son extrême la charge polémique et, comme le dit Vito Pandolfi, « jettait une pelleté de chaux vive sur les institutions civiles, sur la morale hypocrite, sur ce vice de masquer les dégénérescences par l'ordre social. » Les audaces de Bruno, qui par ailleurs défendit les idées de Copernic et de Paracelse, le conduisirent en 1600 sur le bûcher.

Mais déjà, la veine humaniste s'épuisait, les personnages commençaient à se codifier en types, "les amoureux, les serviteurs, les pédants", etc., au détriment de la véritable composition psychologique.

Le théâtre à l'italienne

Pendant la première moitié du XVIe siècle, les spectacles italiens avaient le plus souvent lieu dans des palais ou dans de riches maisons patriciennes, dont on aménageait une pièce pour la circonstance. Le public était constitué de nobles personnes, mais il n'était pas rare que l'on convie également le peuple à assister gratuitement aux spectacles. Le goût des décors fastueux et de la mise en scène conduisirent bientôt les princes et les grands dignitaires à faire aménager des installations définitives. En 1549, le cardinal Hercule Gonzague commanda un premier théâtre fixe à Mantoue. Le plus célèbre fut ensuite le "Teatro Olimpico" de Vicence, construit sur des plans de Palladio. Aleotti s'en inspira un peu plus tard pour réaliser à Parme le théâtre "Farnèse". D'une manière assez absurde, ces architectes ne tentèrent pas de créer un cadre idéal pour la comédie de leur temps, mais tentèrent de reconstituer — en les couvrant — les structures romaines des gradins, de l'hémicycle et de l'immuable corps de scène en lourd fronton de palais. D'autres architectes surent heureusement mieux utiliser les principes de Sebastiano Serlio, en offrant des lieux scéniques qui pouvaient se prêter à des transformations. Serlio avait d'ailleurs défini trois grands types de décor, celui de la tragédie, avec des palais princiers donnant sur une grande place, celui de la comédie, avec des échoppes, une auberge, une maison bourgeoise, la maison de l'avocat, celle de l'entremetteuse, etc., donnant sur une petite place, et enfin celui de la comédie satirique ou pastorale, qui représentait une sorte de clairière avec des cabanes, des arbres et des rochers.

Les troupes occasionnelles d'amateurs tendaient à être remplacées par des troupes de véritables professionnels, qui demandaient l'autorisation de faire commerce de leur métier. Ils étaient attentifs à la qualité de leurs spectacles, et commencèrent à définir la plupart des règles qui régissent la scène et le jeu. En 1556, Leone dei Sommi résuma dans un traité les principes de diction, d'expression, de la présence sur scène et du naturel, des costumes et de l'éclairage. En 1598, Ingegneri publia un dernier ouvrage sur la « manière de représenter les fables théâtrales ». Avant la fin du siècle, toutes les composantes de l'art de la représentation avaient été pensées et codifiées en règles simples, mais qui demandaient un véritable professionnalisme. C'est d'ailleurs cette notion de métier qui inspira aux nouvelles troupes leur nom, car elles pratiquaient une comédie de profession, une *commedia dell'arte*.

Sur ces nouvelles scènes habilement éclairées[1], on jouait les traductions des textes classiques, les comédies des auteurs du siècle, et de nouvelles pastorales qui transportaient les spectateurs dans un monde charmant et idyllique. Le genre existait déjà, mais il prit en 1573 avec *Aminta* une nouvelle dimension dramatique. Torquato Tasso, dit Le Tasse (1544-1595), écrivit *Aminta* comme un simple divertissement pour

(1) « La scène restera très brillante, sans qu'on s'avise par quel endroit, ou du moins en quelle manière il y vient si belle lumière », écrit Ingegneri.

la famille d'Este alors qu'elle était en résidence d'été ; en approfondissant toutefois les personnages d'une classique "bergerie mythologique", il créa la première grande variation sur les jeux de l'amour, et dessina l'ébauche de la tragicomédie avec ses passions contrariées, ses intrigues mélodramatiques et ses fins heureuses. D'une élégance dépouillée, d'un charme subtil, la pièce du Tasse connut un extraordinaire succès en Italie et en Europe, et fut imitée dès 1590 par le *Pastor fido* ("Le Berger fidèle") de Giambattista Guarini (1538-1612). Le genre continua de s'épanouir, non sans complaisance dans l'épanchement du sentimentalisme et de la sensualité.

Le théâtre italien, néanmoins, avait ouvert des voies nouvelles qui seront d'une influence considérable sur le théâtre à venir. La comédie italienne, principalement, se révélera être l'un des grands fondements de toute la dramaturgie moderne.

La commedia dell'arte

Ingenieri tenait en piètre estime la comédie improvisée, et c'est pourtant dans ce domaine que le théâtre italien allait conserver sa plus grande vitalité. Les comédiens, inspirés par les personnages les plus typés de la comédie italienne, et formés à l'art du "bien jouer", tentèrent de trouver pour un public populaire une forme d'expression qui privilégiait la bouffonnerie des personnages, la liberté de la répartie et de la trouvaille. La commedia dell'arte s'imposait comme la nouvelle forme comique du théâtre italien, au détriment du texte, mais au service de la spontanéité du jeu.

Il ne faudrait cependant pas croire qu'il s'agissait réellement d'improvisations. Tout d'abord, chaque comédien adoptait un "type" dont il connaissait tout le répertoire, la tournure d'esprit, la manière de répliquer, les mimiques, les mots et les morceaux de bravoure. Il avait en lui un véritable catalogue de situations et finissait généralement par s'identifier au personnage. Il avait d'autre part affaire à des partenaires qui étaient eux aussi des "types", et dont il connaissait les réactions. C'est donc sur un terrain très sûr qu'il pouvait jouer de sa fantaisie et de sa verve. Restait à choisir l'un des canevas de comédie, à y faire se succéder les scènes de séduction, de complot, d'injures et de bastonnades, jusqu'à l'inévitable scène de fin, qui consacrait la victoire des uns et la déconfiture des autres.

« Le premier acteur de la troupe les réunit le matin, leur dit le plan et leur explique fort au long tout ce qui la compose ; en un mot, il joue à lui seul devant eux la pièce entière, rappelle à chacun ce qu'il doit dire quand au fond, lui indique les traits brillants qui, consacrés par le temps, sont devenus indispensables, les jeux de théâtre que comporte la scène et la manière dont les *lazzi* doivent se répondre les uns aux autres. » (Des Boulmiers, historiographe des Comédiens Italiens.)

La fixation des types se fit progressivement, par l'usage, par la manière dont le public recevait les personnages, mais aussi par l'interprétation quelquefois remarquable de comédiens dont les noms nous sont restés. Il est peut-être bon de rappeler que la tradition des personnages typés n'était pas nouvelle, qu'elle avait déjà fourni dans la Rome antique des Maccus, Pappus, Sannio et autres Dossennus. Il est peu probable, cependant, qu'il y ait eu une forme de transmission, sinon par la lecture d'auteurs latins qui firent allusion aux *attelanes* et à leurs personnages. Les premiers types de la commedia dell'arte étaient de toute façon trop proches des personnages dominants de la comédie italienne pour qu'il soit nécessaire d'aller chercher ailleurs une hasardeuse paternité.

Le premier personnage fut le *Zanni*, serviteur bergamasque, homme lourd, grossier, glouton, paresseux et agressif. Le *Zanni* fut probablement illustré pour la première fois par l'acteur Simone da Bologna, qui reprit un personnage traditionnel de bouffon grossier, mais qui lui donna son costume ample et dépenaillé ainsi que son demi-masque expressif. Tout d'abord simple amuseur par ses vices et son insolence, le *Zanni* prit ensuite une dimension plus poétique sans perdre de sa force comique. Son évolution ira jusqu'au tendre Pierrot français.

Zagna était le pendant féminin du *Zanni*. Servante elle aussi, ou femme de *Zanni*, ou tenancière de cabaret, elle devint vite l'un des pivots de la comédie, parfois sous le nom de *Franceschina*. Elle évoluera dans des personnages plus gracieux que grotesques, avec beaucoup de malice et de vivacité.

Un autre valet apparut bientôt sous le nom d'*Arlecchino* (Arlequin)[1]. Plus typé que le *Zanni*, l'*Arlequin* était un personnage rieur, agile, à la fois naïf et malin, distrait, imprévisible, capable des plus extravagantes trouvailles. Il portait un demi-masque d'ahuri assez grimaçant, et un costume en haillons ou rapiécé qui bientôt se transformera en un ensemble de pièces multicolores.

Pantalone (Pantalon), qui s'imposa probablement avec Guilio Pasquati, était un vieillard de comédie traditionnel, lequel gardait quelquefois son nom de père ou de mari, *Tofano, Zanobio, Pandolfo, Prospero,* etc. ; à l'origine, et surtout à Venise, il était connu sous le nom de *Magnifico,* le riche marchand. Il portait un masque brun au fort nez busqué, et un habit d'un rouge vif.

Les *Capitans,* soldats fanfarons, bravaches et pleutres, avaient le "nom de guerre" des comédiens, ainsi le *Capitan Coccodrillo,* le *Capitan Matamoros,* le *Capitan Savento di Valle Inferno,* etc. Les *Capitans,* ou *Matamores,* étaient le plus souvent des rivaux en amour essuyant de pitoyables échecs. Ils portaient une interminable rapière et un masque au long nez, avec de fortes moustaches hérissées.

Le *Docteur* était un autre personnage comique indispensable, pédant, charlatan, débiteur de phrases savantes incompréhensibles et saugrenues.

Parmi les valets, apparut ensuite un troisième comparse d'origine napolitaine, le *Pulcinella* ("Polichinelle"), au caractère beaucoup plus retors et inquiétant. Probablement créé par Silvio Fiorillo, le *Pulcinella* portait un masque noir au nez crochu, une casaque blanche serrée à la taille par une ceinture, et d'amples pantalons qui lui retombaient sur les pieds. *Pulcinella* inspira directement par la suite les personnages de *Sganarelle* et de *Scapin.*

Enfin, les amoureux jouaient avec le visage découvert. En contrepoint des personnages comiques, ils devaient gagner la

(1) Le valet Arlequin fut probablement, à l'origine, créé pour le public français. Il emprunta son nom à un diable-bouffon, "Herlequin", que l'on retrouve dans des textes burlesques ; il y a par exemple un Herlequin dans le *Jeu de la Feuillée.*

ferveur du public par leur charme et leur élégance, et discouraient dans un langage précieux et ampoulé.

Avec la commedia dell'arte, les femmes s'imposaient maintenant d'une manière définitive sur la scène(1). Fines, élégantes, elles apportaient à la comédie une dimension sensuelle, et même quelquefois nettement érotique ; les scènes audacieuses ne manquaient pas, ce qui fit dire au Français Pierre de l'Estoile que les comédies italiennes n'étaient que « paillardises et adultères, véritable école de débauche pour la jeunesse », mais qu'elles rassemblaient « plus grand concours et affluence de peuple que les quatre meilleurs prédicateurs de Paris ».

On imagine l'impact que les premiers Comédiens Italiens eurent en arrivant à Paris. Tout d'abord, c'étaient d'excellents professionnels de la scène, et leur jeu vivant, spontané, aérien, renforcé de pirouettes et d'acrobaties, tranchait sur les effets grossiers des comiques français et la raideur compassée des tragiques. Ils apportaient en outre, malgré la concision de leurs décors de toile, une scénographie très simple, mais parfaitement adaptée à leur type de jeu.

A Paris, et jusqu'au XVIIIe siècle, il y eut presque continuellement à demeure une compagnie d'Italiens. Les troupes cependant circulaient beaucoup, car elles étaient appelées dans les cours européennes et dans les grandes maisons. Dans l'ensemble, les comédiens gagnaient bien leur vie en pratiquant un art dont ils étaient particulièrement fiers ; la plus connue des compagnies, les *Gelosis*, avait comme devise « *gelosi di vertù e onore* », "jaloux de qualité et d'honneurs". Elles ne furent jamais très nombreuses, probablement guère plus de trois ou quatre en même temps, et ne se distinguaient pas toujours par leur esprit d'équipe. Par mésentente ou jalousie, des comédiens quittaient fréquemment une troupe pour une autre. Certains, et non des moindres, étaient de fieffés coquins, et s'ils étaient appréciés pour leur force comique, ils ne l'étaient pas toujours pour leur véritable personnalité.

(1) A Rome, durant tout le XVIe siècle, il fut encore interdit aux femmes de jouer ; mais cela constituait désormais l'exception.

Il reste qu'à Londres ou à Paris, des jeunes acteurs débutants comme Shakespeare ou Molière ont scruté avec une attention toute particulière le jeu des Italiens. L'un et l'autre ont ensuite rendu hommage dans leurs pièces à la commedia dell'arte, et ils savaient pertinemment ce qu'ils lui devaient.

LE CLASSICISME

L'apogée du théâtre en Europe

Dans cette fin de Renaissance, le théâtre avait fini par s'imposer en Europe comme la première de toutes les formes d'expression. Le public aristocratique aimait y voir le reflet de ses états d'âme et l'affirmation de sa différence. Mais il ne dédaignait pas le simple divertissement, que recherchait également le public populaire. Les rois étaient flattés quand ils pouvaient se reconnaître sous les traits de Jupiter ou de César, et voyaient également dans le théâtre un nouvel instrument d'éducation. Une classe moyenne qui payait pour assister aux spectacles s'en trouvait valorisée, et la sortie au théâtre commençait à devenir un véritable acte social(1). Les auteurs, les étudiants et les esprits éclairés envisageaient le théâtre comme une manière de présenter des situations et d'exposer des idées nouvelles. Quand aux comédiens, ils passaient d'un état précaire d'amuseurs itinérants à une situation plus confortable sous la protection de grands du royaume ou de princes. Seule l'Église conservait sa méfiance pour un art quelquefois subversif ; les acteurs étaient excommuniés, les audaces des auteurs immédiatement sanctionnées par des cabales.

Ces nouveaux auteurs, cependant, étaient mieux armés pour entamer de nouvelles carrières en sachant à la fois satisfaire les uns tout en ménageant les autres. Tout d'abord, ils se caractérisaient par leur culture, ayant généralement fréquenté les bonnes écoles de leur temps, et par leur parfaite

(1) Le prix des places était généralement prohibitif pour le petit peuple, qui se contentait des spectacles de bateleurs de rue et amuseurs de foire. Aussi, les théâtres définissaient une nouvelle élite, allant de la petite noblesse à la grande bourgeoisie. A l'Hôtel de Bourgogne, les nobles se faisaient néanmoins accompagner par leurs laquais ; les dames y étaient rares, et elles venaient généralement masquées.

connaissance du métier théâtral. Ils fréquentaient assidûment les troupes de professionnels, quand ils n'étaient pas directement à la tête de l'une d'entre elles, et ils se voyaient servis par de nouveaux talents de comédiens. Ils savaient se mettre sous la protection des grands et des rois, mais ils avaient compris que le théâtre ne pouvait se réserver à un public choisi.

C'est d'ailleurs une erreur assez commune que de considérer comme une élite la noblesse qui se pressait dans les différentes cours d'Europe. P.-A. Touchard faisait remarquer qu' « il y avait plus de différences intellectuelles et sociales entre deux seigneurs du XVIIe siècle comme le duc de Saint-Simon et un quelconque courtisan de province qu'entre deux bourgeois de la bourgeoisie française contemporaine », et George Meredith avait forcé le trait dans son essai sur la comédie :

« Politiquement, on regarde comme un malheur pour la France que la noblesse se soit pressée en foule à la cour de Louis XIV. Ce fut un bonheur pour le poète comique. Il eut ce monde pétulant et vif-argent, aux passions d'animalcule, aux prétentions énormes, aux absurdités sereines, sous ses yeux en pleine activité ; charlatans vociférants et dupes gobeuses, hypocrites, faiseurs de simagrées, extravagants, pédants, dames rose-fade et grammairiens en démence, marquis à sonnets, maîtresses de haut vol, filles à l'esprit simple, entrelacés comme sur un métier, bruyants comme à la foire. Un cercle simplement bourgeois ne fournira pas cela. »

D'une manière finalement paradoxale, le public de cour se révélait plus diversifié, plus hétéroclite, et dans certaines de ses composantes plus vulgaire, que le public des négociants, magistrats, fonctionnaires, pédagogues, étudiants, intendants, artisans et autres représentants de la classe moyenne, qui se pressaient dans les *corrales*, à l'Hôtel de Bourgogne ou dans les théâtres élisabéthains.

Il est tout de même remarquable que ces temps aient vu apparaître presque simultanément quatre grandes personnalités de l'écriture dramatique, et que ces auteurs aient su, à travers leur nature propre, transcender le théâtre et tendre à l'universalité. Lope de Vega, Shakespeare, Corneille et Molière créèrent leur propre monde et leur donnèrent une étonnante ampleur. Ils amenèrent le théâtre à la dignité d'un art complet, accessible au plus grand nombre, n'hésitant pas à mettre dans la même œuvre le drame et la comédie, la réflexion, l'émotion et la distraction. En humanistes, il n'est guère de questions, à des degrés divers, qu'ils ne se posèrent, et, en artistes, il n'est guère de beautés qu'ils ne tentèrent d'exprimer. Leur succédant, Calderon et Racine poursuivirent dans les mêmes voies, mais avec une forme de théâtre qui se révéla plus aristocratique.

Historiquement, ce temps des grandes œuvres est très court. Shakespeare se met à écrire vers 1591, et ses premières grandes œuvres commencent avec le XVIIe siècle ; en 1609, Lope de Vega rédige le "Nouvel Art de faire des comédies", et il donnera des pièces jusqu'en 1635 ; *Le Cid* (Corneille) date de 1637, *Le Grand Théâtre du monde* (Calderon) de 1645, *Dom Juan* (Molière) de 1665, *Andromaque* (Racine) de 1667. En 1673, Molière meurt dans le rôle du *Malade imaginaire*, et en 1691 Racine rédige sa dernière tragédie, *Athalie*, qui ferme définitivement la page du Classicisme. Dans le cadre d'un siècle, ces quelques auteurs donnèrent de nouvelles perspectives à la pensée occidentale, et offrirent à notre imaginaire de nouveaux héros et de nouvelles émotions.

Règles classiques

Plus qu'à toute autre période, on tenta au XVIIe siècle de théoriser le théâtre et de l'enfermer dans des règles immuables. Cela conduisit à définir "trois unités" directement inspirées de la "Poétique" d'Aristote. Le premier, Giulio Cesare Scaligero, établit en 1561 des règles précises pour la composition des tragédies ; mais c'est Ludovico Castelvetro qui imposa en 1570 les trois grandes règles classiques, qu'il est peut-être bon de rappeler : *l'unité de temps*, qui souhaite que l'histoire soit condensée en une courte continuité, et si possible n'excède pas un temps fictif de vingt-quatre heures ; *l'unité de lieu*, exigeant un unique décor ; *l'unité d'action*, concentrant l'intérêt sur un seul événement. En fait, le long fragment qui nous est parvenu d'Aristote ne fixe en aucune façon des règles précises. S'il s'attarde sur la nécessité de l'unité, c'est pour rappeler que la narration poétique résulte d'un choix d'événements significatifs rattachés les uns aux autres, dont l'enchaînement fait un tout, et dont on ne peut changer l'ordre ou les éléments sans le bouleverser complètement. Aristote définissait la logique interne de l'œuvre, toujours unique, et les commentateurs en tirèrent une logique externe qui correspondait plus à leur souci de l'arrangement et de la forme parfaite.

Les trois unités firent l'objet de longs débats et controverses ; certains dramaturges, pour qui ces règles servaient leur propos, les adoptèrent, tandis que d'autres les ignorèrent plus ou moins. Dans l'ensemble, elles eurent pour effet d'obliger les meilleurs auteurs à s'astreindre à une dramaturgie plus resserrée et mieux construite, et de conduire les plus mauvais à des procédés assez délirants : récits au premier acte résumant un demi-siècle d'histoire, action confinée dans une alcôve où défilait la moitié du palais, personnages faisant irruption les uns après les autres dans une seule soirée comme par enchantement, événements qui provoquaient très artificiellement des réactions en chaîne, etc. Le mélodrame se moquera ensuite de ces absurdités, et il est possible que cette obsession des règles classiques n'ait pas toujours bien servi le théâtre ; elle donnera néanmoins à certaines pièces classiques la rigueur de véritables machines infernales, dont le mécanisme n'aura plus d'autre objet que de conduire à un tragique dénouement.

LE SIÈCLE D'OR ESPAGNOL

Le début du théâtre hispanique

C'est Lope de Vega lui-même qui qualifia de *Siglo de Oro*, "Siècle d'or", cette période de renouveau artistique qui, en Espagne, commença sensiblement vers 1581 avec les débuts de Cervantès, et qui se termina un siècle plus tard avec la mort de Calderon. Le mouvement, cependant, était perceptible dès le milieu du XVIe siècle, et il fut historiquement précédé en 1499 par la publication de *La Celestina*.

L'Espagne, définitivement victorieuse sur son territoire de l'occupation arabe, devenait un royaume en pleine expansion, enrichi de surcroît par ses colonies américaines. La toute-puissante Église contrôlait soigneusement la production littéraire, mais les auteurs surent se concilier — ou contourner — les foudres de l'inquiétant Saint-Office.

Là encore, le théâtre était tout d'abord réservé aux nobles et aux princes. Les premières représentations eurent lieu au palais royal, avant que ne s'établisse l'usage des *corrales*, théâtres de plein air dans des cours intérieures, ou bien constructions fixes, comme le *Corral del Principe*, le *Corral de la Pacheca* et le *Corral de la Cruz* à Madrid. Comme partout en Europe, les troupes étaient itinérantes et se déplaçaient avec un répertoire qu'elles cherchaient sans cesse à renouveler. Les intellectuels espagnols avaient été touchés par l'esprit de la Renaissance, mais, s'ils s'orientèrent eux aussi vers un théâtre d'études de mœurs, ils n'abandonnèrent pas pour autant leur spécificité espagnole, et continuèrent par exemple à puiser dans les thèmes médiévaux.

La Celestina ("La Célestine") était une *accion en prosa* en seize actes, destinée à la lecture, et qui atteindra vingt-deux actes dans sa version définitive(1). Elle raconte l'histoire de Calixte qui, pénétrant un jour dans un jardin, est saisi d'amour à la vision de Mélibée. Comme elle lui est inaccessible, il s'en remet à la vieille entremetteuse, la Célestine, qui a tôt fait de créer à son profit une ambiance assez malsaine ; malgré le véritable amour des jeunes gens, les manœuvres de la mauvaise femme feront basculer l'aventure dans le crime et le drame. Avec un réalisme à la fois lyrique et cru, l'œuvre frappe par son oppressante fatalité, et surtout par l'impression trouble que dégage l'entremetteuse. *La Celestina*, déclara Cervantès, aurait été « un livre divin si ce qu'il renferme d'humain avait été un peu plus dans l'ombre ». Mais pour la première fois, dans une grande fresque passionnelle, une œuvre retrouvait la puissance dramatique des pièces de Sophocle ou

(1) La première version fut publiée en 1499 sous le nom de *Tragicomedia de Calixto y Melibea*, "La Tragi-comédie de Calixte et Mélibée". Seul un acrostiche dans la deuxième édition apportait une information laconique sur son auteur : « Le bachelier Fernando de Rojas composa la comédie de Calixte et Mélibée ; il naquit à La Puebla de Montalvan. » Partagé entre l'envie de revendiquer son œuvre et la crainte de la censure, Fernando de Rojas ne se fit que très progressivement connaître.

d'Euripide. Elle annonçait également avec un siècle d'avance les pièces noires élisabéthaines.

La Celestina eut au XVIe siècle un énorme succès dans toute l'Europe ; elle fut traduite, versifiée, et finalement adaptée pour la scène dans une version écourtée. Mais elle eut pour premier effet d'influencer profondément les écrivains espagnols.

Traditionnellement, il se jouait en Espagne des *autos sacramentales*, "actes du Saint-Sacrement", qui tiraient leur nom du fait qu'ils étaient principalement représentés à l'occasion de la Fête-Dieu. Les auteurs écrivaient également des églogues, poèmes pastoraux peuplés de bergers, de dieux et de déesses. Juan del Encina (1469-1529), qui vécut une partie de sa vie en Italie, évolua progressivement de l'*auto sacramental* jusqu'à la comédie populaire. Mais déjà, son drame pastoral *Egloga de Placida y Victoriano* ("Églogue de Placide et Victorien"), en 1513, révélait l'influence de *La Celestina*. Gil Vicente (1465 ?-1540 ?), premier auteur portugais, écrivit indifféremment en castillan et en portugais. Il imita tout d'abord Juan del Encina, puis trouva sa propre identité dans une peinture souriante de son temps et dans de beaux développements lyriques. Mais le premier dramaturge espagnol qui s'affirma avec une véritable originalité eut pour nom Miguel de Cervantès Saavédra.

Rueda, Timoneda, la Cueva

Le premier grand auteur professionnel de l'Espagne fut cependant Lope de Rueda (1505?-1565), qui était également acteur et directeur de troupe.

Rueda écrivit des *autos*, des *comedias*, des *coloquios*, qui étaient des pastorales bouffonnes, et des *pasos*, une autre forme d'intermède. Il s'inspira de la comédie italienne, en renouvelant avec beaucoup d'esprit les scènes burlesques. Mais sa fantaisie s'exprimait surtout dans les *pasos*, qui sur des trames de commedia dell'arte, trouvaient dans un traité plus réaliste un comique de situation assez divertissant. Ces intermèdes, qui ne seront publiés qu'en 1867, ont pour nom *Los*

Criados ("Les Serviteurs"), *La Caratula* ("Le Masque"), *Cornudo y contento* ("Cocu et content"), *El Convidado* ("L'Invité"), *La Tierra de Jauja* ("La Terre de Jauja", ou "Le Pays de Cocagne"), etc. ; ils étaient dénués d'intention moraliste, et ne visaient qu'au simple divertissement. Rueda fut publié par le libraire Juan de Timoneda (1520?-1583), qui rédigea lui aussi des *pasos*, des *autos*, et un *Amphitryon* (1564).

Plus mélodramatique, Juan de la Cueva (1543 ?-1610) n'est jamais bien loin de l'esprit de *La Celestina*. Mais ni dans *Los siete Infantes de Lara* ("Les Sept infants de Lara", 1579), ni dans *El Infamador* ("Le Calomniateur", 1581), la Cueva ne parvient à trouver une véritable unité dramatique. Ses pièces gagnèrent pourtant la faveur du public, et constituèrent pendant un temps un modèle dramaturgique pour le jeune Lope de Vega.

Cervantès

Cervantès (1547-1616), de retour en Espagne après un long périple aventureux, écrivit après 1580 plusieurs dizaines de comédies et intermèdes, qu'il reprit pour certains dans un recueil en 1615, et qui témoignaient de sa verve et de sa vivacité d'esprit. Mais c'est avec une grande fresque dramatique, *El Cerco de Numancia* ("Le Siège de Numance", ou "Numance"), écrite vers 1585, qu'il marqua l'histoire du théâtre espagnol. En 133 av. J.-C., les habitants de Numance, assiégés par Scipion, préfèrent tuer leurs femmes et se donner la mort plutôt que d'être vaincus. Quand Scipion entre dans la ville, il ne trouve qu'un enfant survivant, Viriate, qui se jette du haut d'une tour avec les clés de la ville.

La pièce, bien que trop statique, fourmille de détails, de situations et d'épisodes particulièrement réussis. L'ensemble possède une grandeur épique et dramatique qui rappelle les tragédies de Sénèque. On a pu lui reprocher ses naïvetés et ses allégories un peu lourdes, mais *Numancia* marque néanmoins les prémices d'un art nouveau de la tragédie. Les Romantiques, par la suite, salueront les qualités de la pièce, qui mériterait encore aujourd'hui, autant que le "Don Quichotte", d'assurer la renommée de leur auteur. Citons encore, parmi les *entremeses* de Cervantès, *El Retablo de las maravillas* ("Le Retable des merveilles"), *El Juez de los divocios* ("Le Juge des divorces"), *La Cueva de Salamanca* ("La Cave de Salamanque"), et notons qu'il s'adonna avec un égal bonheur à la satire de chevalerie comme à la farce, inspirée de la commedia dell'arte, sans oublier, évidemment, la comédie picaresque(1) qui restait l'apanage de son art.

Lope de Vega

Félix Lope de Vega Carpio (1562-1635) fut un élève précoce et brillant. Il écrivit sa première pièce à douze ans et la seconde à seize, s'intégra à la troupe madrilène de Jeronimo Vélasquez, tomba amoureux de la fille de ce dernier, laquelle était comédienne. Repoussé, il écrivit des libelles diffamatoires contre la famille de l'artiste, et fut condamné à quitter Madrid. En 1588, il s'engagea dans l'Invincible Armada pour le peu de temps que durera la malheureuse expédition. Il résida ensuite à Valence où ses pièces furent représentées avec un succès grandissant. Devenu secrétaire du duc d'Albe, puis du duc de Sessa, il fut gracié en 1595, et put revenir à Madrid où il retrouva les grandes compagnies espagnoles de son temps.

En 1609, Lope de Vega fit dans *El Arte nuevo de hacer comedias* ("Nouvel art de faire des comédies") le bilan de plus de trente ans de dramaturgie. Il y déclare :

« Lorsque j'ai à écrire une comédie, j'enferme toutes les règles sous de triples verrous ; j'éloigne de mon cabinet Plaute et Térence, de peur d'entendre leurs cris, car la vérité réclame à haute voix dans ces livres muets ; et j'écris alors suivant l'art qu'ont inventé ceux qui ont voulu obtenir les applaudissement de la foule. »

Il oppose le bon sens aux règles classiques, reconnaît néanmoins la nécessité de l'action unique, et ajoute résolument :

« Ces libertés, je le sais, révoltent les connaisseurs ; eh bien, que les connaisseurs n'aillent pas voir nos pièces ! »

Malgré cette apparente sérénité et le succès populaire de ses

(1) De *picaro*, aventurier, vaurien, coquin. Le héros picaresque qui apparaît dans l'Espagne du XVIe siècle a de l'insouciance, de la morgue et du courage, même si son combat se résume presque essentiellement à la conquête d'un gîte et d'un couvert.

comédies, Lope de Vega souffrait de ne pas être reconnu par les lettrés. Il se consacra donc également aux genres nobles, épopée, pastorale, panégyrique, etc., travaillant à un rythme assez vertigineux : il se vanta d'avoir écrit et mis en scène une comédie en quatre jours, et rédigea en une autre journée une pièce de trois mille vers. Accumulant les aventures amoureuses, blessé par des décès et des déceptions, touché par une crise spirituelle qui le conduisit à la prêtrise, souvent attaqué, en butte à la méfiance des autorités politiques et religieuses, il ne se débarrassa jamais complètement de ses aspirations et de ses doutes. De son vivant, il ne fit jamais l'unanimité, mais, quand il mourut en 1635, tout Madrid porta son deuil.

A sa manière, Lope de Vega fut un auteur écrasant. Il reconnaissait avoir écrit mille cinq cents pièces religieuses et profanes, parmi lesquelles près de sept cents comédies, dont quatre cents nous sont parvenues intactes. On lui a reproché le pédantisme de certaines pièces, et de s'être quelquefois égaré quand il tentait de s'égaler aux plus grands. Cependant, si l'on rassemble le meilleur de ses écrits, l'ampleur, l'aisance et le talent en font un ouvrage qui force l'admiration. Son naturel, son lyrisme, sa sensibilité, sa faculté d'utiliser les éléments de sa vie sentimentale pour les transmuer en situations théâtrales, sa joie d'écrire enfin, firent de lui sans conteste le plus grand dramaturge classique de l'Espagne. Il puisa à toutes les sources, utilisant tous les thèmes, renouvelant à chaque fois les histoires et les mythes. Il mélangea généralement le tragique et le comique, car

> « cette variété plaît beaucoup. La nature même nous en donne l'exemple, et c'est de tels contrastes qu'elle tire sa beauté. »

L'immensité de son œuvre défie la classification, et il ne s'enferma jamais dans un genre définitif. Il faut néanmoins citer quelques pièces qui se rattachent au mélodrame social, comme *La Estrella de Sevilla* ("L'Étoile de Séville",1617), *Fuente ovejuna* ("Font-aux-Cabres", 1618), *El Mejor Alcalde el rey* ("Le Meilleur Alcade, c'est le roi", 1635), dans lesquels il est attentif à une justice monarchique quelquefois opposée à l'iniquité des seigneurs féodaux ; un remarquable drame, *El Castigo sin venganza* ("Le Châtiment sans vengeance", 1631) ; des comédies dramatiques, *Los flores de Don Juan* ("Les

Fleurs de Don Juan", 1619), *Porfiar hasta morir* ("Persévérer jusqu'à la mort", 1638), *El Caballero de Olmedo* ("Le Cavalier d'Olmedo", 1641) ; des "comédies de palais" qui s'apparentent surtout au genre cape et d'épée, *El Perro del Hortelano* ("Le Chien du jardinier", 1618), *La Noche de San Juan* ("La Nuit de la Saint-Jean", 1631), *Las Bizarrias de Belisa* ("Les Bizarreries de Bélise", 1634) ; enfin, des comédies légères, *Amar sin saber a quien* ("Aimer sans savoir qui", 1630), *La Boba para los ostros y discreta para si* ("Sotte pour les autres, rusée pour soi-même", 1635), etc.

Inlassable artisan, Félix Lope de Vega broda jusqu'à l'infini autour des thèmes de l'amour, du courage, de la justice et de l'honneur (ou plutôt de la crainte du déshonneur). Il excella avec superbe dans tous les genres, se montrant à chaque fois surprenant par sa faculté d'adaptation. Il conquit son public et n'eut, lui non plus, pas d'autre profession de foi que celle de le satisfaire :

> « Je trouve que si notre devoir est de plaire aux spectateurs, il est juste que nous fassions tout ce qu'il faut pour atteindre ce but. »

Tirso de Molina

Contemporain de Lope de Vega, le moine Tirso de Molina (1584-1648, de son vrai nom Gabriel Tellez) n'aurait pas marqué outre mesure l'histoire du théâtre s'il n'avait rédigé en 1630 *El Burlador de Sevilla y Convidado de piedra* ("Le Séducteur de Séville et Le Convive de pierre"[1]. Le drame n'avait pas d'autre intention que celle d'une démonstration exemplaire, comme dans *El condenado por desconfiado*, ("Le Damné pour manque de confiance", 1635), mais on sait la destinée extraordinaire que conservera le personnage central de

(1) Ce « Convive de pierre » fut rapidement adapté pour les Comédiens Italiens par Giliberto, mais cette première traduction en italien a été perdue. Un certain Cicognini rédigea avant 1650 un second *Convitato di pietra*, assez abrégé. Jouées à Paris, les pièces italiennes entraînèrent de nouvelles versions, celles des acteurs Dorimond et de Villiers qui, par un curieux contresens, adoptèrent le titre de *Festin de pierre*, que conserva ensuite Molière. Cet exemple permet de se faire une idée de l'étonnante mobilité des thèmes entre les pays européens de l'époque. Et il met un bref instant en lumière quelques-uns de ces auteurs et tâcherons qui, s'ils n'ont pas marqué l'histoire et la littérature, ont néanmoins servi le théâtre.

Don Juan Tenorio. Hypocrite, sensuel, impie, le Don Juan de Tirso de Molina est un personnage maléfique dans la lignée de la Celestina, avec un zeste d'éléments folkloriques (le séducteur impénitent), une ambiance médiévale de châteaux et de duels, et une fin qui tourne au "mystère" avec le miracle de la statue qui s'anime et celui des gouffres infernaux qui s'entr'ouvrent pour engloutir le libertin. Sans le vouloir vraiment, Tirso de Molina avait rassemblé tous les éléments d'un mythe qui allait devenir l'un des plus grands de la tradition européenne(1), mais dont seul Molière explora toutes les implications. Tirso de Molina est également l'auteur d'une plaisante comédie d'intrigues féminines, *Don Gil de las calzas verdes* ("Don Gil aux chausses vertes", 1618) et de diverses *comedias* assez proches de Lope de Vega.

Calderon

L'arrivée dans le firmament théâtral d'un auteur tel que Lope de Vega pose évidemment de nombreux problèmes pour ses successeurs immédiats. Non content de donner une forme exemplaire aux genres comiques ou dramatiques en cours, le dramaturge talentueux s'accapare de grands thèmes et les traite d'une telle façon qu'il devient téméraire de les reprendre derrière lui. L'éclat d'un Lope de Vega, d'un Shakespeare ou d'un Molière ne brille pas sans aveugler quelques temps leurs jeunes confrères.

Avec une nature totalement différente de celle de son prédécesseur, Calderon ne souffrit pourtant pas de la comparaison. Issu de la petite noblesse, Pedro Calderon de la Barca (1600-1681) hésita un certain temps entre la carrière religieuse et la carrière militaire. Il fit des études de théologie, s'enrôla à plusieurs reprises dans l'armée, et trouva finalement dans la protection royale la quiétude nécessaire à l'écriture d'une

(1) Le théâtre est responsable de la plupart des grands mythes de la culture occidentale, celui du séducteur qui oppose sa propre morale à celle de la société (*Don Juan*), celui de la connaissance en échange de son âme (*Faust*), celui des amants qui préfèrent la mort à la séparation (*Roméo et Juliette*), et celui, plus complexe, de la motivation de l'acte et des raisons de vivre (*Hamlet*) ; mais c'est par des voies romanesques que Cervantès illustra le très chevaleresque sens de l'honneur et du dévouement (*Don Quichotte*).

œuvre dominée par l'esprit religieux. Sa formation, sa fierté d'hidalgo, allaient s'accorder avec la sévérité grandissante de l'époque marquée par la Contre-Réforme et les élans mystiques de sainte Thérèse d'Avila et saint Jean de la Croix. Vers 1635, il fut chargé de l'organisation des *fiestas reales*, "fêtes royales", qui sacrifiaient de plus en plus à de lourds décors italiens et des machineries complexes. Progressivement, son théâtre se réserva à ces spectacles de cour et à ceux qui se donnaient à l'occasion de fêtes religieuses. Il entra dans les ordres à cinquante ans sans abandonner sa plume d'écrivain, et devint même chapelain d'honneur du roi d'Espagne en 1663.

Comme Lope de Vega, Calderon explora tout d'abord les genres les plus divers. Mais l'exubérance théâtrale de son prédécesseur avait maintenant laissé la place à de profondes interrogations. Sur les intrigues d'amour et d'honneur, quelquefois ramenées à de simples prétextes, pesaient désormais les questions de la liberté de l'homme, de la prédestination et du dessein de Dieu. *La Vida es sueño* ("La Vie est un songe", 1631),*La Devocion de la Cruz* ("La Dévotion à la Croix", 1634), *El Magico prodigioso* ("Le Magicien prodigieux", 1637), explorent avant tout les voies du libre arbitre et de la grâce divine. Dans "La Vie est un songe", le héros Sigismond trouve de véritables accents shakespeariens pour méditer sur sa condition :

« Que es la vida ? Una illusion,
Una sombra, una ficcion,
Y el mayor bien es pequeño ;
Que toda la vida es sueño
Y los sueños sueños son.(1) »

Cependant, nous dit Calderon, à l'heure du réveil, c'est à l'aune du bien accompli que nous serons jugés.

C'est toutefois en reprenant la forme traditionnelle des *autos sacramentales*, à travers des personnages presque toujours allégoriques, qu'il atteignit un souffle tragique et une

(1) « Qu'est-ce que la vie ? Une illusion,
Une ombre, une fiction,
Et le plus grand bien est peu de chose ;
Car toute la vie n'est qu'un songe
Et les songes ne sont que songes. »

grandeur épico-religieuse qui n'avait guère été revisitée depuis Eschyle. Dans *El Gran Teatro del mundo* ("Le Grand Théâtre du monde", 1645), Le Monde et L'Auteur font naître sept autres personnages, L'Enfant, Le Paysan, Le Pauvre, La Sagesse, La Beauté, Le Riche et Le Roi. Ils les font entrer par la porte du Berceau, les laissent improviser et débattre ensemble avant de leur faire franchir la porte de La Tombe. Puis L'Auteur, au vu de leur comportement, distribue les peines et les récompenses. Le Roi, La Beauté et Le Paysan iront au Purgatoire, et Le Riche en Enfer. Une belle composition lyrique et, malgré l'allégorie, une véritable profondeur des personnages font d'*El Gran Teatro del mundo* un chef-d'œuvre saisissant.

Avec cent vingt comédies, quatre-vingts *autos sacramentales* et quelques intermèdes, Calderon apporte une définitive perfection formelle au théâtre espagnol du XVIIe siècle. Cependant, en offrant l'image idéale d'une Espagne noble, pieuse, juste et fidèle au roi, uniquement troublée par des problèmes spirituels, il faisait également entrer le théâtre dans un piège doré, celui d'une poésie qui n'est plus en contact avec le réel.

De nombreuses pièces de Calderon sont néanmoins empreintes d'une véritable beauté, et l'on peut partager ce jugement de Gœthe, qui comparait Shakespeare avec l'auteur espagnol :

« Calderon transpose les événements de la vie humaine, les caractères et les passions, dans le domaine de l'idéal. Les personnages qu'il présente à notre admiration sont la fleur et la quintessence de l'humanité. Shakespeare nous offre la grappe mûre et pleine telle qu'il vient de l'arracher à la vigne. Nous pouvons y mordre à pleines dents ou l'éplucher grain par grain ; nous pouvons la presser et la faire ruisseler dans la coupe, humer et savourer son parfum ou nous enivrer à pleine gorge : de toute façon notre satisfaction est complète. Calderon, lui, ne nous laisse pas choisir. Il nous offre le breuvage tout préparé. C'est une liqueur capiteuse, soigneusement filtrée pour la séparer de la lie. D'une main savante, il y a mêlé, dans de justes proportions, les épices et le sucre. Il faut avaler la liqueur telle qu'elle est, comme un excitant savoureux et délicieux, ou la refuser. »

LE THÉÂTRE ÉLISABÉTHAIN

Des théâtres à ciel ouvert

Une centaine d'années de troubles et de guerre civile avait probablement préparé les Anglais à un théâtre violent. Stendhal dirait plus tard : « Ils aimaient à contempler au théâtre l'image des malheurs que le caractère ferme de leur reine venait d'éloigner de la vie réelle », et il est sûr que seule la paix allait permettre la courte mais flamboyante efflorescence du théâtre élisabéthain.

Dès son accession au trône en 1558, Élisabeth Ire avait mis fin aux guerres de religion en imposant un protestantisme modéré, et en instaurant une stabilité politique nouvelle. Sous son impulsion, l'agriculture, l'industrie et le commerce prospérèrent, et les bateaux anglais s'aventurèrent sur toutes les mers du globe. Une ère nouvelle commençait, à laquelle ne manquait qu'un renouveau dans la littérature, le dernier grand auteur, Chaucer, datant du XIVe siècle. Et c'est avec une véritable politique culturelle que la nouvelle reine tenta de faire naître de nouvelles vocations. Deux roturiers y trouvèrent leur chance, Spenser pour la poésie, et Shakespeare pour le théâtre.

Dans les universités, on découvrait le théâtre de Plaute et de Sénèque. Inspiré par Plaute, Nicholas Udall avait donné vers 1552 *Ralph Roister Doister*, la première comédie en langue anglaise. Mais c'est le théâtre de Sénèque qui fascinait surtout les universitaires, lesquels, à partir de 1560, commencèrent à l'imiter en latin et en anglais. La première tragédie anglaise, *Gorboduc, or Ferrex and Porrex* (1561) de Thomas Sackville et Thomas Norton, fut suivie d'un grand nombre d'adaptations ou de pièces directement inspirées par les tragédies de Sénèque. Les pièces étaient jouées par des étudiants, qui se produisaient également dans d'autres écoles ou dans les résidences princières.

Les mystères avaient alors pratiquement disparus, mais on jouait encore des moralités et surtout des intermèdes, comiques ou édifiants selon les spectateurs. Le maître de chapelle de la cathédrale Saint-Paul écrivait ainsi des intermèdes moraux qui étaient joués et chantés par les enfants de chœur pour un public choisi. Le même public pouvait également voir les choristes de la Chapelle royale, qui se produisaient dans une grande salle du Prieuré des *Blackfrairs*.

Devant un public plus populaire, des comédiens professionnels donnaient des intermèdes burlesques ou parodiques, entremêlés de quelques acrobaties. Ils ne bénéficiaient d'aucun statut, et n'étaient guère considérés que comme des « coquins et des vagabonds ».

Un décret de 1570, cependant, allait radicalement transformer leur situation : à la condition qu'ils se constituent en troupes et qu'ils trouvent de nobles protecteurs, les comédiens voyaient leur profession être officiellement reconnue. Bientôt, le comte de Leicester, favori de la Reine, eut sa troupe, puis le grand Chambellan et le Lord-Amiral. Les comédiens devaient néanmoins assurer leur subsistance, et n'étaient rétribués par les seigneurs auxquels ils étaient attachés que lorsqu'ils jouaient pour eux.

Malgré cette nouvelle protection, ils n'étaient pas débarrassés de leurs deux irréductibles ennemis : la faction puritaine d'une part, qui était fortement représentée à la municipalité de Londres, et qui ne voyait dans les théâtres que de « simples lieux de prostitution et de paillardise », et d'autre part la peste, car on interdisait immédiatement les rassemblements publics et les représentations théâtrales dès qu'une épidémie se déclarait. Les comédiens se séparaient alors en attendant des jours meilleurs, ou entreprenaient de longues tournées dans des régions plus saines.

Ils jouaient dans des cours d'auberges, qui étaient entourées de galeries où s'amassaient les spectateurs, ou sur des estrades roulantes, où encore dans les salles des châteaux quand ils avaient la bonne fortune d'être invités par un noble personnage. Dans la Cité londonienne, quelques auberges, comme le *Bull*, ou le *Bel Savage*, s'étaient fait à la fin du XVIe siècle la spécialité de proposer les meilleurs spectacles du moment.

C'est à James Burbage, ex-menuisier devenu comédien dans

la compagnie du comte de Leicester, que revint le mérite, en 1576, de la construction du premier théâtre anglais. Pour échapper à la municipalité puritaine, il choisit un emplacement dans les faubourgs du nord, et baptisa tout simplement *The Theatre* son édifice de bois. Le *Theatre* reconstituait en fait une cour d'auberge circulaire, avec dans l'arène centrale une estrade surélevée où se produisaient les comédiens. Les spectateurs allaient et venaient, buvaient, criaient et interpellaient les comédiens. Les représentations avaient lieu dans l'après-midi pour bénéficier de la lumière du jour, et le vent et la pluie intervenaient à leur guise dans le déroulement des spectacles.

L'entreprise dut néanmoins être fructueuse, puisque dès l'année suivante se construisit dans le même quartier un théâtre concurrent, le *Curtain*(1).

En 1587, un prêteur sur gages, Henslowe, qui spéculait jusque-là sur les pièces, les achetant aux auteurs pour les revendre aux comédiens, choisit la rive sud de la Tamise pour faire construire un nouveau théâtre rond, *The Rose* ; puis un autre établissement, *The Swan* ("Le Cygne") vit le jour en 1595, toujours au sud de la Cité. Les nouveaux théâtres s'enorgueillissaient d'être plus grands et plus beaux que ceux des faubourgs nord, mais les rares documents qui subsistent font état d'installations tout de même très primitives. Il ne pouvait être question de changements de décor, et la dramaturgie faisait largement appel à l'imagination des spectateurs. Les costumes étaient néanmoins soignés, et les scènes étaient pourvues de machines qui permettaient des enlèvements au ciel, des apparitions et des disparitions. L'espace de jeu, à demi couvert par un auvent, était adossée à une sorte de maison qui servait de coulisses, avec un balcon pour des musiciens. Dans la partie supérieure, on produisait les effets sonores, coups de tonnerre, arquebusades, trompettes, cloches, etc.

Excepté pour le *Rose* qui appartenait à l'usurier Henslowe, les théâtres étaient gérés comme de véritables sociétés

(1) On a cru longtemps que le *Curtain*, "Courtine" ou "Rideau", devait son nom à un hypothétique rideau de scène. Il était en fait construit à une centaine de mètres d'une courtine fortifiée qui faisait partie de l'enceinte de la Cité.

civiles ; le capital que représentaient l'établissement, les costumes et le répertoire, était divisé en un certain nombre d'actions qui appartenaient aux principaux investisseurs. Chaque troupe avait ainsi huit ou dix comédiens-actionnaires, qui touchaient un pourcentage sur les recettes. Les autres acteurs étaient "aux gages", et ne participaient pas aux décisions de la troupe. Les compagnies n'avaient pas d'éléments féminins, et les rôles de femmes et de jeunes filles étaient tenus par des hommes et des jeunes garçons.

La saison commençait au printemps avec le retour des beaux jours. Les comédiens jouaient en alternance une dizaine de pièces qui étaient fréquemment renouvelées. Durant l'été, ils partaient en tournée dans toute l'Angleterre, et ne revenaient qu'en automne dans leurs théâtres londoniens. Durant la mauvaise saison, ils se retiraient généralement dans l'une des grandes auberges de la Cité où ils répétaient les spectacles qu'ils allaient présenter à la Cour. Autour de Noël, les fêtes de la Cour intégraient une demi-douzaine de spectacles choisis parmi les meilleurs de l'année, auxquels la Reine elle-même assistait quelquefois. Les comédiens se produisaient également chez les nobles auxquels ils étaient attachés, ainsi que dans les réfectoires des universités et des écoles.

La vie qu'ils menaient était dans l'ensemble d'une assez grande liberté ; ils étaient respectés par leurs protecteurs, et fréquentaient les meilleurs esprits du royaume. L'hiver se finissait en nouvelles répétitions, et les comédiens retrouvaient après le Carême leurs théâtres de bois, avec pour une nouvelle saison le même public de marins, d'apprentis et d'étudiants au parterre, et dans les galeries des spectateurs un peu moins agités, bourgeois, commerçants et artisans.

La ville de Londres représentait alors 150 000 habitants, ce qui en faisait une ville importante, mais qui ne pouvait assurer à chaque pièce un nombre illimité de spectateurs. Il fallait donc renouveler sans arrêt le répertoire de comédies et de drames et trouver de nouveaux textes. De jeunes écrivains universitaires, les *university wits*, John Lyly, George Peele, Robert Greene, Thomas Lodge, commencèrent à produire de vraies pièces qui se démarquaient des simples intermèdes.

Mais les comédiens, dont le jeu avait évolué, étaient toujours à l'affût de nouveaux talents.

C'est dans cette ambiance particulièrement propice que naquit le théâtre élisabéthain, sous la protection bienveillante de la Cour, mais avec une autre nécessité qui était de plaire au public populaire. Les pièces devaient à la fois se montrer distrayantes pour les spectateurs des faubourgs et, ainsi, assurer la subsistance de la saison ; elles devaient également séduire par leurs sujets et par leurs qualités poétiques les beaux esprits de la Cour, jusqu'à la Reine elle-même. Ceci, lié à une grande liberté d'écriture, allait donner toute son originalité au théâtre élisabéthain.

Marlowe et Kyd

C'est vers 1587-1588 que l'on peut fixer la véritable naissance du théâtre élisabéthain. C'est en effet à cette époque que Christopher Marlowe et Thomas Kyd terminèrent et firent jouer, l'un *Tamburlaine the Great* ("Tamerlan le Grand"), l'autre *The Spanish Tragedy* ("La Tragédie espagnole").

Christopher Marlowe, né en 1564, se révéla vite d'une exceptionnelle nature et s'imposa comme le chef de file des *university wits*. Étudiant brillant à Cambridge, disciple de Platon, admirateur de Machiavel, adepte de toutes les idées nouvelles, il se distingua par un poème érotique qui fit scandale, et par ses pièces d'un lyrisme fracassant. Sa vitalité littéraire se doubla d'une manière de vivre tout aussi scandaleuse : violent, alcoolique, il tua un homme au cours d'une rixe, fit de la prison, afficha son athéisme et son homosexualité, alla jusqu'à accepter de sordides besognes d'espionnage. Il disparut prématurément en 1593 lors d'une bagarre dans une taverne ; son compagnon de débauche lui avait enfoncé, en légitime défense, son propre couteau dans l'œil.

Créatures titanesques, ses personnages sont tous marqués par une identique démesure. "Tamerlan"[1] est un conquérant d'une

(1) *Tamerlan* fut probablement créé au *Rose* en 1588. La pièce eut un succès considérable, et elle constitua pendant longtemps, avec les autres pièces de Marlowe, le meilleur du répertoire du *Rose*.

ambition et d'un orgueil monstrueux, et sa volonté de puissance ne trouve de limites que dans la mort. Dans *The Rich Jew of Malta* ("Le Juif de Malte"), le pouvoir de l'argent détruit le machiavélique Barrabas. Dans *The Tragique History of Dr Faustus* ("La Tragique Histoire du docteur Faust"), c'est la tentation du savoir qui entraînera Faust à sa perte. Enfin, le roi dissolu *Edouard II*, par amour pour son favori, ira de déchéance en avilissement jusqu'à l'anéantissement complet. Marlowe avait pris pour devise : « Ce qui me nourrit me détruit », et ses personnages restèrent, à son image, marqués par les passions extrêmes et l'échec.

L'apport de Marlowe fut considérable, plus d'ailleurs par ses thèmes et son lyrisme que par son talent de dramaturge. Il suscita un engouement durable pour les grandes tragédies, pour les destinées démesurées, pour les affrontements furieux et sanglants.

Thomas Kyd (1558-1594) sortait d'une brillante école, avec une formation de linguiste suffisante pour qu'il entreprenne des traductions du latin, du français et de l'italien. Il termina vers 1587-1588 ce qui fut peut-être son œuvre unique, *The Spanish Tragedy*, et qui, bien que marquée encore par les drames de Sénèque, se révélait être d'une profonde originalité. Sur l'argument d'une vengeance qui conduira à un dénouement épouvantable, sont déjà rassemblés la folie, le suicide, la trahison, l'enlèvement et le crime. Les amants sont persécutés, le fantôme du fils assassiné apparaît pour demander justice, Hieronimo, le père, utilise une "pièce dans la pièce" pour mener sa vengeance. Et le personnage de Lorenzo annonce tous les personnages retors et machiavéliques de ses successeurs.

En une seule œuvre, Kyd jeta l'esquisse de la tragédie du sang avec ses accessoires mélodramatiques. Il partagea avec Marlowe le mérite d'avoir ouvert les portes d'un théâtre aux lignes puissantes, dégagé des règles et des contraintes, et qui puisera ses thèmes au plus profond de la noirceur humaine.

Kyd ne profita guère du succès de la "Tragédie espagnole". On avait découvert des papiers blasphématoires à son domicile. Sommé de s'expliquer par les autorités religieuses, il accusa Marlowe qui avait habité quelque temps chez lui ;

lequel Marlowe venait d'être assassiné et n'était plus là pour se défendre. Thomas Kyd parvint donc à se disculper, mais il y perdit ses protecteurs et mourut dans la misère en 1594.

William Shakespeare

Shakespeare ne fut pas à proprement parler un innovateur. Peu de temps après son arrivée à Londres, il avait assisté aux représentations de "Tamerlan" et de "La Tragédie espagnole", lesquelles l'avaient fortement impressionné. Ses premières pièces continuèrent dans la voie ouverte par Marlowe, et ses grandes tragédies subirent l'influence de l'œuvre de Kyd. Mais c'est avec un véritable génie qu'il transcenda les thèmes qu'ils n'avaient fait qu'aborder.

William Shakespeare naquit en 1564 — la même année que Marlowe —, probablement le 23 avril. Son père, artisan gantier et premier alderman à Stratford-sur-Avon dans le Warwickshire, avait épousé une fille de petite noblesse, et William fréquenta la *Grammar School* de Stratford, l'une des écoles les plus réputées de la région, avant de venir assister son père dans son négoce. Le futur poète était un jeune homme intelligent et précoce ; il épousa en 1583 Anne Hathaway, de huit ans son aînée, qui donna rapidement naissance à une petite fille, puis à des jumeaux. Marié très jeune, père de famille, condamné à vivre d'une petite entreprise familiale, rien ne pouvait alors laisser présager qu'il allait devenir le premier dramaturge du règne élisabéthain.

La légende veut qu'il ait « fui le pays natal » à la suite d'une sombre affaire de braconnage. On pense également qu'il ait pu se lier avec des comédiens itinérants, car les troupes londoniennes passaient régulièrement par Stratford. On peut également supposer que son compatriote Richard Field, qui venait d'épouser à Londres la veuve d'un imprimeur, lui aurait fait la proposition de venir travailler avec lui. Les affaires à Stratford, de toute manière, s'étaient fortement dégradées : endetté, son père avait même été chassé du conseil municipal.

Shakespeare fit en 1587 les quelque 140 kilomètres qui séparaient Stratford-sur-Avon de Londres. Quelle fut sa vie durant les cinq années qui suivirent ? A quel moment devint-il comédien ? Est-ce la vocation ou les circonstances qui le conduisirent à l'écriture ? Il est probable qu'il s'adonna à d'obscurs travaux sur des pièces avant d'aborder des œuvres plus personnelles. On a voulu voir sa "patte" dans *Locrine*, dans *Arden of Feversham*(1), et dans quelques autres drames de médiocre intérêt.

En 1592, Shakespeare était attaché, probablement comme comédien "aux gages", à la Troupe de la Reine. Il avait largement contribué à l'écriture de la première partie de *Henry VI* ; et il était l'auteur à part entière des deux autres parties, ainsi que de *Richard III*, portrait dans la manière de Marlowe d'un roi monstrueux. Cette année-là, Robert Greene publia un pamphlet dans lequel il s'en prenait à un

> « corbeau parvenu, paré de nos plumes, qui, avec *son cœur de tigre enveloppé dans une peau d'acteur*, s'imagine qu'il est aussi capable de gonfler un vers blanc que le meilleur d'entre vous ; et, étant un véritable *Jean le factotum*, il est, dans son opinion, l'unique *Shake-scene*(2) du pays. »

Cette phrase vengeresse est riche d'enseignement : elle nous apprend que Shakespeare était à cette époque un véritable comédien ; qu'il était devenu le "factotum littéraire" de sa troupe ; que des passages de *Henry VI* étaient suffisamment connus pour être pastichés (« O cœur de tigre caché sous la peau d'une femme !... ») ; enfin, que les auteurs universitaires voyaient d'un assez mauvais œil croître le prestige d'un simple roturier. Il est tout aussi intéressant de constater que Shakespeare protesta contre cette attaque, et que l'éditeur fit amende honorable, décrivant Shakespeare comme un

(1) Dont le titre complet donne un avant-goût du contenu : « Arden de Feversham, ou La lamentable et véridique tragédie de M. Arden, de Feversham dans le Kent, qui fut sauvagement assassiné par sa déloyale et traîtresse épouse, qui le fit par l'amour qu'elle portait à un certain Mosbie, inspirée par deux ruffians crève-la-faim Blackwill et Shakbag. Où l'on montre la grande malice et dissimulation d'une femme sauvage, son insatiable désir de jouissance et la fin honteuse des assassins ». Bien qu'elle soit tirée d'un fait divers, la pièce n'est pas très éloignée de *La Celestina* de Fernando de Rojas.

(2) *Shake-scene* : "qui fait trembler les planches". Le nom de Shakespeare signifie : "qui brandit une lance".

« excellent acteur et spirituel écrivain », et en louant « sa loyauté et sa droiture ».

Dans l'été 1592, la peste frappa la capitale, et les théâtres se virent contraints de fermer leurs portes. La compagnie de la Reine partit en tournée, passant à Stratford peu après le début du fléau. Shakespeare accompagna probablement ses amis jusqu'à sa ville natale, et y resta auprès de sa famille pour écrire de nouvelles pièces. L'épidémie — qui dura deux ans — posa de sérieux problèmes aux comédiens, mais elle fut une véritable bénédiction pour le jeune auteur. Il écrivit *Titus Andronicus*, tragédie pleine de fureur et de sang, puis quatre comédies qui empruntaient aux sujets traditionnels latins : *The Comedy of Errors* ("La Comédie des erreurs"), dans laquelle deux jumeaux ignorent qu'ils ont survécu l'un et l'autre à un naufrage ; *The Two Gentlemen of Verona* ("Les Deux Gentilshommes de Vérone"), qui sont deux amis amoureux de la même demoiselle ; *The Taming of the Shrew* ("La Mégère apprivoisée") montrant le dressage de l'insupportable Katharina ; et enfin *Love's Labour's Lost* ("Peines d'amour perdues"), amusante fantaisie dans laquelle le Roi de Navarre et quelques amis font le serment très imprudent de renoncer à l'amour pendant une période de trois années. Les sujets, pas très originaux, donnent surtout à Shakespeare l'occasion d'affiner son art et de développer son imagination comique ; les personnages sont pleins de grâce et de légèreté, les dialogues sont vifs, les situations proches de la commedia dell'arte.

Mais il fallut revenir à Londres en 1594 et choisir une nouvelle troupe. Les compagnies en effet se reconstituaient, autour du *Theatre* et de Richard Burbage sous le nom de Troupe du Lord Chambellan, et autour du *Rose* et de Henslowe sous le nom de Troupe de l'Amiral.

Shakespeare fit le choix du *Theatre* et resta désormais fidèle à la Troupe du Lord Chambellan. Cela ne faisait pas l'affaire de Henslowe, car Shakespeare avait alors perdu tous ses rivaux ; en moins de deux ans, les auteurs universitaires étaient tous morts, ou bien n'écrivaient plus pour le théâtre. Le directeur du *Rose* en fut réduit à engager une poignée de poètes nécessiteux, parmi lesquels commençait à se distinguer le jeune Ben Jonson.

Pour Noël 1594, les comédiens du *Theatre* jouèrent "La Comédie des erreurs" devant la Reine, et la soirée fut probablement très gaie, car la Cour organisa le lendemain un procès burlesque pour punir celui qui leur avait imposé

« une troupe de vils et vulgaires individus qui, avec une Comédie d'erreurs et de troubles, avait mis le désordre dans la salle ».

Le talent de Shakespeare ne faisait que s'affirmer, abordant avec autant de bonheur les genres les plus différents. *Richard II*, en 1595, montre la détresse d'un roi qui n'est pas fait pour régner, et la pièce annonce déjà les grandes tragédies de la maturité ; *Romeo and Juliet*, tiré d'un récit de Bandello, est d'une telle force dans la peinture des jeunes amants qu'ils y gagneront la postérité ; *A Midsummer-Night's Dream* ("Le Songe d'une nuit d'été") expose dans une ambiance légère, des intrigues amoureuses qui s'entrecroisent jusqu'à l'absurde, et Shakespeare fait du dernier acte une réjouissante parodie de son propre "Roméo et Juliette".

En 1596, la mort de son seul fils l'affecta profondément, et le reflet de sa douleur se retrouve dans *King John* ("Le Roi Jean"), qui est la refonte d'une pièce plus ancienne, mais qui traite en partie de la mort du neveu du roi. *The Merchant of Venice* ("Le Marchand de Venise"), terminé vers 1598, se révéla ensuite d'un humour un peu plus grinçant, mais apporta avec Portia l'un de ses plus beaux personnages féminins.

Shakespeare fit l'acquisition en mai 1597 d'une belle maison de Stratford, *New Place*, en face de son ancienne école, et c'est là qu'il écrivit une grande partie de *Henry IV*, qui faisait apparaître le truculent Falstaff. *Henry IV* marquait un tournant dans l'art de Shakespeare ; son écriture devenait plus naturelle, et abandonnait souvent la versification pour une "prose dramatique", peut-être moins lyrique, mais plus juste et plus sensible.

Dans l'hiver 1598, la Troupe du Lord Chambellan était confrontée à des problèmes de salle. Le propriétaire du terrain sur lequel était construit le *Theatre* n'avait pas renouvelé son bail et la troupe en avait été réduite à jouer au *Curtain* dans d'assez mauvaises conditions ; la municipalité, d'autre part, avait réussi à interdire les représentations dans les auberges de la Cité ; Shakespeare et ses compagnons décidèrent alors d'un véritable coup de main ; armés de haches, « ils mirent à bas et emportèrent tout le bois et les poutres [du *Theatre*] selon un procédé tout à fait illégal et tumultueux », transportèrent leur butin du nord au sud, et commencèrent la construction d'un nouvel établissement en face du *Rose*, au grand dam de l'usurier Henslowe.

Les comédiens en profitèrent pour procéder à certaines améliorations : les galeries du nouveau théâtre, *The Globe*, étaient plus confortables. La machinerie des apparitions et disparitions était conservée, mais l'auvent, très haut, couvrait maintenant une scène à trois niveaux de jeu : en estrade devant le parterre, en retrait avec un rideau pour les scènes d'intérieur, et enfin en balcon pour des scènes particulières. Shakespeare pouvait enfin envisager des pièces avec une mise en scène plus audacieuse, et son écriture s'en ressentit.

En automne 1599, le *Globe* inaugura probablement la saison avec *Henri V*, qui terminait d'une manière solennelle l'histoire de la branche régnante des Lancastre. Puis Shakespeare remit en scène le personnage de Falstaff dans une comédie, *The Merry Wives of Windsor* ("Les Joyeuses Commères de Windsor"), qui précéda *Much Ado About Nothing* ("Beaucoup de bruit pour rien"), réjouissante double intrigue amoureuse remplie de personnages savoureux. Dans l'année 1600, il termina *Julius Cæsar*, première pièce "romaine" dont les éléments étaient tirés en grande partie des "Vies" de Plutarque, et qu'il traita avec une acuité et une fidélité particulière.

Suivit *As You Like It* ("Comme il vous plaira"), une fantaisie dans laquelle il se permettait pour la première fois des notations assez personnelles, et *Twelfth Night* ("La Nuit des Rois"), vertigineuse comédie d'échange des sexes dans laquelle Viola, sous les habits de son frère, aime en secret le Duc Orsino tandis qu'elle est elle-même aimée par la comtesse Olivia. La "Nuit des Rois", peut-être sa meilleure comédie, était tout juste prête pour être présentée la veille des Rois, au début 1601, devant la Reine et ses illustres invités.

Shakespeare venait d'enchaîner six pièces en trois ans, mais il prit un peu plus de temps pour réaliser le projet qui lui tenait maintenant à cœur, celui d'*Hamlet*. Manifestement, Shakespeare souhaitait traiter du thème de l'Orestie, mais il ne voulait pas entreprendre une réécriture des drames d'Eschyle et d'Euripide ; et c'est dans une légende danoise du XIIIe siècle, rapportée par Saxon le Grammairien et dont une version française fut publiée en 1580, qu'il puisa la trame de son œuvre(1).

Pour *Hamlet*, la légende correspondait admirablement à son propos et il ne la retoucha guère, sinon en enrichissant les personnages d'Ophélie et de Lærte ; mais il apporta au prince danois une telle dimension qu'il figure aujourd'hui parmi les personnages les plus marquants du théâtre et de la littérature. Shakespeare était alors âgé de 37 ans. Sans être profondément athée, c'était un sceptique qui s'interrogeait désormais sur les grandes motivations de l'âme humaine. Ses pièces, cependant, ne tentaient plus d'apporter une réponse ; elles se contentaient d'explorer un état, avec une cruelle acuité, tandis que l'action se poursuivait, souvent indifférente à l'analyse.

Shakespeare laissa plusieurs versions d'*Hamlet, Prince of Denmark*. Il rédigea probablement une version d'une durée plus courte pour la scène, mais il eut à cœur d'approfondir sur le plan littéraire les interrogations de son héros. Le texte intégral dont nous disposons aujourd'hui correspond à un spectacle de plus de quatre heures, et il est rarement joué sans coupures.

Les trois comédies qui suivirent entre 1602 et 1604 ne se ressemblaient pas : *Troilus and Cressida* se déroule pendant la guerre de Troie, et la flamme des amants — l'un grec, l'autre troyenne — se heurte à l'ignominie de la guerre, à la méchanceté et à la trahison. Peut-on d'ailleurs parler encore de

(1) Shakespeare était un inlassable lecteur, toujours à la recherche de sujets nouveaux. Il connaissait assez bien le français ou l'italien pour consulter des ouvrages dans ces langues, et s'intéressait à toutes les nouveautés. On sait par exemple qu'il avait lu, peu après sa publication à Madrid, le *Don Quichotte* de Cervantès.

comédie ? *All's Well that Ends Well* ("Tout est bien qui finit bien") tirait son sujet du "Décaméron" avec une intrigue sentimentale assez classique. On y a vu un travail de commande plutôt qu'une œuvre vraiment personnelle. *Measure for Measure* ("Mesure pour mesure") était comme "Troilus et Cressida" une comédie plutôt grinçante, qui a souvent déconcerté la critique.

Hamlet est probablement l'ultime drame de Shakespeare auquel assista la vieille reine, maintenant septuagénaire. "Queen Bess" mourut en 1603 et laissa le trône à Jacques Ier, lequel décida de prendre directement sous sa protection la troupe du *Globe* et de multiplier les représentations à la Cour. Il est probable que Shakespeare cessa dans cette période de jouer dans les spectacles pour se consacrer de plus en plus à la mise en scène, orientant les comédiens vers un jeu plus sobre et plus naturel. Richard Burbage(1) s'affirmait comme le plus grand interprète de son temps, et Shakespeare allait désormais lui offrir des rôles à sa mesure.

Il composa entre 1604 et 1606 les quatre drames qui figurent parmi les plus sombres de toute la littérature dramatique. *Othello*, probablement tiré d'un recueil d'histoires publié en français, est devenu l'exemple du drame de la jalousie. *King Lear* ("Le Roi Lear") est une œuvre terrible, dont on ne sait plus si elle illustre l'hypocrisie, l'injustice, la trahison, la vieillesse, la folie, la mort, ou tout cela en même temps ; seuls l'amour filial d'une fille et la fidélité d'un vieux gentilhomme apportent quelques espoirs dans cet univers désespérant. *Macbeth* est une pièce barbare, plus fatale que noire. Le héros, parce qu'un oracle lui a prédit qu'il serait roi, tue le monarque légitime et ses proches partisans ; tenaillé par le remords, jouet d'une machine infernale à laquelle il ne peut plus échapper, Macbeth finit par accueillir la mort avec un véritable soulagement. Enfin, *Timon of Athens* ("Timon d'Athènes") est une pièce en deux volets, celui de la générosité sans bornes de Timon dans la première partie, celui de l'ingratitude du peuple athénien quand il a dilapidé sa fortune.

(1) Richard Burbage, le directeur de la troupe, était le fils cadet du James Burbage qui avait construit le premier *Theatre*.

A l'incrédulité de Timon succède sa haine totale pour le genre humain, qui s'exprime en longues tirades d'injures et de malédictions. Encore une fois, seule la mort est miséricordieuse.

En 1607 et 1608, Shakespeare écrivit ses deux derniers sujets "romains" : *Antony and Cleopatra* ("Antoine et Cléopâtre") se présente comme une suite, mais très différente, de "Jules César". Pièce foisonnante, d'une structure subtile, portée par un amour fatal auquel les héros eux-mêmes tentent d'échapper, elle est considérée à juste titre comme un chef-d'œuvre de construction dramatique. *Coriolanus* ("Coriolan") se situe beaucoup plus tôt dans l'histoire romaine, au moment de l'avènement de la République. La pièce brosse un effrayant portrait de l'exercice du pouvoir et des "vertus" militaires.

En août 1608, les comédiens du *Globe* se virent proposer de reprendre la petite salle des *Blackfrairs*, que les "Enfants des Divertissements" venaient d'abandonner. C'était l'occasion pour la troupe de bénéficier de quartiers d'hiver dans une salle couverte, mais aussi de jouer devant un public choisi — 200 personnes environ — des pièces plus intimistes. Les "grandes machines" de Shakespeare ne convenant guère, on conserva les deux jeunes dramaturges, John Fletcher et Francis Beaumont, qui écrivaient déjà pour les "Enfants" et qui s'orientèrent vers un théâtre plus romanesque. Shakespeare s'y essaya lui aussi avec *Pericles*, *Cymbeline* et *The Winter's Tale* ("Le Conte d'hiver"), écrits entre 1608 et 1611. Histoires avec enlèvements, naufrages, séparations, épreuves, retrouvailles et fins heureuses, elles ont de la grâce et du lyrisme et permirent à l'auteur de s'attarder sur les jolis personnages féminins de Marina ("Périclès"), Imogène ("Cymbeline") et Perdita ("Le Conte d'hiver"). Shakespeare s'adonna sans prétention au plaisir du récit, et sans se préoccuper beaucoup de la vraisemblance ; mais là encore, sa réussite est éclatante.

Pendant presque toute cette période, Shakespeare résida à Stratford, la peste ayant de nouveau fermé les théâtres londoniens. Voyait-il son inspiration se tarir ? Aspirait-il enfin à un peu de repos après quelque vingt ans d'un travail acharné ? Toujours est-il qu'il entreprit en 1611 *The Tempest* ("La

Tempête") comme un véritable testament. Le temps des mises au point et des conclusions était venu, de la reconnaissance et du pardon, et surtout du difficile renoncement à son art ; à travers le magicien Prospero, Shakespeare abandonnait l'écriture, ses mondes imaginaires et ses créatures chimériques. Vibrants de vie, jamais les personnages de "La Tempête" n'ont été si profondément humains, et si représentatifs de toutes les conditions. Et Prospero laissait désormais à la jeunesse de Miranda l'émerveillement de nouvelles découvertes :

« How beauteous mankind is ! O brave new world, that has such people in't ! »(1)...

Les habitudes théâtrales étaient d'ailleurs en train de changer. Traduit en 1611 de l'italien, l'ouvrage théorique de Sebastiano Serlio bouleversait les modes à la cour. Le décorateur Inigo Jones s'en inspirait pour faire représenter des *masks*, genre spectaculaire qui sacrifiait de plus en plus l'argument dramatique à de somptueux décors et des machineries compliquées.

Burbage tenta cependant de convaincre Shakespeare de ne pas abandonner complètement l'écriture, et d'accepter des travaux de collaboration avec Fletcher, quitte à ne réaliser que les canevas des pièces. Shakespeare accepta l'arrangement, et s'attaqua à l'histoire de *Cardinio*, pièce aujourd'hui perdue. Pour *Henry VIII*, sa collaboration semble être allée jusqu'à l'écriture d'une grande partie du texte. Enfin, on reconnaît aujourd'hui *The Two Noble Kinsmen* ("Les Deux Nobles Cousins") comme la dernière pièce à laquelle il ait apporté sa collaboration, vers 1613.

Le *Globe* brûla lors d'une représentation d'*Henry VIII*, les pétarades saluant l'entrée du roi ayant mis le feu à la chaume de l'auvent. Il n'y eut heureusement que des dégâts matériels, en dehors d'un homme qui « eut son pantalon en feu et aurait, sans aucun doute, grillé s'il n'avait pu, secouru par un esprit prévoyant, l'éteindre d'une bouteille de bière... », mais il fallut reconstruire presque entièrement le théâtre.

(1) « Combien belle est l'humanité ! O charmant nouveau monde, qui comporte de telles personnes », s'écrie Miranda en découvrant le groupe des naufragés dans la dernière scène.

Shakespeare alterna de plaisants séjours à Stratford et à Londres. Sa retraite fut cependant troublée en 1614 par Ben Jonson qui lui proposa de rassembler l'ensemble de ses œuvres en un in-folio. Il est vrai que les publications qui avaient été faites jusque-là étaient remplies d'erreurs, et que de nombreuses pièces restaient inédites. Shakespeare se remit à nouveau à l'ouvrage, complétant et rectifiant ses manuscrits.

La légende veut que, dans le mois de mars 1616, « Shakespeare, Drayton et Ben Jonson aient festoyé joyeusement et que, s'étant laissé entraîné à boire, Shakespeare en mourut de fièvre. » Il n'y eut peut-être pas relation de cause à effet, mais le poète, malade, demanda le 25 mars à relire son testament. Il s'éteignit quelques semaines plus tard, peut-être le jour anniversaire de ses 52 ans.

L'in-folio de ses œuvres parut sept années après sa disparition, fruit du travail attentif de ses amis, avec un ensemble de pièces et de poèmes qui constituent désormais l'une des fiertés de la création humaine.

Revue, recorrigée au fil des années, l'édition traditionnelle présente, généralement de la manière suivante, les 37 pièces, 5 poèmes et 154 sonnets de son œuvre :

THE COMEDIES

The Tempest ("La Tempête"), 1611 [1ere édition 1623]
The Two Gentlemen of Verona ("Les Deux Gentilshommes de Vérone"), 1594 [1ere éd. 1623]
The Merry Wives of Windsor ("Les Joyeuses Commères de Windsor"), 1598 [1ere éd. 1602]
Measure for Measure ("Mesure pour mesure"),1604 [1ere éd. 1623]
The Comedy of Errors ("La Comédie des erreurs"), 1594 [1ere éd. 1623]
Much Ado About Nothing ("Beaucoup de bruit pour rien"), 1599 [1ere éd. 1600]
Love's Labour's Lost ("Peines d'amour perdues"), 1594-1595 [1ere éd. 1598]
A Midsummer-Night's Dream ("Le Songe d'une nuit d'été"),1595 [1ere éd. 1600]
The Merchant of Venice ("Le Marchand de Venise"), vers 1598 [1ere éd. 1600]
As You Like It ("Comme il vous plaira"), 1600 [1ere éd. 1623]
The Taming of the Shrew ("La Mégère apprivoisée"), 1594 [1ere éd. 1623]

All's Well that Ends Well ("Tout est bien qui finit bien"), 1602-1603 [1ere éd. 1623]
Twelfth-Night : or, What You Will ("La Nuit des Rois"), 1600 [1ere éd. 1623]
The Winter's Tale ("Le Conte d'hiver"), 1611 [pr. éd. 1623]

THE HISTORIES

King John ("Le Roi Jean"), 1596-1597 [1ere éd. 1623]
King Richard II, 1595 [1ere éd. 1597]
King Henry IV, part I, 1598 [1ere éd. 1598]
King Henry IV, part II, 1598 [1ere éd. 1600]
King Henry V, 1599 [1ere éd. 1600]
King Henry VI, part I,1590-1592 [1ere éd. 1623]
King Henry VI, part II,1590-1592 [1ere éd. 1594]
King Henry VI, part III,1590-1592 [1ere éd. 1595]
King Richard III, 1590-1592 [1ere éd. 1597]
King Henry VIII, vers 1612 [1ere éd. 1623]

THE TRAGEDIES

Troilus and Cressida, 1602 [1ere éd. 1609]
Coriolanus ("Coriolan"), 1608 [1ere éd. 1623]
Titus Andronicus, 1593-1594 [1ere éd. 1594]
Romeo and Juliet, 1595 [1ere éd. 1597]
Timon of Athens ("Timon d'Athènes"), 1606 [1ere éd. 1623]
Julius Cæsar, 1599-1600 [1ere éd. 1623]
Macbeth, 1606 [1ere éd. 1623]
Hamlet, Prince of Denmark,1601 [1ere éd. 1603]
King Lear ("Le Roi Lear"), vers 1605 [1ere éd. 1608]
Othello, the Moor of Venice, 1604 [1ere éd. 1622]
Antony and Cleopatra ("Antoine et Cléopâtre"), vers 1607 [1ere éd. 1623]
Cymbeline, vers 1609-1610 [1ere éd. 1623]
Pericles, 1608 [1ere éd. 1609]

THE POEMS

Venus and Adonis, Lucrece, Sonnets, A Lover's Complaint, The Passionate pilgrim, The Phœnix and the Turtle.

On y ajoute désormais *The Two Noble Kinsmen* ("Les Deux Nobles Cousins"), vers 1613 [1ere éd. 1623], pour laquelle la collaboration du poète est aujourd'hui définitivement attestée.

Mézières disait de Shakespeare qu'il « joue dans le monde moderne le même rôle qu'Homère dans le monde grec, et qu'il résume en lui toute la poésie des races septentrionales. » L'ampleur, la profondeur et la diversité de son œuvre l'apparentent en effet aux plus grands, à ceux qui, un jour, ont fait progresser l'humanité. Mais son apport dans le simple domaine dramatique s'est révélé tout aussi considérable.

Shakespeare s'était affranchi des règles traditionnelles pour suivre la logique propre de ses intrigues, sans craindre les changements de ton ou le mélange des genres. A l'exception de quelques-unes, ses pièces s'affirmaient comme des modèles de construction. Observateur des passions et des folies humaines jusque dans leurs contradictions et leurs ambiguïtés, il apporta à ses études psychologiques une telle acuité qu'il imposa un théâtre profondément humaniste et vrai. Il avait cependant un sens aigu de la scène et de la connivence avec les spectateurs ; très vite, il avait su donner à ses drames une puissance presque magique d'évocation, transfigurant les conventions dramatiques et les médiocres conditions de son époque pour atteindre à l'essence même du théâtre et à l'universalité.

Le petit homme de Stratford, celui que ses contemporains appelaient « l'aimable Will » bouleversa de fond en comble le théâtre occidental. Après lui, il serait désormais difficile de ne pas adopter les exigences qu'il s'était données : beauté de l'écriture, rigueur de construction, vérité des personnages, et sens du spectacle.

La fin du théâtre élisabéthain

Qu'on lui donne encore le nom d' "élisabéthain" ou qu'on lui préfère, sous Jacques Ier celui de "jacobin", le théâtre anglais resta encore florissant pendant une trentaine d'années.

Au *Globe* et aux *Blackfrairs*, John Fletcher (1579-1625) continua d'assurer les succès de la troupe de Burbage. Avant sa collaboration avec Shakespeare, il avait écrit une pastorale un peu confuse, *The Faithful Shepherdess* ("La Bergère fidèle"), représentée en 1608-1609. Auteur prolifique et versatile, il ne laissa comme autre pièce marquante qu'une comédie, *The Wild-Goose Chase* ("La Chasse à l'oie sauvage"), jouée en 1621, dans laquelle son écriture gracieuse est au service d'une bonne intrigue de séduction.

Tout à son opposé, Ben Jonson (1572-1637) avait un style robuste et précis. C'était par ailleurs un homme de belle stature au tempérament sanguin, qui tua un acteur rival en duel, connut la prison et fut compromis dans la conspiration des Poudres (1605). Malgré le succès d'une cinquantaine de pièces, il mourut dans la pauvreté.

Ses tragédies, parmi lesquelles on peut citer *Sejanus, his Fall* ("La Chute de Séjan"), jouée en 1603 au *Rose*, furent de belles mécaniques un peu abstraites, qui respectaient les règles antiques. Jonson était plus à l'aise dans la "comédie des humeurs", un genre satirique et grinçant qu'il avait inauguré en 1598 avec *Everyman in His Humour* ("Chacun dans son caractère"), et qui atteignit son apogée en 1606 avec le féroce *Volpone or the Fox* ("Volpone ou Le Renard"), dans lequel un riche et retors Vénitien tente d'abuser ses derniers faux amis, avant de se faire lui-même rouler par le parasite Mosca. Mais c'est *Epicœne or The silent Woman* ("Épicène ou La Femme silencieuse"), jouée en 1609, qui resta la comédie la plus populaire du répertoire anglais, par sa force comique et l'habileté de sa construction.

Cyril Tourneur (1575?-1626) se distingua par deux tragédies de la vengeance, *The Revenger's Tragedy* ("La Tragédie du vengeur", 1607), et *Atheist's Tragedy* ("La Tragédie de l'athée", 1611), qui poussèrent la noirceur du drame élisabéthain jusqu'à ses dernières extrémités.

Thomas Dekker (1572?-1632), John Webster (1580?-1625?) et Philip Massinger (1583-1640) écrivirent des œuvres en collaboration, et d'autres sous leur seule signature. Dekker fut l'auteur d'une vive comédie, *The Shoemakers' Holiday* ("La Fête du cordonnier", 1599), d'un joli conte théâtral, *Old Fortunatus* ("Comédie plaisante du vieux Fortunatus", 1600) ; avec Webster, il rédigea une autre comédie, *Westward Ho !* ("Cap à l'ouest", 1607), et avec Massinger une tragédie chrétienne, *The Virgin Martyr* ("La Vierge-Martyr", 1622). Seul, Webster fut l'auteur de deux tragédie sanglantes, *The White Devil* ("Le Démon blanc", 1612), et *The Duchess of Malfy* ("La Duchesse d'Amalfi", 1614). Enfin, Massinger fut surtout l'auteur d'une excellente comédie de mœurs, *A New Way to Pay old Debts* ("Une Nouvelle Façon de payer de vieilles dettes", 1625), et d'un drame historique et sanglant, *The Roman Actor* ("L'Acteur romain", 1626).

Le style des dramaturges, cependant, s'était affadi en préciosités, les sujets viraient à la romance ou s'égaraient dans les pires cruautés. Seul John Ford (1586-1640) retrouva une certaine grandeur shakespearienne dans l'écriture de ses drames dépouillés, *The Broken Heart* ("Le Cœur brisé", 1627), *'Tis Pity She's a Whore* ("Dommage qu'elle soit une putain", 1629), et *Love's Sacrifice* ("Sacrifice d'amour", 1632).

A la cour du Roi, les divertissements-ballets avaient définitivement gagné la partie. La grande veine du théâtre élisabéthain s'épuisait, tandis que le pouvoir tyrannique du nouveau souverain, Charles Ier, dressait contre lui le Parlement. En 1642, les théâtres anglais furent fermés par décret. Ils ne survécurent pas à la victoire de Cromwell et des puritains, et furent laissés à l'abandon pendant vingt ans, jusqu'au retour des Stuart.

La restauration anglaise

Sous Charles II, l'héritage du théâtre élisabéthain fut un peu estompé par l'influence du théâtre français. Et le mélange entre les deux genres produisit l'*heroic tragedy*, la "tragédie héroïque", et par la suite une forme particulière de comédie de mœurs, la *comedy of manners*. Les Stuarts favorisèrent un théâtre essentiellement aristocratique qui se complut dans les représentations tragiques, tandis que les Hanovre qui leur succédèrent en 1688 ouvrirent plus largement le théâtre à un public bourgeois, lequel fit un bien meilleur accueil à la nouvelle comédie.

L'*heroic tragedy* fut tout d'abord représentée par les œuvres de John Dryden (1645-1700), avec un curieux équilibre entre différentes influences. *The Conquest of Granada* ("La Conquête de Grenade", 1670) était marqué par le théâtre de Corneille, dans une ambiance chevaleresque inspirée de L'Arioste et du Tasse ; *All for love* ("Tout pour l'amour", 1677) fut une réécriture de l'"Antoine et Cléopâtre" de Shakespeare, mais plus proche de Plutarque.

Tandis que Dryden jouissait d'une vie agréable de poète de

cour, l'existence de Thomas Otway (1652-1685) fut marquée par de bien plus grandes difficultés. Une ambiance assez pathétique et morbide transpire de ses grandes pièces, *The Orphan* ("L'Orpheline", 1680), *Venice Preserv'd or a plot Discover'd* ("Venise sauvée", 1682), qui furent jouées avec succès jusqu'à la fin du XVIIIe siècle. Dernier grand représentant de ce type de tragédie, George Lillo (1693-1739) fit représenter en 1731 *The London merchant* ("Le Marchand de Londres"), qui s'annonce comme un tournant définitif vers des sujets bourgeois, vers des drames, petits et grands, tirés de la vie de tous les jours.

LE GRAND SIÈCLE FRANÇAIS

Les scènes parisiennes

En France, l'éclosion d'un véritable théâtre fut plus tardive qu'en Italie, qu'en Espagne ou qu'en Angleterre. Alors que Shakespeare ou Lope de Vega avaient déjà disparu, la scène française se résumait encore pour l'essentiel aux exhibitions des comédiens itinérants que Scarron a si bien décrits dans le *Roman comique*. Il y avait toujours des farces sur des estrades auprès du Pont-Neuf et des représentations dans les collèges, mais les temps incertains n'avaient pas encore donné au théâtre sa véritable chance.

Les choses commencèrent à évoluer quand Louis XIII accorda le titre de Troupe Royale à la compagnie itinérante de Valleran Lecomte. A Paris, la troupe de Lecomte se produisait à la salle de l'Hôtel de Bourgogne, rue Mauconseil, où jouaient également les Comédiens Italiens, tandis qu'une autre troupe, celle de Mondory, s'installait à la salle du Jeu de Paume, appelée aussi salle du Marais. Ce fut néanmoins Richelieu qui, passionné par le théâtre, donna l'impulsion nécessaire afin qu'il devienne un véritable "art noble". Il fit équiper un troisième théâtre au Palais-Cardinal, qui prendra ensuite le nom de Palais-Royal, et enfin celui de Comédie-Française.

A la Cour, le théâtre se donnait dans des lieux provisoires

rapidement aménagés, le plus souvent dans des salles de jeu de paume. Mais le Roi ne dédaignait pas de se déplacer au Palais-Cardinal ou à l'Hôtel de Bourgogne.

Les conditions de jeu souffraient encore de nombreuses vicissitudes. A l'exemple des Espagnols, les gens de qualité prirent l'habitude vers 1630 d'occuper des banquettes sur la scène, pour mieux voir les comédiens. Il fallait d'autre part faire descendre régulièrement les lustres pour moucher les chandelles, quoiqu'on remplaçait généralement les chandelles (qui coulaient) par des bougies lorsque le roi était présent.

La scène de théâtre était alors une boîte ouverte sur deux faces, l'une vers les spectateurs et l'autre vers le haut, d'où l'on descendait les "cintres" qui portaient les différents décors. La machinerie de bois était directement inspirée des équipements de bateaux, et il n'était d'ailleurs pas rare que les techniciens soient d'anciens charpentiers de marine. L'éclairage, qui ne se souciait pas de faire une différence entre la salle et la scène, était assez important ; le Théâtre du Palais-Cardinal, par exemple, était équipé de douze lustres de dix chandelles chacun. Quand à l'équipement de scène, fortement influencé par le théâtre italien, il commençait à se diversifier : un texte significatif définit ainsi les éléments de mise en scène nécessaires au *Lisandre et Caliste* de du Ryer(1) :

« Il faut au milieu du théâtre le Petit Châtelet de la rue Saint-Jacques et faire paraître une rue où sont les bouchers et de la maison d'un boucher faire une fenêtre qui soit vis-à-vis d'une autre fenêtre grillée pour la prison, où Lisandre puisse parler à Caliste. Il faut que cela soit caché durant le premier acte et l'on ne fait paraître cela qu'au second acte et se referme au même acte ; la fermeture sert de palais. A un des côtés du théâtre, un ermitage sur une montagne et un antre au-dessous, d'où sort un ermite. De l'autre côté du théâtre il faut une chambre où l'on entre par derrière, élevée de deux ou trois marches. Des casques, des bourguignottes, des rondaches, des trompettes et une épée qui se démonte. Il faut aussi une nuit. »

(1) Pierre du Ryer (1605-1658), également auteur d'une médiocre *Esther* et d'une médiocre *Lucrèce*.

Auteurs professionnels

Le premier auteur véritablement professionnel en France fut Alexandre Hardy (1569?-1632?), coupable de plus d'une centaine de pièces écrites à la va-vite, puisant dans tous les genres et à toutes les sources, et qui recherchaient surtout l'effet spectaculaire. Tout aussi éclectique, Jean Mairet (1604-1686) s'illustra également dans la pastorale, la comédie et la tragédie. Mais il donna au théâtre français son tournant définitif en 1634 avec *Sophonisbe*. Adepte des règles classiques, il plia sa pièce aux trois unités et la débarrassa pour la première fois du chœur qui subsistait encore dans les tragédies. *Sophonisbe* est une pièce qui se partage entre la grandiloquence, la fadeur et le ridicule, mais elle influença profondément le jeune Corneille. Et *Le Cid*, représenté trois années plus tard, allait en être la démonstration. Citons encore l'intéressant Savinien Cyrano de Bergerac (1619-1655), qui s'inspira de Lope de Vega pour écrire *Le Pédant joué*, d'un comique assez nouveau, et dont Molière fera par la suite son profit(1).

Corneille

Pierre Corneille naquit à Rouen en 1606, dans une famille de fonctionnaires royaux. Il fut reçu avocat en 1624 mais se tourna rapidement vers la carrière dramatique. Quelques comédies et tragi-comédies le firent remarquer par Richelieu, qui se piquait de signer des tragédies, mais qui les faisait écrire par un groupe d'auteurs. Recruté, donc, par le Premier ministre, Corneille poursuivit cependant son œuvre personnelle. En 1635, *Médée* fut un échec, en partie parce que la pièce ne parvenait pas à trouver un équilibre entre le spectaculaire et le psychologique, mais vint en 1636 l'éclatant succès du *Cid*.

Reprenant l'ouvrage d'un auteur espagnol, Guilhem de Castro, Corneille en avait dégagée la ligne romanesque pour

(1) Dans *Les Fourberies de Scapin*, Molière ira jusqu'à reprendre certaines scènes du *Pédant joué*. Cependant, compte tenu de la liberté de l'époque de traiter des mêmes sujets et de puiser chez les confrères, il est difficile de parler, comme cela a été fait, de plagiat.

aboutir à une véritable parabole sur le conflit entre l'amour et l'honneur. Rodrigue est amoureux de Chimène, mais leurs pères se sont querellés et le jeune homme, pour venger l'honneur de son père, tue le père de celle qu'il aime. Et c'est d'une certaine manière pour rester digne de lui que Chimène est contrainte de réclamer sa mort. Elle se tuera à son tour pour lui rester fidèle. Bien sûr, on le sait, les deux amants parviendront à transfigurer leur devoir et la fin sera heureuse. *Le Cid* fut tout d'abord représenté deux fois chez Richelieu et trois fois au Louvre. Il suscita une vive polémique menée par Scudéry et Mairet, discrètement soutenus par Richelieu, lequel n'appréciait pas la pièce. On se souvient des vers de Boileau :

> «En vain contre *le Cid* un ministre se ligue :
> Tout Paris pour Chimène a les yeux de Rodrigue. »

En fin de compte, c'est l'Académie Française qui trancha, en soulignant fort servilement et fort injustement les défauts de la pièce.

Les discussions sur *Le Cid* ne s'arrêtèrent pas avec le XVIIe siècle. Voltaire avait un sentiment mitigé, « cinq ou six endroits très touchants, mais noyés dans la foule des irrégularités de Guilhem de Castro », et Hugo une admiration définitive pour « ce génie tout moderne, tout nourri du Moyen Âge et de l'Espagne, qui nous donna cette Rome castillane, sublime sans contredit... » Les temps ont maintenant affaibli les passions, et l'étude scolaire a figé dans une obligatoire admiration la première grande pièce du Classicisme, laquelle, notons-le, fut remarquablement renouvelée et marquée au XXe siècle par l'interprétation de Gérard Philipe au TNP en 1951.

Corneille proposait aux spectateurs de son temps l'illustration d'une véritable éthique, celle d'une exaltation de l'honneur et des valeurs aristocratiques, ce qui fit déclarer à Gœthe que ses tragédies « échauffent l'âme, élèvent le cœur, peuvent forger des âmes héroïques », et sont « propres à former un peuple de héros ». Les passions elles-même devaient se plier aux exigences de l'honneur, mais elle ne pouvaient qu'en être grandies.

Le Cid reste la meilleure pièce de Corneille, et sa fougue romanesque continue de lui assurer une éternelle jeunesse. Elle entraîna l'instauration durable de la "tragédie régulière" du théâtre français. Pourtant, Corneille ne s'était pas toujours plié aux règles classiques ; il ne partageait pas l'opinion des "aristotéliciens" qui pensaient que les sujets devaient se contraindre au "vraisemblable"(1). Il aimait les grandes histoires, les beaux sujets, et leur accordait plus d'importance qu'à l'étude des caractères. D'une certaine manière, tout en louant et en utilisant la forme classique, il n'en gardait pas moins sa personnalité propre. Cela donna de formidables "mécaniques de conflits" comme *Horace* (1640), *Cinna* (1641), *Polyeucte* (1642) ; en 1643, il écrivit une jolie comédie de caractère, *Le Menteur*, et sa renommée le conduisit en 1647 à l'Académie française. Cependant, ses dernières pièces ne rencontraient plus le même succès, et il renonça au théâtre en 1651 après l'échec de *Pertharite*.

A la demande du surintendant Fouquet, il reprit cependant la plume en 1659 pour donner un *Œdipe*, et rédigea en 1661 *La Toison d'or*, grand spectacle avec machineries donné à l'occasion du mariage de Louis XIV avec l'infante Marie-Thérèse. Mais la gloire montante de Racine lui faisait de l'ombre, et l'opposition entre les deux auteurs culmina en 1670 avec les représentations très attendues, à huit jours d'intervalle, de deux pièces sur le même sujet. La perfection du *Bérénice* de Racine l'emporta sur le *Tite et Bérénice* d'un Corneille vieillissant.

Un peu éclipsé, il garda néanmoins la faveur du Roi dont il avait toujours servi la gloire. « Notre siècle, écrivit-il, a inventé un genre qui n'est qu'une louange adroite du prince. » En 1682, il donna une édition complète de son théâtre, avant de mourir en 1684.

Pierre Corneille avait un jeune frère, Thomas, né en 1625, mort en 1709, lequel s'engagea lui aussi dans la carrière

(1) « Si nous pouvons traiter les choses selon le vraisemblable ou selon le nécessaire, nous pouvons quitter le vraisemblable pour suivre le nécessaire, et cette alternative met en notre choix de nous servir de celui des deux que nous jugerons le plus à propos. » (In *Discours* en 1660.)

théâtrale. Il n'y aurait guère de raison particulière de parler de Thomas Corneille s'il n'avait pas été l'auteur en 1656 d'un passable *Timocrate*, qui fut l'un des plus grands succès du siècle avec plus de six mois de représentations[1].

Molière

Jean-Baptiste Poquelin naquit à Paris en 1622. Il reçut chez les Jésuites une éducation bourgeoise, et son père tapissier aurait fait de lui un maître artisan si le jeune homme n'avait pas manifesté une telle passion pour le théâtre. Avec Madeleine Béjart et ses amis, il créa en 1643 l'*Illustre Théâtre*, qui fit bientôt faillite et envoya l'apprenti-saltimbanque en prison. Libéré, celui qui allait prendre le nom de Molière rejoignit avec ses compagnons une troupe itinérante.

Malgré la légende, ce n'était pas un rassemblement de comédiens faméliques, mais une compagnie assez prospère qui sillonna la province sous la protection du duc d'Épernon, gouverneur de Guyenne, puis sous celle du prince de Conti, gouverneur du Languedoc. Pendant plus d'une douzaine d'années, Molière acquit le sens du public, des effets, et de la construction dramatique.

Bientôt encouragé par ses amis, il se mit à rédiger des farces inspirées de Plaute et de la commedia dell'arte, telles que *L'Étourdi*, *Le Docteur amoureux*, *Les Trois Docteurs rivaux*, *Le Docteur pédant*, ou *Le Dépit amoureux*. Mais la troupe, dont il avait pris la tête en 1650, jouait également les tragédies de Corneille et des auteurs de l'époque.

En 1658, les comédiens revinrent à Paris. Ils se produisirent devant la Cour et le Roi avec le *Nicomède* de Corneille, qui ennuya, et *Le Docteur amoureux*, qui obtint un franc succès. Pris en charge par Monsieur, le frère du Roi, ils furent alors placés au Petit-Bourbon, une salle située tout près du Louvre, en alternance avec les Comédiens Italiens.

(1) Thomas Corneille se distingua également d'une autre manière : après l'interdiction du *Dom Juan* de Molière, il en fit une adaptation versifiée et édulcorée, qui remplaça l'œuvre originale sur les scènes pendant un siècle et demi. Le texte de Molière ne réapparut dans son intégrité qu'en 1847 à la Comédie-Française.

En 1659, Molière innova en faisant la satire des salons littéraires qui devenaient à la mode. Ce furent *Les Précieuses ridicules*, qui provoquèrent de profondes polémiques : le théâtre pouvait-il se faire le portrait de la vie ? Fort du soutien de Louis XIV, Molière tint bon devant l'hostilité des salons, mais ses deux pièces suivantes, *Sganarelle ou le Cocu imaginaire*, et *Dom Garcie de Navarre*, médiocre essai dramatique, se gardaient bien de poursuivre dans la même voie audacieuse. Comme le Petit-Bourbon allait être détruit pour que soit réalisée la colonnade du Louvre, la troupe avait déménagé pour le Palais-Royal que la mort de Richelieu avait laissée sans affectation. Excellent chef de troupe, Molière composait en fonction de ses comédiens, de ses comédiennes, et en fonction de lui-même. Son personnage, d'ailleurs, subissait une évolution sensible : aux bouffons grossiers de ses débuts commençaient à se substituer les rôles de bourgeois ridicules qui allaient lui donner ses plus grands succès.

L'École des maris (1661) revint dans les préoccupations de l'époque, mais c'est *L'École des femmes* en 1662 qui souleva une nouvelle vague d'indignation à la Cour et à la ville. Agnès, jeune ingénue, est élevée dans l'isolement par le vieil Arnolphe qui a l'intention d'en faire son épouse. Elle est amoureuse d'Horace, lequel se confie très étourdiment à Arnolphe sans réaliser qu'il est le tuteur d'Agnès. Vive, fraîche, reflet cruel des mœurs de l'époque, la pièce exalte le droit à l'amour des jeunes gens et fait sombrer dans le ridicule le vieil amoureux. Les attaques contre la pièce ne firent qu'en souligner la portée, et Molière se défendit avec assurance dans *La Critique de l'École des femmes*. Pour ajouter encore un petit parfum de scandale, il venait d'épouser la jeune Armande Béjart, la sœur (mais plus probablement la fille) de Madeleine. Et cela ne pouvait que renforcer la curiosité des spectateurs, qui venaient voir jouer dans leurs rôles protagonistes Molière-Arnolphe et Armande-Agnès[1].

(1) On a probablement exagéré les déboires sentimentaux de Molière, même si les infidélités d'Armande étaient notoires. Lui-même avait d'ailleurs du mal à concilier ces petits scandales avec un certain souci de respectabilité. Mais, s'il utilisa ici et là quelques éléments autobiographiques, il ne fit jamais de son théâtre le reflet de sa vie privée.

Fort de la faveur de Louis XIV, Molière osa *Le Tartuffe* (1664), *Dom Juan ou le Festin de pierre*[1] (1665), et *Le Misanthrope* (1666). Les pièces eurent leurs défenseurs qui en voyaient l'importance mais aussi de puissants détracteurs qui firent tout pour les interdire. *Dom Juan* fut arrêté au bout de quinze représentations, *Tartuffe*, dans sa version complète, fut interdit le lendemain de la première. Le cynisme du séducteur et l'hypocrisie du dévot étaient décrits de telle manière que de nombreux aristocrates et jansénistes ne pouvaient pas ne pas s'y reconnaître. Dans *Le Misanthrope*, la situation est inversée : Alceste se refuse au contraire à toute compromission, et c'est dans la peinture des personnages qui l'entourent que Molière pousse sa critique. La pièce, qu'il avait beaucoup travaillée, tient toute sa portée du portait psychologique d'Alceste, respectable dans ses idées et sa dignité, mais ridicule dans son intransigeance. Elle se prête à d'inlassables analyses, et elle est probablement le chef-d'œuvre de Molière. Elle déconcerta néanmoins son public, même si les esprits éclairés en saluèrent immédiatement l'importance.

Molière défendit modérément ses grandes comédies de mœurs. Du *Dom Juan*, il ôta dès la deuxième représentation les répliques les plus provocantes, et se borna à faire remarquer que sa pièce n'était qu'une comédie (étrange comédie, qui se termine par la mort du héros !). Moins de six mois plus tard, sa compagnie devenant Troupe Royale, il se voyait à l'abri des plus fortes attaques, mais réduit (en dehors du *Misanthrope*) à l'écriture de comédies plus faciles.

Molière s'était rabattu sur une farce, *Le Médecin malgré lui* (1666), puis sur une comédie, *Amphitryon* (janvier 1668), qui obtint un vif succès ; *George Dandin* (juillet 1668) eut moins la faveur du public, et *L'Avare* (septembre 1668) fut un échec. Pour les fêtes de la Cour, il écrivit alors trois comédies-ballets, *Monsieur de Pourceaugnac* (1669), *Les Amants magnifiques* (1670) et *Le Bourgeois gentilhomme* (1670). La peinture des travers ridicules prenait le pas sur la satire.

(1) Outre l'erreur du « Festin de pierre » (voir note page 88), Molière choisit curieusement d'orthographier "Dom" le titre de noblesse de son héros. La forme espagnole, il ne pouvait l'ignorer, était "Don", alors que "Dom" était la marque honorifique de certains religieux, ou bien des nobles portugais.

En 1671, *Les Fourberies de Scapin* rendirent un brillant hommage à la commedia dell'arte, mais la pièce n'eut guère de succès. Heureusement, *Les Femmes savantes,* représentée l'année suivante, retrouva la faveur du public.

Molière était malade depuis quelques années ; la médecine était impuissante, cette médecine de charlatans qu'il avait si bien raillée. Sa dernière pièce (et son dernier rôle) fut en 1673 *Le Malade imaginaire,* dans laquelle ses quintes de toux firent beaucoup rire.

La pièce ne fut pas créée devant la Cour, les plaisirs du Roi allant désormais aux petites intrigues dont Lully faisait des grands spectacles. A l'issue de la quatrième représentation, Molière fut transporté chez lui dans un état désespéré. Comme l'Église refusait une sépulture chrétienne aux comédiens, il fallut une intervention du Roi auprès de l'archevêque de Paris pour qu'il soit enterré le lendemain soir, à la sauvette, au cimetière Saint-Joseph.

Le plus grand apport de Molière au métier théâtral luimême fut d'avoir su transcender la comédie et la pastorale pour aboutir au spectacle complet de la comédie-ballet, ce qui, plus tard, allait favoriser l'éclosion de nouvelles formes de spectacle. Mais l'histoire du théâtre retient évidemment surtout ses grandes comédies, celles de la description des comportements sociaux. Et même si, comme dans *Dom Juan,* le sujet n'est pas toujours de lui, son apport est tel qu'il semble toujours le faire renaître.

Molière dégagea la comédie du cadre de la farce. Il humanisa les sujets et les personnages en introduisant dans le procédé comique le sentiment de la complexité des choses, des différences de point de vue, du libre arbitre, du poids des conventions et des privilèges. Molière sut également faire partager la tendresse qu'il éprouvait pour ses personnages. Ses héroïnes ont du charme et de la gaîté, ses amoureux ne sont pas mièvres ; et quand il raille un personnage, il le montre plus incorrigible que foncièrement mauvais et, au fond de lui, plutôt vulnérable. Arnolphe et Alceste sont risibles, mais ils souffrent réellement. Musset parlait, à propos du *Misanthrope,* de cette « mâle gaîté, si triste et si profonde que, lorsqu'on vient d'en rire, on devrait en pleurer. »

Molière affirma enfin la noblesse de son art, qui était considéré comme inférieur à la tragédie, alors, disait-il, qu'il n'y a rien de plus difficile

« que d'entrer comme il faut dans le ridicule des hommes, et de rendre agréablement sur le théâtre les défauts de tout le monde. Lorsque vous peignez des héros, vous faites ce que vous voulez. Ce sont des portraits à plaisir, où l'on ne cherche point de ressemblance ; et vous n'avez qu'à suivre les traits d'une imagination qui se donne l'essor, et qui souvent laisse le vrai pour attraper le merveilleux. Mais lorsque vous peignez les hommes, il faut peindre d'après nature. On veut que ces portraits ressemblent ; et vous n'avez rien fait, si vous n'y faites reconnaître les gens de votre siècle. »

Bien sûr, ils furent nombreux à s'y reconnaître, et à discerner dans ce théâtre libre, audacieux, provocant et naturel, la peinture de leurs vices et de leurs travers. Sans l'appui du Roi et d'un public plus populaire, le théâtre de Molière n'aurait pas fait long feu ; mais lui-même ne s'inquiéta pas outre mesure des attaques :

« Le plus grand mal que je leur ai fait, c'est de plaire un peu plus qu'ils n'avaient voulu... Ils critiquent mes pièces ? Tant mieux ! Et Dieu me garde d'en faire jamais qui leur plaise. Ce serait une mauvaise affaire pour moi !... »

Racine

Lorsque parut Jean Racine (1639-1699), toute la vie de cour s'était centralisée autour de Louis XIV, et le jeune poète n'aura de cesse que d'assurer sa réussite auprès du Roi-Soleil. Son théâtre s'enferma dans un univers essentiellement aristocratique, mais il n'en demeure pas moins la forme la plus accomplie de toute l'expression classique.

Fils d'un contrôleur de grenier à sel, Racine fut pris en charge par sa grand-mère, qui le fit élever dans l'ambiance très particulière de Port-Royal, et dans des collèges également tenus par des Jansénistes. Il y reçut une éducation sévère, ce qui explique peut-être que, ses études terminées, il se soit adonné à une existence beaucoup plus joyeuse en compagnie de son compère La Fontaine. Il recherchait la protection des grands, et tenta d'attirer l'attention du Roi par des poèmes à sa plus grande gloire. En 1664, il fit représenter *La Thébaïde* par la troupe de Molière au Palais-Royal, puis *Alexandre* en 1665. Il se brouilla cette année-là avec Molière, passa à l'hôtel de Bourgogne où sa maîtresse Thérèse Du Parc, comédienne chez Molière, le rejoignit pour créer *Andromaque* en 1667. Suivirent trois autres chefs-d'œuvre dramatiques, *Britannicus* (1669)(1), *Bérénice* (1670), *Phèdre* (1677), et son unique comédie, *Les Plaideurs* (1668), tirée des "Guêpes" d'Aristophane. Les ennemis ne lui manquaient pas, mais ses protecteurs avaient pour nom Mme de Montespan, Boileau et La Fontaine, ce qui lui assurait une renommée grandissante. En 1677, Louis XIV le nomma "historiographe du Roi" et dès lors, le roturier parvenu se contenta de confirmer sa situation : il fit un mariage convenable, ajouta à sa royale pension diverses charges, devint directeur de l'Académie française, se réconcilia avec Port-Royal après une brouille passagère, et se révéla un assez habile courtisan pour obtenir en 1690 la charge de "gentilhomme ordinaire du Roi". Il ne reprendra sa plume de dramaturge que deux fois, sur la demande de Mme de Maintenon, pour donner aux demoiselles de Saint-Cyr deux tragédies, *Esther* en 1689 et *Athalie* en 1691.

A faire un rapide survol de la vie de Racine, l'impression qui s'en dégage est celle d'avoir affaire à un arriviste pas toujours scrupuleux, qui utilisa pendant un temps le théâtre afin d'arriver à ses fins. Pourtant, ses pièces firent preuve d'un étonnant génie dramatique, et elles restent l'une des plus grandes étapes dans le théâtre français.

Avec *Andromaque*, il introduisait le réalisme psychologique dans la tragédie, faisant redescendre les personnages de leur héroïque piédestal. Les contemporains, habitués aux vertiges cornéliens, en éprouvèrent un certain malaise ; ils reprochèrent par exemple à Pyrrhus de n'être pas assez « honnête homme ». Racine ressuscitait l'antique joug de la

(1) Avec comme interprète la Champmeslé, nouvelle maîtresse de Racine après la mort de la Du Parc, et qui fut probablement la meilleure comédienne de toute l'époque classique.

fatalité, refusait à ses personnages la maîtrise de leur destin, ne leur accordait plus qu'un noble courage devant l'adversité. Et, comme les temps avaient changé, il les montrait plus tendres, plus pudiques, plus hésitants. Aux répliques fracassantes de Corneille :

« CHIMÈNE(1) : Va, laisse-moi mourir.
RODRIGUE : Quatre mots seulement :
Après, ne me réponds qu'avecque cette épée.
CHIMÈNE : Quoi ! du sang de mon père encor toute trempée !
RODRIGUE : Ma Chimène...
CHIMÈNE : Ote-moi cet objet odieux,
Qui reproche ton crime et ta vie à mes yeux.
RODRIGUE : Regarde-le plutôt pour exciter ta haine,
Pour croître ta colère, et pour hâter ma peine.
CHIMÈNE : Il es teint de mon sang.
RODRIGUE : Plonge-le dans le mien
Et fais-lui perdre ainsi la teinture du tien... »,

Racine exposait désormais des sentiments tout aussi violents, mais voilés d'une douloureuse retenue :

« BÉRÉNICE(2) : Hé bien, il est donc vrai que Titus m'abandonne ?
Il faut nous séparer ; et c'est lui qui l'ordonne.
TITUS : N'accablez point, Madame, un prince malheureux.
Il ne faut point ici nous attendrir tous deux.
Un trouble assez cruel m'agite et me dévore,
Sans que des pleurs si chers me déchirent encore.
Rappelez bien plutôt ce cœur, qui tant de fois
M'a fait de mon devoir reconnaître la voix.
Il est temps. Forcez votre amour à se taire ;
Et d'un œil que la gloire et la raison éclaire,
Contemplez mon devoir dans toute sa rigueur.
Vous-même contre vous fortifiez mon cœur :
Aidez-moi, s'il se peut, à vaincre sa faiblesse,
A retenir des pleurs qui m'échappent sans cesse... »

Dans une exemplaire concision, *Bérénice* était même réduit à trois personnages, et à une trame complètement épurée.

« Il n'y a que le vraisemblable qui touche dans la tragédie, avait écrit Racine dans la préface, et quelle vraisemblance y a-t-il qu'il arrive en un jour une multitude de choses qui pourraient à peine

(1) *Le Cid*, Acte III, scène 4. Rodrigue vient de tuer le père de Chimène.
(2) *Bérénice*, Acte IV, scène 5. L'Empereur Titus a ramené à Rome Bérénice, la fille d'Hérode, qu'il aime passionnément. Mais le peuple n'est pas disposé à recevoir comme impératrice une reine étrangère, et Titus se résout à la séparation.

arriver en plusieurs semaines ? Il y en a qui pensent que cette simplicité est une marque de peu d'invention. Ils ne songent pas qu'au contraire toute l'invention consiste à faire quelque chose de rien. »

Et la rigueur de Racine allait jusqu'à tenter de respecter la vérité historique. Pour *Bajazet* (1672), il s'est attaché

« à ne rien changer ni aux mœurs ni aux coutumes de la nation, ne rien avancer qui ne fut conforme à l'histoire des Turcs et à la nouvelle *Relation de l'Empire ottoman* que l'on a traduite de l'anglais. »

C'est à ce souci d'exactitude que le théâtre de Racine doit son accent de vérité dans l'analyse des personnages, qui est le reflet d'une interrogation plus profonde sur la condition humaine. Et, derrière le masque du cynique arriviste, se révèle le visage plus douloureux d'un véritable grand dramaturge.

Les successeurs de Racine reproduisirent ses splendides constructions dramatiques, mais il y manquait l'étincelle humaine qu'il avait su y mettre. L'histoire biblique d'*Athalie* clôt magnifiquement son œuvre, et parachève curieusement un siècle de classicisme en revenant à une forme très proche de la tragédie grecque, avec l'intervention de chœurs mis en musique[(1)]. Molière et Racine avaient fini par dégager du fatras des règles le principe majeur : il faut peindre d'après nature. Les règles, s'il faut les respecter, ne sont qu'une affaire de bienséance dans l'art. Et la seconde règle, la seconde grande nécessité, est celle de plaire. Ainsi les auteurs en appelaient-ils aux publics, plus populaire pour Molière, plus aristocratique pour Racine, mais unis dans le même verdict qui leur était demandé. La ressemblance, cependant, s'arrête là. Molière lançait la comédie sur de nouvelles pistes ; Racine figeait la tragédie dans un ultime accomplissement. Plus tard, Émile Fabre dira : « Jeunes gens, jeunes gens, lisez Racine. Il ne vous donnera pas de talent si vous n'en avez pas : mais il vous apprendra votre métier. » Cependant, à quoi sert d'écrire à la manière de Racine après Racine ? Dans cet exercice, même Voltaire ne parviendra pas à être convaincant.

(1) *Athalie* ne fut pas comprise lorsqu'elle fut représentée à Saint-Cyr. Il faudra attendre le XIXe siècle pour qu'on en réhabilite toute la grandeur, servie par une extraordinaire interprétation de Sarah Bernhardt.

A l'issue de la période classique, le théâtre était devenu un art majeur en Occident. Il s'était imposé avec ses rites, ses professionnels, son esthétique et ses règles. De nombreux artistes, dramaturges, compositeurs, architectes, décorateurs, machinistes, comédiens, musiciens et danseurs en vivaient convenablement en le servant avec passion. Et même si la forme en était quelquefois critiquable[1], il reste que sur le fond, la représentation théâtrale, jusqu'à aujourd'hui, est toujours directement inspirée de la représentation classique.

(1) Schiller lui reprochait de ne pas montrer la *nature souffrante* : « C'est à peine si, dans une tragédie française, nous pouvons nous persuader que le héros *souffre*, car il s'exprime sur l'état de son âme, comme ferait l'homme le plus calme, et, constamment préoccupé de l'impression qu'il fait sur autrui, il ne laisse jamais la nature s'épancher en liberté. Les rois, les princesses et les héros d'un Corneille ou d'un Voltaire n'oublient jamais leur *rang*, même dans les plus violents accès de passion ; et ils dépouilleront leur *humanité* bien plutôt que leur *dignité*. Ils ressemblent à ces rois et à ces empereurs de nos vieux livres d'images, qui se mettent au lit avec leur couronne. »

A l'issue de la période classique [illegible] en Occident [illegible]
professionnels [illegible] en catégories [illegible]
[illegible] compositeurs, architectes [illegible]
[illegible] Leur [illegible]
[illegible]

[illegible]

CHEMINEMENTS DU THÉÂTRE DANS LE MONDE

LE THÉÂTRE INDIEN

Bharata

S'il faut en croire l'ancien récit d'un certain Bharata, le *Natyashastra*, "Traité du théâtre", aurait été composé par Brahma, « au temps où l'âge d'or a été remplacé par l'âge d'argent, » puis confié à Indra et ses cent fils pour qu'ils le mettent en application.

Le *Natyashastra*, qui date peut-être du début de notre ère, est le plus ancien texte connu sur le théâtre indien. *Natya* en sanskrit, signifiait "danse", puis par la suite "représentation mimée avec un accompagnement musical joué et chanté", mais le traité, tel que l'explique Brahma, élargit très largement le domaine du théâtre :

« Le théâtre est la représentation du monde entier. On y parle de devoir, de jeux, d'argent, de paix, de rire, de combat, d'amour et de mort. Il apprend le devoir à ceux qui l'ignorent, l'amour à ceux qui y aspirent. Il punit les méchants, augmente la maîtrise de ceux qui sont disciplinés, donne du courage aux lâches, de l'énergie aux héros, de l'intelligence aux faibles d'esprit, de la sagesse aux savants. Le théâtre que j'ai inventé est une imitation des actions et des conduites des hommes. Il n'y a pas de maxime de sagesse, pas de science, pas d'art, pas de métier, pas de procédé, pas d'action, qui ne se trouve pas dans le théâtre. Ainsi, ô mauvais esprits, vous ne devez avoir aucune colère contre les dieux, parce que l'imitation du monde est une règle du théâtre. »

Il est très difficile, pour le théâtre indien, d'avancer des dates précises. Le *Natyashastra* eut certainement une transmission orale avant d'être transcrit. Un autre traité, le *Bharatiya-Natyashastra*, qui traite des aspects techniques du théâtre, de l'architecture, de la composition des textes, des indications de jeu, de costumes, etc., daterait du VIe siècle environ après J.-C. On a vainement cherché la provenance du théâtre indien. Bien qu'elle reste possible, l'influence directe du théâtre grec est peu probable. En fait, le théâtre de la période classique a été précédé par une tradition de représentations religieuses à partir de textes tirés des védas.

Le récit de Bharata, dont le nom signifie "acteur", symbolise en fait le passage à un théâtre plus profane, dans lequel le bien et le mal sont également représentés.

Les rites védiques

La manière dont la littérature védique était utilisée est mal connue, mais il est probable que les spectacles empruntaient des formes similaires à ceux que nous avons pu rencontrer dans d'autres civilisations. Des extraits du *Râmâyana* étaient par exemple chantés et dansés. Le *Râmâyana* était un long poème sanskrit qui racontait les aventures de Râma à la recherche de son épouse Sîtâ ; la plupart des textes datent du ~IVe siècle, mais l'ensemble du cycle ne sera véritablement rassemblé que neuf ou dix siècles plus tard. Le théâtre indien primitif, en tout cas, est intimement lié au brahmanisme, avec toute la part d'incertitude que cela implique.

Le théâtre sanskrit

Au début de notre ère, les drames d'Asvaghosa, dont des fragments ont été retrouvés, témoignaient d'un théâtre essentiellement religieux. Mais, entre le IVe et le IXe siècle se développa, en même temps qu'une civilisation florissante, un théâtre beaucoup plus profane et d'une grande richesse d'invention. La forme en était généralement codifiée, avec une invocation tout d'abord à la divinité, puis un prologue ; le nombre de comédiens variait de cinq à dix autour d'un "chef de troupe", avec des costumes aux couleurs symboliques. La représentation se déroulait dans un temple ou un palais, sous la présidence obligatoire d'un roi ou d'un dignitaire. Le mécanisme dramatique était tributaire de la doctrine du *rasa* ("sentiment"), qui faisait s'enchaîner les cinq étapes explorées par le personnage principal, et qui avaient pour nom l'entreprise, l'effort, l'espérance du succès, la certitude et enfin le succès. Le dénouement, en effet, était toujours heureux.

La plus grande pièce de toute cette période est probablement l'*Abhijnânaçakuntala*, "Anneau de Çakuntala", du poète Kâlidâsa, qui semble avoir vécu au IVe siècle. Le roi Dushyanta tombe amoureux d'une belle jeune fille pauvre, Çakuntala, l'épouse et lui donne une bague. Cependant, Çakuntala, toute à son bonheur, néglige de rendre hommage à l'ascète Durvasas, qui lui annonce que le roi l'aura complètement oubliée quand il la reverra ; cependant, il recouvrira la mémoire à la vue de la bague. La prédiction se réalise et la situation devient pour un temps dramatique quand Çakuntala constate qu'elle a perdu la bague, avant de recouvrer enfin le bonheur.

La pièce de Kâlidâsa ne fut connue en Occident qu'à la fin du XVIIIe siècle, et l'on ne peut pas ne pas rappeler le cri d'admiration de Gœthe :

> « Veux-tu les fleurs du printemps et les fruits de l'automne, veux-tu ce qui séduit et ce qui charme, ce qui nourrit et ce qui rassasie, veux-tu exprimer le ciel et la terre par un seul mot ? Je dis *Çakuntala* et j'ai tout dit. »

Autre grande pièce hindoue, probablement postérieure, *Mricchakativâ*, "Le Chariot de terre cuite", de Çudraka, se rattache au genre *prakarana*, qui est une sorte de drame bourgeois. La riche courtisane Vasantasena est animée d'un tendre sentiment pour le misérable, mais vertueux, brahmane Cârudatta. Cependant, comme elle se refuse à un parent du roi, Samisthânaka, ce dernier l'étrangle, et Cârudatta est accusé. Heureusement, la courtisane qui n'était qu'évanouie, retrouve à temps ses esprits pour sauver celui qu'elle aime, tandis qu'une révolte populaire renverse le monarque. *Mricchakativâ*, comme certaines autre pièces hindoues, n'est pas sans rappeler le théâtre élisabéthain par ses thèmes entrecroisés, par son audace, son lyrisme, ses passions.

Çakuntala et *Mricchakativâ* sont de véritables chefs-d'œuvre qui furent suivis de pièces encore remarquables. Mais le renouvellement sembla ne pas se faire après le IXe siècle. Une tradition comique s'était développée en parallèle sur fond de folklore, avec un répertoire de comédies et de farces, *prahasana*, tel cet "Ascète transformé en hétaïre" datant du

VIIe siècle, mais ce théâtre comique subit également la même stagnation.

Au XXe siècle, le théâtre indien en est encore à se chercher, influencé pendant un temps par la culture anglaise, puis explorant des voies nouvelles de théâtre social ou politique. De nombreuses troupes s'expriment, de Delhi à Calcutta, et tentent les unes et les autres de retrouver les clés perdues d'un véritable théâtre national.

LE THÉÂTRE JAPONAIS

Isolement culturel

Le théâtre japonais représente probablement, à travers ses trois genres dramatiques, le *nô*, le *jôruri* et le *kabuki*, l'une des formes les plus accomplies de tout l'art théâtral. Pour bien le comprendre, il faut rappeler qu'il prit naissance alors que le Japon était complètement isolé du reste du monde, et qu'il ne pouvait en subir les influences. Or, dans sa finalité sinon dans sa forme, il tendit à aboutir aux mêmes résultats que, par exemple, le théâtre de Shakespeare. Et c'est un extraordinaire constat d'une évolution parallèle, car, comme le souligne René Sieffert,

« Si nous découvrons des rencontres, jusque dans le détail, entre les procédés de l'Anglais et du Japonais, elles ne peuvent être que fortuites, ou plus exactement, elles ne peuvent que traduire des nécessités inhérentes à une expression dramatique d'un haut niveau de perfectionnement, nécessités qui ne peuvent avoir leur source que dans les "universaux", en d'autres termes dans des constantes qui tiendraient à la structure même de l'esprit humain. »(1)

(1) On imagine les implications d'un tel constat. Pour le domaine qui nous intéresse, cela fait de l'histoire du théâtre, non pas seulement le déroulement d'une "aventure", mais la lente émergence d'un art nécessaire, enfoui au plus profond de l'homme. Or, ne peut-on considérer que cette émergence est pleinement accomplie au XIXe siècle ? Comment appréhender le siècle suivant ? A cette perspective, l'analyse ne peut se contenter de voir les cheminements du théâtre en termes de progrès, mais peut-être comme de multiples arabesques partant d'une ligne directrice commune, mais dont les finalités ponctuelles seraient changeantes, comme elles l'ont été dans d'autres formes d'art.

Le nô

A l'origine, le théâtre japonais ne se différenciait guère de ce que nous avons rencontré dans d'autres cultures : il se composait de farces, de pantomimes grossières, d'évocations dansées, et même de danses rituelles encore très proches des pratiques chamaniques. Une chronique du VIIIe siècle parle d'une danseuse en « état de possession » qui avait même laissé tomber ses vêtements « jusqu'au-dessous des parties secrètes » ; et les primitifs divertissements dansés, *kagura,* faisaient souvent état de transes, le plus souvent destinées à divertir le dieu.

Mais, pour en arriver à la période de la véritable émergence du théâtre, il faut attendre le XIVe siècle avec les deux grandes formes de spectacle qui cohabitent alors, les *dengaku-no-nô,* spectacles à chorégraphies raffinées sur des thèmes littéraires, inspirés par le *yûgen* qui est la recherche du "charme subtil", et d'autre part les *sarugaku-no-nô,* ou "singeries", qui consistaient en farces rituelles proches de la grossière pantomime.

En 1374, le jeune prince Yoshimitsu, troisième *shôgun* de la dynastie des Ashikaga, assista à une représentation pendant laquelle il remarqua le jeu étonnant d'un modeste acteur de sarugaku. Il fit venir à sa cour ce Kanami ainsi que son fils Zéami, alors que les princes n'entretenaient jusque-là que des acteurs de *dengaku.*

Kanami (1333?-1384) eut le génie d'introduire l'esprit du *yûgen* dans le *sarugaku* ou, comme l'écrivit plus tard son fils, de « faire éclore des fleurs sur les récifs ». Il fonda une école, et transmit à son fils les principes secrets de ce qui allait subsister sous le nom de *nô.* Zéami (1363-1444) écrivit une centaine de pièces, qui constituent encore aujourd'hui la moitié du répertoire du *nô.*

René Sieffert définit le *nô* comme un « long poème chanté et mimé, avec accompagnement orchestral, généralement coupé par une ou plusieurs danses qui peuvent n'avoir aucun rapport avec le sujet. » Dans son essence, c'était un spectacle rituel, qui témoignait des actions humaines ici-bas. L'histoire racontée apparaissait le plus souvent comme une sorte d'évocation rêvée, un premier personnage introduisant les spectateurs dans un drame ancien dont il se révélait être le principal protagoniste. Il revivait ensuite les phases du drame dans une forme d'expression très onirique et, quand il revenait du "carrefour des songes", le spectateur se réveillait aussi d'une sorte de fascination hypnotique qui l'avait emporté durant tout le temps de la représentation. La tension théâtrale était d'ailleurs d'une telle force que, dans un spectacle normal, des petites farces grossières, appelées *kyôgen*, étaient intercalées entre deux *nô*, avec un salutaire effet de contraste.

« Le drame, c'est quelque chose qui arrive ; le *nô*, c'est quelqu'un qui arrive », disait Claudel, et il est vrai que malgré les multiples interventions des autres personnages, le *nô*, c'est d'abord le *shité*, le premier intervenant, qui n'est pas sans rappeler le "protagone" grec dont il possède le masque et l'imposant costume. Cependant, c'est l'orchestre qui, toujours, entre le premier en scène. Il est composé d'une flûte, de deux petits tambours, et quelquefois d'un gros tambour pour les pièces plus animées. La scène est immuable, avec un plateau à droite de 5,50 mètres de côté, un "pont" à gauche, de nombreux piliers qui supportent une structure de toit. Tout ceci correspond à un rituel précis[(1)] dont Zéami détailla par le menu, et d'une manière quasi-philosophique, les principes esthétiques. Le *nô* demande par ailleurs de la part des comédiens (et uniquement des comédiens, car les rôles féminins sont tenus par des hommes) une formation rituelle assez complexe, presque monastique.

Le *nô*, très vivant jusqu'au XVIe siècle, subit ensuite diverses éclipses, sans jamais disparaître complètement. Il est toujours joué au XXe siècle, avec un hiératique respect et une lenteur peut-être un peu exagérée, puisque la représentation d'un même *nô* prend aujourd'hui deux fois plus de temps qu'à l'époque de Zéami.

(1) Chaque emplacement possède une valeur symbolique qu'il est nécessaire de connaître pour comprendre la pièce. Cette disposition définitive permet également aux comédiens de se repérer, car les masques ne leur laissent qu'une vision très fragmentaire de la scène.

Jôruri et Kabuki

Il est probable qu'une forme de spectacle de marionnettes[1], introduite vers le VIIe ou VIIIe siècle au Japon à partir de la Chine ou de la Corée, ait subsisté pendant une dizaine de siècles dans les mains d'amuseurs itinérants. Un texte de l'époque dit : « Ils ne respectaient pas les autorités et se livraient la nuit à des pratiques étranges », pratiques qui relevaient principalement de la prostitution et du braconnage.

Mais au XIIIe siècle, les petites figurines furent utilisées pour accompagner la déclamation épique des *biwa-hôshi*, conteurs ambulants qui portaient la robe des moines. Leur répertoire se cantonnait dans les histoires édifiantes et les récits guerriers, quand il s'enrichit à la fin du XVIe siècle de l'histoire en douze parties de la demoiselle Jôruri, *Jôruri jûni-dan sôshi*, récit pseudo-historique qui eut un tel succès qu'il imposa le genre sous le nom de *ningyô-jôruri*, "*jôruri* avec poupées". De véritables troupes se formèrent dans des salles permanentes, à Osaka, Kyoto, etc. Les premières poupées à fil laissèrent rapidement la place à des marionnettes à gaine beaucoup plus perfectionnées, qui étaient dressées à bout de bras au-dessus d'un écran, ou portées à vue, devant le manipulateur. La perfection fut atteinte quand s'adjoignit aux déclamateurs-chanteurs le joueur de *shamisen*, instrument à trois cordes sur une caisse de résonance tendue d'une peau.

En 1603, une sorte de danseuse fit sensation dans la capitale en interprétant des danses *kabuki* ("excentriques, extraordinaires"). Elle avait pour nom Okuni, se travestissait pour figurer un homme entrant dans une maison de plaisirs, revenait en prostituée, etc. Ses spectacles très originaux, scabreux, sinon même ouvertement érotiques, eurent un tel succès qu'elle se fit construire son propre théâtre à Kyoto, assez semblable dans sa disposition aux théâtres *nô*. Okuni avait certainement commencé sa carrière dans l'une de ces troupes féminines qui sillonnaient le pays, avant de mettre au point sa propre forme de spectacle. En 1607, elle fut invitée à se produire

(1) L'art de la marionnette est rapidement envisagé un peu plus loin (page 139) mais, compte tenu des rapports étroits entre le *jôruri* et le *kabuki*, il était nécessaire, pour le théâtre japonais, de commencer à l'aborder ici.

devant le *shôgun* au palais d'Edo (futur Tokyo), et il est probable qu'elle mourut peu de temps après. Cependant, la vogue était lancée, et les courtisanes surent en tirer le meilleur parti afin de se mettre en valeur devant le public masculin, en préambule à d'autres jeux. Il y avait, en 1616, sept théâtres *kabuki* à Kyoto, mais la tolérance du gouvernement envers ces spectacles audacieux eut une limite : il décida en 1629 l'interdiction de toute représentation féminine, écartant pour près de deux siècles et demi les femmes de la scène japonaise. La morale ne fut pas sauve, car le *kabuki* passa dans les mains d'éphèbes et de gitons non moins suggestifs dans leur art du travesti. Le pouvoir intervint encore une fois, en tentant de limiter l'emploi d'adolescents au *kabuki*, en interdisant les danses les plus suggestives, et en obligeant les spectacles à s'articuler sur une action dramatique. Cela orienta le *kabuki* vers une profusion de "pièces d'imitation", qui allaient apparaître comme une forme libre et populaire de genres plus nobles comme le *nô*. En 1657, un gigantesque incendie obligea à la reconstruction des théâtres *kabuki*, qui commencèrent à s'écarter du modèle *nô* ; et c'est avec l'invention du rideau de scène en 1664 que la dramaturgie du *kabuki* trouva sa nouvelle identité, avec des changements de décor, un découpage en actes, des interludes, etc.

De ses origines mouvementées, le *kabuki* gardait néanmoins le goût des situations scabreuses, des travestissements, des scènes excentriques, qui ne pouvaient que renforcer le principe d'un théâtre libre et inventif. A Kyoto, il s'orienta vers une forme de jeu à la fois réaliste et poétique, tandis que l'on développait à Edo un "style rude" imité de la gesticulation des marionnettes. Les acteurs de *kabuki* ne cessaient d'ailleurs de puiser dans l'art très accompli du *jôruri*, et allaient bientôt lui emprunter la plus grande partie de son répertoire. L'un des résultats sera de redonner au *kabuki* la forme d'un théâtre musical complet, avec de nombreux effets spectaculaires obtenus par diverses machineries, trappes, monte-charge, plateaux roulants, immenses scènes tournantes, filins de suspension pour un enlèvement au ciel ou pour un survol impromptu au-dessus du parterre.

Chikamatsu

En 1684, un chanteur de *jôruri*, Takémoto Gidayû, fonda à Osaka un théâtre de marionnettes dans lequel il perfectionna le mode de récitation du *jôruri* avec un art vocal très nuancé. Il était à la recherche de nouveaux auteurs quand il remarqua un jeune poète dont le talent semblait prometteur. Chikamatsu Monzaémon (1653?-1724), en effet, venait de rédiger quelques dizaines de *jôruri* de style traditionnel, et quelques pièces pour le *kabuki*.

Il était né à Kyoto où son père exerçait la médecine, et fut au service du frère de l'Empereur, le prince-moine Ekan, grand amateur de marionnettes. C'est probablement à la Cour qu'il acquit la vaste culture dont son œuvre fait preuve, mais c'est à sa poésie et à son génie dramatique qu'il dut le surnom de "Shakespeare du Japon".

Entre 1686 et 1703, Chikamatsu écrivit plus d'une trentaine de *jôruri* pour Gidayû, et une dizaine de pièces pour Sakata Tôjûrô, le meilleur acteur *kabuki* de Kyoto. L'écriture de Chikamatsu devenait de plus en plus personnelle, introduisant des personnages comiques dans les drames, approfondissant les personnages, fouillant les intrigues et trouvant une expression de plus en plus vivante dans les dialogues.

En 1705, excédé par le cabotinage des acteurs du *kabuki*, Chikamatsu décida de ne plus se consacrer qu'au répertoire de marionnettes et déménagea pour Osaka. Il venait d'ailleurs de faire représenter par Gidayû une pièce d'une extraordinaire nouveauté, *Sonezaki shinjû* ("Suicide d'amour à Sonezaki", 1703), qui allait donner une orientation définitive à son art. Pour la première fois, les marionnettes jouaient un drame tiré d'un fait divers : le jeune Tokubei vient d'annoncer à la courtisane Ohatsu qu'il ne peut l'épouser, car son oncle le destine à un autre mariage ; et les amants se donnent la mort au bois de Sonezaki, accompagnés par la voix modulée du récitant :

> « Il rassemble ses esprits défaillants, mais sa main tremble ; il veut frapper, mais la pointe de l'arme tantôt d'un côté dévie, tantôt de l'autre s'égare et manque son but ; deux fois, trois fois, de la dague la lame jette un éclair... »

Bien qu'il semble que Chikamatsu ait écrit sa pièce assez rapidement, le style en était excellent, et les personnages admirablement rendus.

Ce succès l'entraîna vers un réalisme dramatique qui se faisait le reflet de la vie, et dans lequel on pouvait lire une violente critique des situations sociales de l'époque. Cela donna encore *Shinjû Ten No Amijima* ("Suicide d'amour à Amijima", 1720), autre histoire d'amours contrariés, des pièces sur l'adultère, ou sur des faits divers criminels, tel ce *Onnagoroshi abura jigoku* ("Meurtre d'une femme dans un enfer d'huile", 1721), avec le portrait saisissant d'un jeune dévoyé, Yohei. Dans cette période, il écrivit encore sur des thèmes historiques et légendaires, et rédigea néanmoins quatre pièces de *kabuki*. La mort de Gidayû en 1714 avait bouleversé la troupe des montreurs de *jôruri*, mais son fils adoptif Massadayû se révélait être un assez digne successeur. Chikamatsu écrivit pour lui ce qui reste probablement son chef-d'œuvre, *Kokusenya kassen* ("Les Batailles de Kokusenya", ou "Les Batailles de Coxinga", 1715), vaste fresque dramatique qui commençait à la cour des Ming et se poursuivait sur plus de sept années, avec d'innombrables rebondissements, des meurtres, des suicides, des massacres. La pièce eut un succès monumental, et fut jouée au théâtre Takemoto pendant dix-sept mois, devant plus de deux cent mille spectateurs.

Il faudrait, pour expliquer la place considérable de Chikamatsu dans la littérature japonaise, relever encore l'audace de ses allusions politiques, la virulence de ses attaques contre les castes dominantes, contre les persécutions religieuses, contre des traditions dont il démontrait toute la barbarie. On l'a très justement comparé à Shakespeare, qu'il égala par sa puissance créatrice et, semble-t-il, par son art poétique. Il est néanmoins très déconcertant que ce prodigieux théâtre ait été essentiellement écrit pour des petits personnages de porcelaine et de chiffons. Le *kabuki*, cependant, allait très vite s'emparer de ce répertoire prodigieux, et obtenir pendant tout le XVIIIe siècle des succès tout aussi grands avec des acteurs en chair et en os. Les écrivains, d'ailleurs, abandonnèrent bientôt le *jôruri* pour se consacrer directement au *kabuki* qui avait désormais gagné ses lettres de noblesse.

Les marionnettes évoluèrent vers une technique dite "des trois hommes", chaque marionnette, plus grande, étant animée à six mains avec une hallucinante impression de vérité. Le répertoire est toujours joué, mais on appelle aujourd'hui *bunraku*, du nom d'un théâtre inauguré à la fin du XIXe siècle, l'art qui était né des amours de la belle *Jôruri*.

Le maintient du récitant dans le théâtre *kabuki* fut la dernière trace tangible de ce qu'il devait au *Jôruri*. Parmi les dramaturges qui lui apportèrent encore de grandes pièces, citons Tsuruya Namboku (1755-1829), maître du fantastique et de l'horreur, et surtout Kawatake Mokuami (1816-1893), qui illustra de manière réaliste et expressionniste la vie du petit peuple de Tokyo. Le *kabuki* restait un art vivant, populaire, méprisé pourtant par les traditionalistes qui, à l'orée du XXe siècle, s'enfermaient dans une admiration quasi-religieuse du *nô*, tandis que les novateurs rejetaient en bloc toute la culture classique. Des traductions de pièces occidentales furent jouées, des expériences de transformation du *kabuki* furent tentées. Depuis 1945, le *kabuki* classique continue d'être joué avec succès au nouveau Théâtre National, et des jeunes troupes, par ailleurs, ont été créées pour tenter de donner naissance à un nouveau théâtre japonais. Parmi celles-ci, la compagnie *Budô-no-kaï* semble avoir trouvé en Kinoshita Junji un véritable dramaturge contemporain.

LE THÉÂTRE EN CHINE

L'opéra chinois

En près de trois millénaires de culture, la Chine eut le loisir de développer une littérature riche et variée, mais le théâtre, hélas, ne suscita guère de grandes vocations. Il est vrai qu'il s'était rapidement codifié sous les dynasties mongoles et Ming, et que le texte n'en était pas l'élément prioritaire.

Le répertoire classique date d'une période qui s'étend entre le XIIIe et le XVIIe siècle, et il a été régulièrement réadapté. Il se compose essentiellement de pièces littéraires, *wenxi*, et de pièces guerrières, *wuxi*. Les pièces littéraires ont généralement une base historique et elles sont axées sur le chant, tandis que les pièces guerrières, constituées d'histoires de brigands ou de luttes contre l'injustice, laissent une large part à la chorégraphie et aux mouvements d'ensemble. L'essentiel réside en fait dans le jeu des comédiens qui, comme dans le *nô* japonais, est très structuré.

Chaque mouvement est codifié, chaque position correspond à une signification précise qui est différente pour chaque personnage. Comme dans la commedia dell'arte, les rôles sont nettement définis et parfaitement typés. Parmi eux, les "visages peints" apportent une symbolique supplémentaire de maquillage. La manière de parler est elle-même codifiée, sauf pour les bouffons qui parlent naturellement. C'est donc un théâtre à l'opposé du naturel qui a trouvé sa perfection formelle dans un ensemble de règles. Les pièces sont néanmoins très spectaculaires, et les représentations de l'Opéra de Pékin, par exemple, avec ses comédiens, ses acrobates et ses clowns, se rapprochent un peu de ce qu'était encore le music-hall en Europe il y a quelques dizaines d'années. La musique est primordiale, avec un orchestre de cordes et de percussions qui accompagne la mélopée des comédiens. Et l'on a donc coutume d'appeler *opéra chinois* ce qui constitua pendant longtemps le seul art théâtral en Chine.

L'un des rares dramaturges à s'être réellement distingué au XVIe siècle fut Siu Wei(1) (1521-1593), qui était également poète et peintre. Toute la seconde partie de sa vie, après le suicide de son protecteur Yan Song, fut marquée par une folie grandissante. Lui-même tenta par trois fois de se suicider, en se frappant la figure à coups de hache, en s'enfonçant un long clou de charpentier dans l'oreille, et en s'écrasant les testicules à coups de maillet. Au bout du compte, il battit sa femme à mort, et seule la prison ramena un peu de paix dans cet esprit tourmenté. Les dernières années de sa vie, malgré une géniale

(1) Ou Hsü Wei, ou Hui Wei, ou Xu Wei, mais il est plus connu en Chine sous son "prénom de courtoisie", Wenchang.

production picturale, le conduisirent en une lente déchéance jusqu'à la plus extrême misère. Et seul le jugement du temps rendit justice à cet artiste maudit.

L'*opéra chinois* n'évolua guère qu'en se différenciant par grandes régions, l'Opéra de Pékin, au XIXe siècle, se consacrant plutôt aux ballets guerriers, tandis qu'au XXe siècle, les Opéras de Shangaï et de Canton s'orientèrent vers des pièces plus sentimentales ou plus spectaculaires. Et, dans les années 1960, furent réalisés des"opéras révolutionnaires", qui apparaissent aujourd'hui beaucoup plus comme une parenthèse que comme une évolution.

Enfin, depuis 1911, s'est développé un "théâtre parlé", qui commença avec des adaptations de *La Dame aux camélias* et de *La Case de l'oncle Tom*, mais qui subit surtout l'influence considérable de *Maison de poupée* d'Ibsen. Souvent un peu verbeuses, les pièces chinoises ont commencé à trouver leur public à partir des années 30, et le théâtre chinois, en s'émancipant des modèles occidentaux, est certainement promis à un bel avenir.

DES FORMES PARALLÈLES AU THÉÂTRE

Le théâtre sans comédiens

Dans des circonstances très particulières, un théâtre de marionnettes, on l'a vu avec le *jôruri*, s'est quelquefois substitué à l'art théâtral véritable. Il s'agissait en l'occurrence d'une période où il n'y avait pas d'autres moyens d'expression entre une forme noble figée, et une forme populaire grossière. Il est donc intéressant de constater que les marionnettes ont pu intervenir directement à des périodes précises dans l'évolution du théâtre. Mais, la plupart du temps, l'art de la marionnette est resté une technique parallèle à celle du théâtre, et surtout un moyen de réaliser des spectacles à peu de frais.

Les marionnettes chinoises, ainsi, jouaient les mêmes opéras que ceux des comédiens, avec une mise en scène et une musique adaptées. Il s'agissait donc, non pas d'un théâtre du pauvre, mais plutôt d'une sorte de théâtre miniature, plus souple et moins contraignant.

A l'origine, la marionnette fut essentiellement liée à l'art du conteur et l'Extrême Orient développa différentes manières d'illustrer les récits religieux, historiques, fantastiques, ou encore les histoires d'amour, de brigands et de redresseurs de torts. La première forme fut celle de la poupée à fils, manipulée par le haut, et qui de tout temps demanda une véritable virtuosité de manipulation pour lui éviter une certaine raideur. La deuxième fut celle des marionnettes à baguettes, tels ces personnages étirés, filiformes, caractéristiques de Java(1). La marionnette à baguettes entraîna une autre technique très particulière de représentation, celle du théâtre d'ombres. Découpées dans du cuir raide, ajourées, les silhouettes étaient déplacées contre un écran blanc devant une lampe à huile ; cet art très onirique fut pratiqué dans toute l'Asie et dans l'Empire ottoman. Enfin, la marionnette à gaine, plus ou moins sophistiquée, fut utilisée à peu près partout.

Quelques personnages atteignirent une notoriété au moins égale aux plus grands héros du théâtre. Au Japon, *Kokusenya* fut encore le héros de plusieurs pièces de *Jôruri*. En Turquie, le personnage de *Karagöz*, en théâtre d'ombres, eut dès le XVIIIe siècle une destinée extraordinaire par son esprit satirique, sa verve et ses audaces. En Angleterre, signalons que le théâtre de marionnettes fut seul autorisé dans la période 1640-1660, et cela favorisa probablement l'apparition de *Punchinello*, puis au XVIIIe siècle de *Punch*, personnage qui se distingua par une hallucinante méchanceté(2). En Italie, les personnages de la commedia dell'arte, dont *Polichinelle*, sautèrent de la scène au castelet, mais ils furent vite remplacés par des personnages plus populaires de paysans illettrés, animés

(1) Ces déformations de silhouettes étaient le fruit d'une esthétique, mais elles répondaient également à l'interdiction musulmane de représenter la forme humaine.

(2) Véritable rustre populaire, *Punch* réussit le tour de force de mélanger la naïveté, la ruse, la brutalité assassine et une verve quasi démentielle. Secondé par la mégère *Judy*, *Punch* fut d'une grande influence sur l'imaginaire anglais, et donna naissance au personnage du *clown*. Il serait d'ailleurs intéressant d'analyser ce que Lewis Carroll et le *nonsense* anglais, par exemple, lui doivent véritablement.

cependant d'un grand bon sens et d'un vigoureux esprit de justice ; tels le bergamasque *Gioppinio*, ou le modénais *Sandrone*. Enfin, plus tardivement, apparut à Lyon au début du XIXe siècle le héros français, *Guignol*, qui tint pendant plusieurs décennies pour le public lyonnais le rôle d'un véritable échotier.

Hélas, le cinéma naissant, puis la radio et la télévision sonnèrent le glas des spectacles de marionnettes, qui ne subsistent guère que de manière folklorique. Outre les spectacles de *bunraku*, il reste cependant à Varsovie, Prague, Budapest et à Moscou un art très vivant de la poupée animée. De la petite figurine à d'immenses silhouettes de deux à trois mètres de haut, avec des décors simples ou complexes, tous les moyens sont utilisés pour faire basculer le spectateur dans un monde différent. Comme cela a déjà été constaté, des pouvoirs qui se sont montrés très tatillons sur ce qui se dit sur une scène, furent beaucoup plus tolérants quand la satire était émise par une créature de carton bouilli, de bois ou de polystyrène, dernier refuge, quelquefois, d'un certain esprit de liberté.

Utilisant tout à la fois le jeu, la danse, le masque et la manipulation de marionnettes, le *Bread and Puppet*, fondé en 1961 par l'allemand Peter Schumann, s'orienta ainsi vers une forme d'éveil des consciences dans la période mouvementée des années 60, sur fond de contestation pendant la guerre du Vietnam.

Le masque et l'enfariné

« Le comique ne trouve sa pleine expression que si le public ne cède pas à la tentation de confondre la personne et le personnage. S'il en vient à s'intéresser à l'homme qui souffre de sa bonne foi trompée ou de son trésor volé, le but est faussé et la farce risque de se changer en tragédie. Le personnage fixe, *le masque*, par son costume et son comportement mêmes, par sa possibilité de reparaître dans mille et mille aventures diverses, échappe à ce danger ; il reste un jouet ; il s'apparente à la marionnette. Sortant de l'anecdote pour atteindre à l'universalité, il autorise mille variantes selon le génie de l'acteur, l'époque et le "climat". »

Henri Gouhier, à propos des Comédiens Italiens soulignait bien cette parenté entre le masque et la marionnette, renforcée par l'adoption définitive pour l'acteur de son type comique.

A mi-chemin entre le masque et l'acteur, "l'enfariné", caractérisé par son visage barbouillé de blanc, sévissait depuis le Moyen Âge sur les foires avec un répertoire de gaudrioles et de satires. Au XVIIIe siècle, un certain Gilles se produisait ainsi dans les foires et sur le Boulevard, et nous verrons par ailleurs l'évolution de "l'enfariné" à travers des personnages muets comme "Pierrot" ; mais il faut noter que la tradition de ce personnage typé, souvent faussement niais, assez incisif dans ses monologues et ses sketches, continua d'exister à travers les siècles sur les scènes des vaudevilles, caf'conc' et music-hall. Un personnage comme celui de Charlie Chaplin en est directement issu, et en France, les derniers dignes représentants de cet art un peu parallèle ont pour nom Fernand Raynaud et Coluche. Chaque époque, ainsi, trouve de nouveaux artistes qui réinventent cette forme très particulière d'expression.

LE XVIIIe SIÈCLE

L'ESPRIT DE LA COMÉDIE

Les "romains" et les "forains"

Au tout début du XVIIIe siècle, tandis que l'Opéra s'imposait avec sa propre esthétique, la Comédie-Française, issue de la fusion de la troupe de l'Hôtel de Bourgogne et de celle de l'Hôtel Guénégaud, devenait le temple de la représentation classique. Elle en vint d'ailleurs à ne plus guère jouer les pièces de Molière, qui choquaient le bon goût, et à leur préférer les sujets que l'on qualifiait de "romains". Les Comédiens Italiens, quant à eux, avaient été chassés de Paris en 1697 après avoir joué *La Fausse Prude,* dans laquelle Mme de Maintenon, non sans quelques bonnes raisons, avait cru se reconnaître ; ils se dispersèrent et certains s'installèrent alors à Lyon. Ils ne revinrent qu'en 1716, sur la demande du Régent, et reprirent à l'Hôtel de Bourgogne un répertoire qui était de moins en moins en italien.

La nouveauté vint en fait de la foire Saint-Germain, laquelle rassemblait alors les meilleurs chapeliers, bottiers, gantiers, drapiers, lingers et bijoutiers de Paris. Un public nombreux s'y bousculait, s'attardant également devant les tréteaux des saltimbanques de toutes sortes. Les amuseurs avaient profité de l'absence des Italiens pour copier leur répertoire de farces et, devant le succès de l'opération, avaient aménagé sur les deux grandes foires, Saint-Germain et Saint-Laurent, des baraques de théâtre qui ne désemplissaient pas. Les Comédiens-Français commencèrent à s'en irriter(1), car ils

(1) La Comédie-Française avait alors abandonné la salle Guénégaud rue Mazarine pour s'installer face au café Procope, au 14 de ce qui est aujourd'hui la rue de l'Ancienne-Comédie, dans une vieille salle de jeu de paume aménagée. El la foire Saint-Germain n'était qu'à 200 mètres.

jouaient de leur côté devant des salles de plus en plus désertées. Forts de leur privilège royal(1) de représentations théâtrales, ils saisirent le Parlement qui prit bientôt des arrêtés, en 1699, en 1702. Les troupes de la foire Saint-Germain, loin d'obtempérer, s'ingénièrent à contourner les interdictions. On leur interdisait de montrer de véritables pièces ? Ils faisaient se succéder les comédiens les uns après les autres sur la scène. On leur interdisait les dialogues ? Ils échangeaient les répliques en coulisse, ou encore se les chuchotaient à l'oreille, tandis qu'un seul d'entre eux les répétait à haute voix. Le public, égayé par toutes ces inventions, se passionnait pour cette guerre entre les "romains" et les "forains", avec d'autant plus de plaisir que les amuseurs commençaient à s'en prendre directement à leurs adversaires(2). Le Parlement en vint à faire détruire en 1709 les théâtres de toile et de bois, mais le Grand Conseil obligea les Comédiens-Français à dédommager les bateleurs. Ces derniers reconstruisirent aussitôt leurs établissements, et reprirent leurs offensives. Ceux qui ne voulaient pas se contenter d'un répertoire de monologues ou de prologues s'amusaient à jouer "à la muette", avec les dialogues écrits sur des bandeaux, ou sur des cartons que l'on brandissait devant les spectateurs ; d'autres se mirent à chanter leurs répliques sur des airs populaires, tandis que d'autres s'orientaient vers les marionnettes, la pantomime, les représentations d'enfants.

(1) Le privilège de la Comédie-Française datait de 1680. l'Opéra avait également un privilège, qu'il concédera ensuite en partie à l'Opéra-Comique, moyennant finances.

(2) Contrefaisant avec une belle effronterie la grandiloquence classique, ils déclamaient des pastiches du genre :

« Foire, l'unique objet de mon ressentiment,
Foire, à qui l'Opéra fait un sort si charmant,
Foire qui malgré moi te trouves ma voisine,
Foire enfin que je hais, et qui fait ma ruine.
Puissent tous ses rivaux ensemble conjurés
Saper ses fondements encore mal assurés,
Et si ce n'est assez de leurs trames secrètes,
Que mille plats auteurs t'apportent leurs sornettes,
Que tes acteurs jaloux se disputent entre eux,
Que jamais le bon goût ne préside à tes jeux.
Puissé-je de mes yeux voir tomber ce théâtre
Dont Paris follement se déclare idolâtre,
Voir le dernier forain à son dernier soupir,
Moi-même en être cause et mourir de plaisir ! »

Le théâtre chanté prit vers 1714 le nom d'opéra-comique, et les Comédiens-Italiens, de retour à Paris, s'intéressèrent eux aussi à cette forme musicale de théâtre. Plus tard,en 1762 et à l'issue de longues tractations, ils en vinrent à fusionner avec la troupe de Favart qui avait alors le privilège de l'Opéra-Comique ; la nouvelle équipe s'installa à l'Hôtel de Bourgogne, mais, l'établissement se montrant par trop vétuste, elle déménagea en 1783 dans une salle située sur ce qui est aujourd'hui le boulevard des Italiens.

C'était de toute façon une grande période de déménagements, qui allaient être favorisés par l'agrandissement de Paris. On repoussait en effet les limites de la Cité et, à l'est, le boulevard du Temple devenait une agréable promenade à la mode, vaste et ombragée, où le comique Jean-Baptiste Nicolet avait déjà ouvert un premier théâtre en 1759 ; le marionnettiste Audinot y construisit ensuite L'Ambigu-Comique en 1769, avec des spectacles joués par des enfants, et tous les amuseurs s'y retrouvèrent bientôt, délaissant progressivement la vieille foire Saint-Germain. Les Comédiens-Français avaient enfin gagné, mais leur victoire n'avait eu comme effet que de faire naître une concurrence autrement plus sérieuse que celle des premières baraques du début du siècle.

Avec la Foire, le théâtre se popularisait ; ses prix de place très modiques le rendaient accessible aux plus humbles. Il abordait d'autre part tous les sujets, et même si le bon mot ou la situation cocasse primait sur le reste, il devenait petit à petit une caisse de résonance dans laquelle les idées nouvelles allaient bientôt trouver un écho populaire.

Lesage

Alain-René Lesage (1668-1747) avait donné aux Comédiens-Français deux bonnes comédies, *Crispin rival de son maître* (1707) et *Turcaret* (1709), avant de se brouiller avec eux. Optant pour la Foire, il écrivit pendant plus de vingt ans un nouveau répertoire de prologues et de livrets, mélangeant la prose, les vers, le chant, la danse et la pantomime. A l'occasion, il collabora avec Fuzelier ou d'Orneval, et publia entre 1721 et 1737 les différents tomes de son *Théâtre de la Foire,* lequel mettait en scène, sur des sujets satiriques, Arlequin, Colombine, Polichinelle, Scaramouche et Pierrot, mais aussi de nombreux personnages de parodie, et même la Foire en personne, dont les déboires constituait le sujet de farces telles que *Les Funérailles de la Foire, Le Rappel de la Foire à la vie, La Fausse Foire*, etc.

Marivaux

Dans une autre pièce, Lesage se mesurait à son contemporain Marivaux et affirmait par œuvres interposées sa propre suprématie. C'est pourtant son adversaire qui reste, sans conteste, le premier grand auteur français du XVIIIe siècle.

Pierre Carlet de Chamblain de Marivaux (1688-1763), de petite noblesse, dut vivre assez tôt de sa plume ; la fin de son maigre patrimoine disparut en 1720 dans la banqueroute de Law, mais il venait de donner à la Comédie-Française une tragédie, *Annibal*, et — anonymement — une comédie à la Comédie Italienne, *Arlequin poli par l'amour*. La seconde eut plus de succès que la première, et Marivaux continua dès lors sa carrière avec les Italiens. Pourtant, leur jeu très outré ne le satisfaisait guère, et il vint un jour dans la loge de Silvia Baletti, qui jouait *La Surprise de l'amour* (1722), pour lui lire des passages de sa pièce. La comédienne fut stupéfaite de découvrir dans l'interprétation de l'auteur une infinité de nuances qui lui avaient échappées, et cela infléchit un peu la manière dont les pièces suivantes, *Le Prince travesti* (1724), *La Seconde Surprise de l'amour* (1725), furent jouées. Cependant le malentendu et l'incompréhension ne pouvaient que persister entre un théâtre profond, subtil et gracieux, et une interprétation qui restait le plus souvent celle de la grosse farce.

Le masque italien était néanmoins bien pratique ; il permettait à Marivaux de faire passer d'audacieuses situations, de surprenantes études de caractères, et des idées nouvelles dont celle de l'émancipation féminine, de l'égalitarisme ou du mérite. Dans *Le Jeu de l'amour et du hasard* (1730), il conserva trois noms de comédiens italiens, Mario, Silvia, Arlequin, mais les distributions suivantes ne comportèrent plus guère que le personnage d'Arlequin[1]. *Le Triomphe de l'amour* fut joué en 1732, *Les Fausses Confidences* en 1737, *L'Épreuve* en 1740. Les pièces avaient un succès d'estime, mais elles n'étaient pas toujours bien comprises. De fins lettrés, dont Voltaire, ne se privèrent pas de les attaquer, inventant le terme péjoratif de "marivaudage". L'auteur des *Fausses Confidences* n'entra pas dans la polémique. Il vécut simplement et discrètement, et se croyait dépassé quand il fut reçu en 1743 à l'Académie française, alors qu'il était en concurrence avec Voltaire.

Ce n'est qu'avec le temps que son théâtre se révéla dans toute sa force et son originalité :

« Les pièces de Marivaux, écrira Paul Souday, comme plus tard celles de Musset, ne vieilliront pas. Parce que sous le déguisement d'un jour, l'un et l'autre vont chercher, au plus profond du cœur humain, la source fraîche, pure et sacrée des larmes. »

Véritable analyste du cœur humain, Marivaux ne s'intéressa guère qu'à ces moments pleins d'émotion où naît un sentiment, le plus souvent partagé, empli de trouble et de désir, et dans lesquels les protagonistes réalisent soudain qu'ils jouent le bonheur de leur vie. Pour la première fois, sur la scène, l'intrigue sentimentale était débarrassée de tout le fatras romanesque des différentes contrariétés, trahisons, rivalités, et entreprises de séduction ; simplifiant tout, Marivaux en arrivait à l'essentiel, et consacrait une attention toute particulière à ces jeunes filles gaies, intelligentes et fières, qui se voyaient tout à coup surprises et bouleversées par un tendre sentiment amoureux.

Ainsi, dans *Le Jeu de l'amour et du hasard*, Silvia craint de rencontrer celui qu'on lui destine en mariage, et prend la place de sa suivante Lisette pour mieux l'observer. Dorante cependant a usé du même stratagème, et quand Silvia tombe amoureuse de celui qu'elle croit être le valet, son trouble est renforcé par tout ce qu'impliquent les conventions, la différence de classe, le déshonneur... L'argument des *Fausses Confidences* est encore plus ténu : un autre Dorante est engagé comme

(1) Quand la Comédie-Française accepta les pièces de Marivaux, elle transforma le nom d'Arlequin en Pasquin, et c'est sous cette forme qu'il figure encore dans certaines éditions.

intendant par Araminte, jeune veuve fortunée, et s'éprend d'amour pour elle. Dans une situation presque immobile, seule la ruse d'Arlequin rapprochera les jeunes gens jusqu'à l'heureuse union. Et, d'une pièce à l'autre, l'éveil des sentiments, l'appréhension devant l'amour naissant, la confusion, le bonheur enfin, sont servis par un style d'une simplicité apparente mais d'une justesse et d'une précision exemplaires, qui reste l'un des modèles de la dramaturgie française, et qui est bien loin de ressembler à ce que recouvre aujourd'hui le terme de "marivaudage". Alors qu'elle craint d'avoir tout perdu, Silvia s'écrie :

« Ah ! voilà qui est fini, il s'en va ; je n'ai pas tant de pouvoir sur lui que je croyais. Mon frère est un maladroit ; il s'y est mal pris. Les gens indifférents gâtent tout. Ne suis-je pas bien avancée ? Quel dénouement ! Dorante reparaît pourtant ; il me semble qu'il revient. Je me dédis donc ; je l'aime encore... Feignons de sortir, afin qu'il m'arrête ; il faut bien que notre réconciliation lui coûte quelque chose... »

Goldoni

Avocat, le vénitien Carlo Goldoni (1707-1793) laissa à l'âge de quarante ans sa charge pour se consacrer au théâtre. C'était en fait revenir à d'anciennes amours, car il avait dans sa jeunesse suivi durant quelque temps la troupe de Vitali. Abandonnant donc la plaidoirie, il écrivit pendant une quinzaine d'années pour différentes compagnies du Nord de l'Italie, mais n'en tira, semble-t-il, que d'amères désillusions. Il avait tenté, devant le constat de la décadence du théâtre italien(1), de le faire évoluer vers un art plus naturel d'observation, vers une forme plus structurée, vers de véritables textes d'auteur. Mais devant l'hostilité des comédiens eux-mêmes, et malgré la réussite de comédies telles que *Il Servitore di due padroni* ("Le Serviteur de deux maîtres",

(1) « Il ne paraissait sur les scènes publiques que sales Arlequinades, galanteries dégoûtantes et scandaleuses, et jeux de mots, fables mal inventées, et plus mal conduites, sans mœurs, sans ordre, lesquelles, au lieu de corriger le vice, comme c'est pourtant le premier et le plus noble objet de la Comédie, le fomentaient, et tout en récoltant les rires de la plèbe ignorante, de la jeunesse écervelée, comme des gens les plus déréglés, causaient par contre de l'ennui et de la colère aux personnes instruites et comme il faut. »

1745), *La Bottega del caffè* ("Le Café", 1750), *La Locandiera* (1753), *I Rusteghi* ("Les Rustres", 1759), Goldoni abandonna définitivement en 1762 l'Italie pour la France.

Il tenta de s'adapter aux milieux parisiens du théâtre, fut contraint de se plier à de médiocres travaux d'écriture, réussit néanmoins en 1771 une excellente comédie en français, *Le Bourru bienfaisant*, alors qu'une charge de professeur d'italien auprès des princesses royales était venu assez opportunément lui assurer un moyen de subsistance. La Révolution priva Goldoni de ses protecteurs, et quand Chénier s'avisa de faire rétablir sa pension, le poète italien était mort de misère.

Chez Goldoni, le jeu théâtral était souvent une fin en soi, et les thèmes sociaux qu'il lui arriva d'aborder ne parvenaient pas toujours à bien s'intégrer dans son théâtre. Dans une perspective historique, il se révéla sensible à l'évolution de son temps et à la nécessité croissante d'une représentation réaliste. Dans une perspective théâtrale, c'est en parachevant l'évolution de la commedia dell'arte qu'il signa ses meilleures pièces. Les personnages, échappant enfin à leur type, tout en conservant leur verve italienne, devenaient enfin des personnalités propres, comme la belle Mirandolina de *La Locandiera*.

La "comedy of manners"

La comédie de mœurs fut l'un des fruits, au tournant du XVIIe siècle, de la Restauration anglaise. Mais elle se révéla être une tendance durable dans le théâtre d'outre-Manche, avec l'objectif de dépeindre de manière souriante les différentes facettes de la société. Plus ou moins féroce, la *comedy of manners* fut surtout le fruit d'une certaine tournure d'esprit des auteurs, qui restera comme l'une des constantes de l'humour anglo-saxon.

De manière presque ininterrompue se succédèrent ainsi au XVIIIe siècle les pièces de William Congreve (1670-1729), dont *Love for Love* ("Amour pour amour", 1695) et *The Way of the World* ("Le Train du monde", 1699), celles de George

Farquhar (1678-1707), *The Recruiting Officer* ("Le Sergent recruteur", 1706), *The Beaux' Stratagem* ("Le Stratagème des roués", 1707), la vive comédie d'Oliver Goldsmith (1728-1774), *She Stoops to conquer, or The Mistakes of a Night* ("Elle s'abaisse pour triompher, ou Les Fautes d'une nuit", 1773), et les pièces plus mordantes de l'irlandais Richard Brinsley Sheridan (1751-1816), dont *The Rivals* ("Les Rivaux", 1775), *The School for Scandal* ("L'École de la médisance", 1777), et enfin *The Critic, or A Tragedy rehearsed* ("Le Critique, ou Répétition d'une tragédie", 1779), dans laquelle Sheridan semblait faire le bilan de deux siècles de théâtre anglais, et le constat du niveau de sottise auquel il était parvenu.

Il faut cependant considérer à part *The beggar's Opera* ("L'Opéra du gueux") de John Gay (1685-1732), qui fit en 1728 l'effet d'une bombe. Gay était l'ami de Pope et de Swift, et l'on considère généralement que les deux pamphlétaires suivirent d'une manière très attentive l'élaboration de la pièce. Sous le couvert d'une sorte de parodie joyeuse des opéras de Hændel, Gay mettait en scène dans l'ambiance des geôles de Newgate, parmi les voleurs et les prostituées, les personnages très représentatifs de Peachum le receleur, Macheath le bandit, Lockit le geôlier, sa fille Lucy, et bien entendu le gueux lui-même. Féroce mise à nu de la société anglaise, la pièce apparaissait également pour les spectateurs de l'époque comme une attaque directe contre les hommes au pouvoir, car il était aisé de reconnaître le premier ministre Walpole sous la défroque du douteux Peachum, et d'autres personnages du gouvernement parmi différents comparses.

L'introduction de parties chantées donnait une note très originale à cette œuvre ravageuse, et en fit le premier modèle de tous les *musical plays* à venir. Notons que la pièce de John Gay fut jouée en français sous le nom d'"Opéra de quat'sous", et c'est également sous ce nom que fut représentée au XXe siècle l'adaptation qu'en fit Bertolt Brecht.

LES SUITES DU CLASSICISME

Holberg, Gozzi, Alfieri

Le théâtre classique eut encore en France de réguliers continuateurs ; ils mériteront quelquefois d'être cités, mais leur art s'apparentera désormais plus souvent à la curiosité littéraire qu'à un art en véritable évolution.

Dans le reste de l'Europe, cependant, le théâtre de Corneille, Racine et Molière était lu, et il entraînait une nouvelle manière d'écrire du théâtre. « Je reconnais que je dois tout à la littérature française », écrivait, avec un peu trop de modestie, le danois (d'origine norvégienne) Ludvig Holberg (1684-1754). Après différents voyages d'étude dans toute l'Europe, Holberg écrivit une trentaine de pièces et des ouvrages d'histoire et de philosophie. Ses comédies, dans la veine de Molière, firent preuve de beaucoup de talent et d'humour. Ainsi, *Jean de France* se moque de la francophilie, *Erasmus Montanus* (1722) d'un pédant ; *Jeppe ga Bjerget* ("Jeppe de la montagne", 1723), la plus célèbre, d'un paysan naïf et paresseux à qui un baron fait croire, comme dans un rêve, qu'il est devenu le maître absolu de toute la contrée.

En Italie, le plus virulent adversaire de Goldoni, Carlo Gozzi (1720-1806), s'était orienté quant à lui vers un théâtre plus fantastique, qui devint vite une arme réactionnaire contre les idées nouvelles. Les Romantiques allemands tenteront de voir à travers des œuvres comme *Turandot* (1762) les prémices du mouvement romantique, mais elles révèlent surtout les incohérences de composition d'un auteur assez étonnant, hargneux jusqu'à la méchanceté, mais non dénué d'une brillante imagination poétique.

Vittorio Alfieri (1749-1803) donna quant à lui de nouvelles réécritures des drames antiques ou bibliques, parmi lesquelles *Antigone* (1783) et *Oreste* (1783), mais également son chef-d'œuvre, *Saul* ("Saül", 1782), *Mirra* ("Myrrha", 1784) et les deux "Bruto", *Bruto primo* ("Brutus premier", 1787) et *Bruto secondo* ("Brutus second", 1787).

Le cas Voltaire

La tragédie classique était désormais sacralisée à la Comédie-Française, mais elle commençait à être contestée par les nouveaux philosophes. Il est d'autant plus paradoxal que Voltaire ait choisi, pour son œuvre dramatique, de suivre fidèlement le modèle classique. François-Marie Arouet (1694-1778), dit Voltaire, écrivit des tragédies qui eurent un succès considérable, *Zaïre* (1732), *La Mort de César* (1735), *Mahomet* (1741), *Mérope* (1743), mais qui restent d'un médiocre intérêt. Voltaire, pourtant, pensait pouvoir rénover le style classique en variant les atmosphères, en utilisant des effets multiples qui n'y gagnèrent que le surnom de "bric-à-brac". Il avait été frappé par les « monstrueuses farces » de Shakespeare, à propos desquelles il écrivit :

« Dans toutes les tragédies espagnoles il y avait toujours quelques scènes de bouffonnerie. Cet usage infecta l'Angleterre. Il n'y a guère de tragédies de Shakespeare où l'on ne trouve des plaisanteries d'hommes grossiers à côté du sublime des héros. »

Il tenta néanmoins d'imiter Shakespeare dans une forme plus "convenable". Et c'est ainsi que cet esprit éclairé, courageux et profondément novateur, resta attaché à la forme classique, tandis que d'autres s'attelaient quant à eux à une nécessaire réforme du théâtre.

LE THÉÂTRE DES LUMIÈRES

Diderot et la "comédie sérieuse"

L'homme qui ouvrit de nouveaux horizons au théâtre français ne fut pas un très bon dramaturge ; mais il sut réfléchir sur le théâtre comme personne ne l'avait fait jusque-là, et poser les bases d'une nouvelle dramaturgie. Tandis que Voltaire s'enlisait, Diderot explorait un nouveau style de théâtre, le *genre sérieux*.

« Quel homme, Diderot !... Voltaire est immortel et Diderot n'est que célèbre. Pourquoi ? Voltaire a enterré le poème épique, le conte, le petit vers, la tragédie. Diderot a inauguré le roman moderne, le drame et la critique d'art. L'un est le dernier esprit de l'ancienne France, l'autre est le premier génie de la France nouvelle » (*Journal* des frères Goncourt.)

Une grande partie de l'existence de Denis Diderot (1713-1784) fut consacrée à une tâche unique, celle de l'*Encyclopédie*. Quand il en accepta en 1746 la direction, il ne se doutait pas que l'entreprise allait lui prendre trente années, et ceci pour un salaire de misère. Il avait vécu auparavant de petits emplois, et seule la générosité de Catherine de Russie lui permit, à l'issue de cet ouvrage extraordinaire, de ne pas connaître une fin misérable.

Esprit d'une inlassable curiosité, Diderot aborda tous les sujets et synthétisa dans l'*Encyclopédie*, mais aussi dans son œuvre personnelle, les idées qui allaient être celles de la Déclaration des Droits de l'Homme. On ne peut contester la part de Montesquieu, de Voltaire ou de Rousseau dans l'évolution des pensées, mais Diderot fut probablement celui qui influença le plus profondément l'esprit des temps nouveaux.

Examinant les différents types de théâtre, Diderot fit la différence entre le *burlesque*, le *genre comique*, le *genre sérieux*, le *genre tragique* et le *merveilleux*. La tragi-comédie[1] mélangeait à ses yeux des genres trop antagonistes pour donner un théâtre vraiment intéressant, et le "théâtre larmoyant"[2], précurseur du mélodrame, lui semblait manquer de portée. Tout son intérêt alla donc vers le "genre sérieux", qu'il appela aussi "tragédie domestique" ou "comique sérieux", et qui lui paraissait être la forme idéale d'un théâtre universel. Par ses thèmes surtout, la "tragédie domestique" lui semblait particulièrement apte à susciter l'intérêt, et il faisait justement remarquer :

« Elle est plus voisine de nous. C'est le tableau des malheurs qui nous environnent. Quoi ! vous ne concevez pas l'effet que

(1) Diderot critiqua dans le théâtre anglais le mélange de tragédie et de farce, qui lui semblait préjudiciable à la crédibilité dramatique. Il est cependant probable qu'il n'ait connu de l'œuvre de Shakespeare que la traduction assez infidèle qu'en donna l'éditeur La Place entre 1745 et 1748.

(2) Pierre Nivelle de La Chaussée (1692-1754), était à l'origine du "genre larmoyant" avec une adaptation, en 1741, de la pathétique histoire de *Geneviève de Brabant*. Il s'illustrait auparavant en écrivant pour les théâtres privés des libertins des "parades", genre assez ordurier auquel sacrifia également Beaumarchais.

produiraient sur vous une scène réelle, des habits vrais, des discours proportionnés aux actions, des actions simples, des dangers dont il est impossible que vous n'ayez tremblé pour vos parents, vos amis, pour vous-même ? Un renversement de fortune, la crainte d'une ignominie, les suites de la misère, une passion qui conduit l'homme à sa ruine, de sa ruine au désespoir, du désespoir à une mort violente, ne sont pas des événements rares ; et vous croyez qu'ils ne vous affecteraient pas autant que la mort fabuleuse d'un tyran, ou le sacrifice d'un enfant aux autels des dieux d'Athènes ou de Rome ?... »

En anoblissant des sujets bourgeois, en proposant d'orienter le théâtre vers des portraits de société, il dégageait clairement une tendance qui s'était amorcée avec la comédie italienne de Machiavel et L'Arétin, qui avait touché Lope de Vega dans ses drames sociaux, Molière dans des pièces comme George Dandin, et qui était en train d'infléchir l'*heroic comedy* anglaise.

Le théâtre de Diderot, *Le Fils naturel* (1757), *Le Père de famille* (1758), *Est-il bon ? est-il méchant ?* (1771) fut trop démonstratif pour être véritablement intéressant(1), mais sa réflexion entraîna une prise de conscience dans les milieux du théâtre. Entre le moule classique et l'obligation de divertir, il semblait que pouvait s'ouvrir un espace nouveau aux vastes perspectives. Et la seconde contribution de Diderot au théâtre ne fut pas moins importante : comme nous le verrons plus loin, son *Paradoxe sur le comédien* allait se révéler, là encore, une réflexion unique sur le théâtre.

Sedaine, Lessing

Les idées de Diderot furent utilisées avec bonheur par Michel-Jean Sedaine (1719-1797), qui écrivait des sujets pour l'Opéra-Comique, et qui donna en 1765 un modèle du drame bourgeois, *Le Philosophe sans le savoir*, lequel eut un succès durable jusqu'au XIXe siècle(2). Elles influencèrent également la carrière de Gotthold Ephraïm Lessing (1729-1781) qui,

(1) Les meilleures pièces de Diderot demeurent désormais les adaptations qui ont été tirées de *Jacques le fataliste* et du *Neveu de Rameau*. Signalons à ce propos le savoureux *Jacques et son maître* (1981) de Milan Kundera, "variation" parfaitement fidèle à l'esprit de l'Encyclopédiste.
(2) George Sand en écrivit une suite en 1851, *Le Mariage de Victorine*.

après des œuvres de jeunesse, fit jouer à Francfort *Miss Sarah Sampson* (1755), tragédie sentimentale aussitôt traduite en français. Ce dernier laissa par ailleurs inachevé en 1759 un *Faust* bourgeois, et aborda la comédie en 1767 avec *Minna von Barnhelm*. L'œuvre de Lessing, ainsi que ses ouvrages critiques qui proposaient d'abandonner les modèles français pour revenir à Shakespeare et aux Grecs anciens, allaient être un véritable ferment pour le nouveau théâtre d'outre-Rhin.

Beaumarchais

Enfin, arriva celui qui allait porter l'art de la comédie au niveau d'un véritable pamphlet, et qui, témoignant des idées séditieuses de son temps, annonça la proche Révolution française.

Pierre-Augustin Caron (1732-1799), qui prit par la suite (par sa femme) le nom de Beaumarchais, était avant tout un homme actif et entreprenant. Fils d'horloger, il fut l'inventeur avant vingt ans de l'échappement d'horlogerie, devint agent secret, fit un négoce d'armes avec les insurgés américains, créa une "Compagnie des Eaux" parisienne, multiplia les aventures et les affaires. Débordant de vie et d'énergie, il entama de surcroît une carrière littéraire avec des comédies sérieuses, comme *Eugénie* (1767) et *Les Deux Amis* (1770), avant d'oser en 1774 *Le Barbier de Séville ou La Précaution inutile*, interdit par la censure, et que Louis XVI n'autorisa l'année suivante que dans une version remaniée. La pièce fut représentée à la Comédie-Française, subit encore des retouches, obtint finalement un grand succès populaire.

Beaumarchais l'avait au départ conçue comme un opéra-comique, et il en avait d'ailleurs écrit la musique. Le sujet, très conventionnel, était sauvé par l'esprit et la gaîté des dialogues et le renouvellement complet du rapport entre les personnages : Figaro, qui aide le comte Almaviva à séduire la belle Rosine, n'est plus un valet traditionnel ; devenu barbier et apothicaire, il est maintenant à son compte, et s'il rend service à son ancien maître, c'est plus sous le signe d'une joyeuse alliance que d'une obligation.

En 1781, Beaumarchais avait terminé la suite du *Barbier*, qu'il avait intitulé *Le Mariage de Figaro ou La Folle Journée.* L'histoire se continuait trois années plus tard, alors que le comte, marié à Rosine, convoite les charmes de Suzanne, laquelle doit épouser ce jour-là Figaro. Pour lutter contre ce "droit de cuissage" qu'Almaviva escompte bien exercer, Suzanne et Figaro font alliance avec la comtesse, mais les étourderies de Chérubin et les prétentions de Marceline finissent par tout compliquer, jusqu'à la scène finale qui mêle quiproquos, travestis, coups de théâtre et chansons.

Cette fois-ci, le valet s'oppose directement au maître, et ses répliques sont cinglantes :

« LE COMTE : Une réputation détestable !

FIGARO : Et si je vaux mieux qu'elle ? Y a-t-il beaucoup de seigneurs qui puissent en dire autant ? »

Et il ajoute, dans son fameux monologue :

« Qu'avez-vous fait pour tant de biens ? Vous vous êtes donné la peine de naître et rien de plus... »

Une véritable "conscience de classe" apparaissait, à peine masquée par la gaîté et le mouvement de la pièce, et elle s'affirmait à travers un tandem inoubliable, à la fois plein de fantaisie et de charme. « J'admire Figaro, disait Victor Hugo, mais j'aime Suzanne. » Le pouvoir ne s'y trompa pas : Louis XVI interdit *Le Mariage de Figaro*, et Beaumarchais dut se battre pied à pied, multipliant les lectures dans les salons, recherchant d'influents protecteurs. Enfin, le Roi donna son accord en 1784, pour le retirer au dernier moment, ce qui faillit provoquer une émeute. Beaumarchais orchestrait lui-même les attaques contre l'immoralisme de l'œuvre, y répondait avec superbe, et la tension était à son comble quand la pièce fut jouée. La première représentation publique, le 27 avril 1784, fut l'une des plus mémorables soirées de l'histoire du théâtre en France[(1)]. Des laquais se bousculèrent avec des duchesses pour obtenir des places ; on s'étouffa pour entrer

(1) Le *Mariage* fut représenté dans la nouvelle salle du Théâtre-Français, qui est aujourd'hui l'Odéon, et dans laquelle la Comédie-Française venait d'emménager. Dazincourt était le créateur du rôle de Figaro, Molé celui d'Almaviva. Détail savoureux, *Le Mariage* fut donné l'année suivante à Trianon, avec Marie-Antoinette en Rosine et le comte d'Artois en Figaro.

dans le théâtre. Le scandale fut énorme, la recette non moins fructueuse.

En 1789, Beaumarchais fut néanmoins considéré comme un aventurier servile et un arriviste corrompu. Il échappa de peu à la mort, s'installa à l'étranger, ne revint en France qu'en 1796, proposa au gouvernement de percer l'isthme de Panama, s'intéressa encore à l'aérostat dirigeable, avant de mourir en 1799.

Le Mariage de Figaro fut la dernière grande pièce de l'Ancien Régime, et la première de tout le théâtre moderne. Sans être véritablement révolutionnaire, elle était portée par une force de contestation qui eut un effet considérable sur son temps. Par la suite, d'ailleurs, tous les régimes autoritaires l'interdiront ou la censureront ; Napoléon détestait Beaumarchais, et Lorenzo da Ponte ne put s'attaquer à l'adaptation en livret pour l'opéra de Mozart que sous la surveillance tatillonne de la police autrichienne. Jusqu'à son dernier couplet, elle restera une œuvre joyeuse et libertaire contre les abus de pouvoir :

> « Or, messieurs, la comédie
> Que l'on juge en cet instant,
> Sauf erreur, nous peint la vie
> Du bon peuple qui l'entend.
> Qu'on l'opprime, il peste, il crie.
> Il s'agite en cent façons :
> Tout finit par des chansons... »

LE THÉÂTRE ET L'HISTOIRE

Le théâtre historique

Face à un théâtre qui se parait d'idées nouvelles, quelques auteurs plus convenables s'orientaient vers un théâtre historique qui avait pour but « la vénération de la France pour les Grands Hommes qu'elle a produits. » La phrase est de Pierre Dormont de Belloy (1727-1775), qui signa en 1765 *Le Siège de Calais*, joué avec succès à la Comédie-Française.

Le goût d'un théâtre historique n'était pas nouveau.

Richelieu l'avait activement encouragé et le genre avait continué de donner des pièces peu marquantes, sous la signature, par exemple, de Louis-Sébastien Mercier (1740-1814), que Grimm et Diderot appelaient dans leur correspondance « l'infatigable barbouilleur ». Cette vogue historique toucha même le théâtre de la Foire où le comique Nicolet présentait des pantomimes historiques à grand spectacle, et la Comédie-Italienne, qui fit triompher en musique des spectacles mettant en scène Bayard ou Henri IV.

Curieusement, le théâtre historique traversa les siècles, en conservant un public diversifié, jusqu'aux aimables divertissements historiques de Sacha Guitry. Loin d'être affaibli par les temps de troubles qui arrivaient, il y trouva de nouvelles sources d'inspiration révolutionnaire. Mais, dans l'ensemble, le théâtre historique en France souffrit presque toujours d'une idéalisation fâcheuse des personnages et des situations ; il lui manquera surtout le talent d'un Marlowe ou d'un Shakespeare pour lui donner la profondeur d'une véritable réflexion.

Le théâtre de la Révolution

La Révolution française entraîna la multiplication des salles de spectacle et l'écriture de centaines de pièces de toutes sortes. La Comédie-Française, traversée par de profondes dissensions, se scinda en deux groupes, et perdit évidemment le principe de son privilège. Un décret de 1791 donna à toute personne le droit d'ouvrir un théâtre et de faire représenter les pièces de son choix. Des salles se construisirent, des baraques de forains proliférèrent. Libérés de la censure (jusqu'en 1793), le répertoire des théâtres s'engagea jusqu'au vertige dans tous les genres. Quand aux révolutionnaires, ils envisageaient avec enthousiasme les possibilités didactiques du spectacle.

« Le théâtre, déclara Mirabeau, doit faire partie de l'Instruction Publique. Il faut que les spectacles épurent les mœurs, qu'ils soient une école de patriotisme, de vertu... »

Le public commença par se ruer pour voir les pièces jusque-là interdites, comme le *Charles IX ou la Saint-Barthélemy* (novembre 1789) de Marie-Joseph Chénier[1] (1764-1811), ou les pièces qui dénonçaient les scandaleux internements dans les couvents. On écrivait en hâte des petites œuvres de circonstance tirées de faits d'actualité, et qui enthousiasmaient le public malgré leur médiocrité. On se précipitait pour aller voir jouer Talma en costume antique.

En 1793, le Comité de Salut Public resserra considérablement les libertés du théâtre. Ne subsistaient que les spectacles autorisés, et des représentations gratuites hebdomadaires des

> « tragédies de *Brutus, Guillaume Tell, Caïus Graccus* et autres pièces dramatiques[2] qui retracent les glorieux événements de la Révolution et les vertus des défenseurs de la Liberté ».

Faut-il le dire ? La Révolution française ne trouva pas son dramaturge. Les pièces de circonstance étaient niaises ou complaisantes. Les tragédies manquaient de talent, et le grand mouvement populaire vers le théâtre ne profita en fin de compte qu'aux mélodrames du Boulevard. La Comédie-Française, qui sombra momentanément dans la tourmente, ne rouvrit ses portes qu'avec le Consulat, en 1799. Pendant dix ans, les Français avaient été les propres acteurs d'un drame national, que le théâtre avait contribué à préparer mais qu'il n'illustra pas. Et c'est à l'étranger qu'étaient apparues, pendant ce temps-là, de nouvelles formes d'écriture dramatique.

LE ROMANTISME

Définitions divergeantes

Le Romantisme se targua de trop nombreuses paternités, se diversifia de telle façon et eut une descendance suffisamment

(1) Qu'il ne faut pas confondre avec le poète André Chénier, son frère. Marie-Joseph fit partie des plus hautes instances de la Révolution ; il fut ensuite favorable à Bonaparte et obtint sous l'Empire le poste d'Inspecteur Général de l'Université. Ses ennemis l'accusèrent d'avoir sacrifié à sa carrière son frère aîné, guillotiné pour s'être violemment opposé à la Terreur.

(2) Le *Brutus* cité est celui de Voltaire ; *Guillaume Tell* est un drame assez médiocre d'Antoine Lemierre (1723-1793) ; *Caïus Graccus* est une autre pièce de M.-J. Chénier. Parmi les autres pièces jouées, *L'Ami des lois* de Jean-Louis Laya (1761-1833) visait déjà l'extrémisme de Marat et de Robespierre.

embrouillée pour qu'il ne soit pas légitime de se demander ce qu'il avait vraiment, à l'origine, cherché à représenter. Faut-il adopter l'analyse de Schiller sur la sécheresse du théâtre français, et s'accorder avec son appel à l'émotion :

« Le *pathétique* est donc la première condition, celle qu'on exige le plus rigoureusement de l'auteur tragique ; et il lui est permis de pousser la peinture de la souffrance aussi loin qu'on peut le faire *sans préjudice pour le but suprême de son art*, c'est-à-dire sans que la liberté morale soit opprimée » ?

Doit-on se contenter de la définition de Stendhal :

« Le *romanticisme*(1) est l'art de présenter aux peuples les œuvres littéraires qui, dans l'état actuel de leurs habitudes et de leurs croyances, sont susceptibles de leur donner le plus de plaisir possible »,

qui opposait le Romantisme au Classicisme, mais qui tirait dans son camp Sophocle, Euripide, Shakespeare et Racine ? Ou encore suivre Hugo qui en appelait à la nature :

« Disons-le hardiment. Le Temps est venu, et il serait étrange qu'à cette époque, la liberté, comme la lumière, pénétrât partout, excepté dans ce qu'il y a de plus nativement libre au monde, les choses de la pensée. Mettons le marteau dans les théories, les poétiques et les systèmes. Jetons bas ce vieux plâtrage qui masque la façade de l'art ! Il n'y a ni règles, ni modèles ; ou plutôt il n'y a d'autres règles que les lois générales de la nature qui planent sur l'art tout entier, et les lois spéciales qui, pour chaque composition, résultent des conditions d'existence propres à chaque sujet »(2) ?

Le Romantisme, en fait, naissait de la confrontation entre Shakespeare et Corneille. On admirait chez le premier son audace, son lyrisme, ses puissants portraits de personnages, sa liberté de composition, son mélange de genres. Mais l'on souhaitait conserver du second une certaine forme esthétique, une théâtralité somme toute assez formelle, un sens de l'épopée et une grandeur sublime des personnages. S'y ajoutaient à l'époque un sentimentalisme assez exacerbé, un goût prononcé de l'extravagance des situations, et une petite pointe de rejet pour le genre sérieux, au réalisme un peu trop bourgeois. Dans

(1) Stendhal utilisait alors le terme italien, qu'il abandonnera ensuite pour le mot allemand de *romantisme* que ses contemporains français avaient déjà adopté.

(2) Schiller : Préface des "Brigands", 1781. Stendhal : *Racine et Shakespeare*, 1825. Hugo : Préface de *Cromwell*, 1827.

ce dessein vague d'une nouvelle théâtralité, qui n'était pas non plus sans apparaître comme une forme noble des mélodrames populaires, de jeunes auteurs allaient jeter tout leur talent et toute leur fougue de *modernes*, contre les *anciens*, gardiens du temple du Classicisme.

LE MOUVEMENT ROMANTIQUE ALLEMAND

Sturm und Drang

En 1773, le jeune poète Johann Wolfgang Gœthe (1749-1832) publia une histoire dramatisée, *Gœtz von Berlichingen* ("Gœtz de Berlichingen"), à partir des mémoires d'un chevalier qui s'était mis à la tête d'une révolte paysanne après avoir été injustement mis au ban de la société aristocratique. Déjà, les thèmes passionnels, désordonnés, la composition très libre, le profond germanisme de l'œuvre, transcendaient la simple imitation de Shakespeare. L'année suivante, le poète allait donner un roman d'une autre portée, le très sensible et très rousseauiste "Souffrances du jeune Werther".

Mais la pièce phare du Pré-Romantisme fut *Sturm und Drang* ("Tempête et passion"), de Friedrich Maximilian von Klinger (1752-1831), laquelle donna son nom à l'ensemble du mouvement. Jouée à Leipzig en 1777, elle fut assez froidement reçue, car cette histoire assez confuse et pathétique qui se déroulait pendant la Guerre d'Indépendance américaine heurtait de front les habitudes théâtrales de l'époque. Cependant, les jeunes auteurs s'y reconnurent, principalement dans l'âme inquiète et tourmentée de l'un des personnages, opportunément surnommé "Wild". Enfin, la troisième pièce qui allait instaurer définitivement le théâtre romantique allemand fut en 1781 *Die Räuber* ("Les Brigands"), d'un non moins jeune poète, Friedrich Schiller (1759-1805), pièce assoiffée de pureté, de révolte et d'héroïsme, mais aussi de vengeance, d'égarement et de violences. Et déjà, à travers la rébellion du héros Karl Moor, qui en arrive à prendre la tête d'une compagnie de brigands, se dessine l'idée d'une morale supérieure à laquelle il ne cherchera pas à se soustraire :

« Insensé que j'étais de me figurer que j'allais perfectionner le monde par mes atrocités et maintenir les lois par la licence !... Me voici au terme d'une effroyable existence... Je comprends que deux hommes comme moi auraient pu détruire tout l'édifice du monde moral. »

Le mouvement *Sturm und Drang* entraîna dans son sillage de nouveaux jeunes auteurs, certains, comme nous le verrons, attachés avant tout à son esprit de révolte, d'autres surtout attirés par les aspects lyriques ou fantastiques du Romantisme. Ils furent d'ailleurs un peu trahis par leurs illustres prédécesseurs, qui ne furent pas toujours fidèles à leurs élans de jeunesse. Klinger écrivit encore deux drames désordonnés, *Othon* (1775) et *Die Zwillinge* ("Les Jumeaux", 1776), puis un roman philosophique avant de devenir l'une des plus hautes autorités militaires de l'empire russe.

Schiller et Gœthe

A l'époque des "Brigands", Schiller vivait une période de révolte[1] pendant laquelle il donna encore un drame historique, *Die Verschwörung des Fiesko zu Genua* ("La Conjuration de Fiesque à Gênes", 1783), plus lyrique et plus classique dans sa forme que sa première pièce, une tragédie bourgeoise, *Kabale und Liebe* ("Intrigue et Amour", 1784), et un drame, *Don Carlos* (1787), dans lequel il commençait à s'interroger sur les vertus de l'idéalisme et de l'enthousiasme. Schiller, devenu professeur d'histoire à l'université d'Iéna, se consacra ensuite à des écrits philosophiques, historiques, et à des poèmes. Il ne reprit sa plume de dramaturge sur les instances de Gœthe que plus tard avec un théâtre d'inspiration élevée, attaché à de profondes interrogations morales, qui comportait la trilogie de *Wallenstein* (1799), *Marie Stuart* (1800), *Die Jungfrau von Orleans* ("La Pucelle d'Orléans", 1801). Luttant contre la maladie, il termina *Die Braut von Messina* ("La

(1) Il est intéressant de noter que c'est dans cette période, en 1785, qu'il écrivit *An die Freude*, "L'Hymne à la joie", que Beethoven mettra en musique en 1824.

Fiancée de Messine", 1803, *Wihelm Tell* ("Guillaume Tell", 1804), mais laissa inachevé le grandiose *Demetrius*.

On s'accorde à faire de Schiller le grand fondateur du théâtre allemand, mais son œuvre est trop éparse, et quelquefois trop esthétisante pour être véritablement restée comme un modèle durable.

La personnalité de Gœthe, quant à elle, domina pendant plus d'un demi-siècle la vie littéraire allemande. Le théâtre ne fut que l'une des facettes de son art, qui consista également, tout au long de sa vie, à témoigner avec ferveur de l'être exceptionnel qu'il était :

> « Qui suis-je, moi ? Qu'ai-je créé ? J'ai tout reçu, tout accueilli, j'ai assimilé tout ce qui passait à ma portée. Mon œuvre est celle d'un être collectif qui porte un nom : Gœthe. »

Le bilan, il est vrai, force l'admiration, mais il se fourvoya grossièrement dans ses écrits scientifiques, détesta l'Histoire, méconnut Beethoven et Schubert et jugea que Shakespeare, en fin de compte, n'était pas très scénique. Il fut cependant un grand dramaturge et l'un des tout premiers à gérer une salle de théâtre et un répertoire de manière moderne.

Gœthe avait publié à compte d'auteur en 1773 le *Gœtz* qui le fit connaître ; il commença la même année un *Faust* qui deviendra l'œuvre de sa vie, mais le succès inouï de *Werther* allait tout d'abord faire de lui un jeune dandy attentif à profiter à Francfort de la vie et de ses plaisirs.

Cependant, la duchesse de Saxe l'invita à se fixer dans le minuscule état de Weimar, dont elle rêvait de faire un centre réputé d'art et de littérature. Contre toute attente, Gœthe accepta son invitation, s'y installa en 1776, et trouva l'occasion d'y exercer ses divers et multiples talents : en plus de son rôle de conseiller du jeune prince héritier, il se passionna pour l'administration, l'aménagement du territoire, la botanique et la minéralogie. Il prit également la direction du petit théâtre de cour, rédigeant de rapides divertissements. Au bout de quelques années, il avait néanmoins épuisé tous les charmes rustiques de Weimar. Il prit la fuite en 1786, arriva en Italie où il passa vingt mois de complet dépaysement. Cette escapade, ainsi que la beauté des paysages italiens chargés d'histoire et de culture, furent pour Gœthe d'une influence déterminante et le conduisirent à une ferme décision : il ne se consacrerait plus désormais qu'à la recherche et à la littérature ; et Weimar restait après tout l'endroit idéal pour travailler. Il revint donc chez le duc de Saxe et termina ses pièces en ébauche, *Egmond* (1787), *Iphigenie auf Tauris* ("Iphigénie en Tauride", 1789), *Torquato Tasso* (1789).

Le duc avait fait construire un vrai théâtre, ouvert désormais à tous, le *Hof-Theater*, et Gœthe en prit en 1791 la direction. Il recruta des comédiens, les forma selon des principes qui lui semblaient essentiels pour aboutir à un jeu convenable, et leur fit jouer un choix de pièces qui correspondait à ses yeux à un répertoire idéal. Le *Hof-Theater* présenta une dizaine de pièces de Shakespeare, des pièces de Calderon, Molière et Racine, mais n'aborda les tragédies de Voltaire que sur la commande du duc de Saxe. Du nouveau répertoire allemand, Gœthe fit reprendre les œuvres de Schiller, celles de Lessing, et de nombreuses piécettes dans l'air du temps, dont pas moins de soixante-neuf comédies de l'aimable Kotzebue(1).

Cependant, Gœthe se lassait du théâtre, du commerce des comédiens, de l'incompréhension du public :

> « Ce sont de braves et honnêtes gens ; mais pour ce qui constitue une œuvre d'art, le mérite de l'invention, la juste peinture des caractères, l'harmonie d'un ensemble, ils sont incapables de l'apprécier... En un mot : ils manquent totalement de goût. Il s'agit de duper la masse par la variété et l'exagération, et la partie cultivée par une sorte de loyalisme de l'honnêteté... »

La mort de Schiller contribua à l'écarter du *Hof-Theater*, d'autant plus que de nouveaux événements allaient pour un temps attirer son attention. En octobre 1806, Napoléon entrait à Weimar et le faisait bientôt convoquer à Erfürt. Les deux hommes s'apprécièrent, et Gœthe resta quelque temps à la cour impériale où de jeunes diplomates refaisaient l'Europe, et où Talma jouait le répertoire tragique. Napoléon invita

(1) August von Kotzebue (1761-1819) était natif de Weimar, et ceci explique peut-être cela. L'une de ses comédies mérite d'être citée, *Die deutschen Kleinstädter* ("La Petite Ville allemande", 1803), car elle raillait les grandes œuvres romantiques, ce qui n'alla pas sans provoquer quelques accrochages avec Gœthe. Kotzebue eut ensuite la mauvaise idée de devenir l'espion du tsar Alexandre, et il se fit assassiner.

Gœthe à venir à Paris écrire une "Mort de César", mais le poète déclina l'invitation.

Il revint à Weimar, termina en 1808 la première partie de *Faust,* immense parabole de la connaissance, et dont il ne terminera la seconde partie qu'en 1831, un an avant sa mort. L'objectif poétique que s'était fixé Gœthe, son désir d'aborder l'universel humain à travers l'expérience de Faust en intégrant toutes les perspectives morales, philosophiques et religieuses, était une gageure que lui seul pouvait tenir. *Faust,* présentant l'homme nouveau du XIXe siècle dans son combat titanesque avec un Méphistophélès qui a pris une dimension plus large que celle d'un simple tentateur, ne peut se lire sans vertige, et représente l'un des plus hauts sommets de la création inspirée. Gérard de Nerval traduisit en prose en 1828 la première partie de *Faust,* et la « métaphysique aventureuse » de Gœthe, comme il l'appelait, impressionna vivement les Romantiques français.

Dans l'ombre des génies

Incontestablement, Gœthe et Schiller furent à la base du Classicisme allemand ; mais ils tendaient, avec leurs œuvres immenses et écrasantes, à en être également l'aboutissement. Ils ne surent pas toujours reconnaître les talents de ceux qui étaient restés fidèles à l'esprit du *Sturm und Drang,* ou qui s'aventuraient dans des chemins qui ne correspondaient pas à leurs conceptions artistiques. Jakob Michael Lenz (1751-1792), brillant, précoce, reconnu puis rejeté par Gœthe, laissa des pièces réalistes mal reçues dans son temps, *Der Hofmeister* ("Le Précepteur", 1774) ou *Die Soldaten* ("Les Soldats", 1776), auxquelles la postérité rendra justice. Heinrich von Kleist (1777-1811) erra de la Prusse à la France, rencontra en 1803 Gœthe et Schiller. Instable, exacerbé, ne trouvant autour de lui aucun soutien, il projeta dans son œuvre, *Penthesilea* ("Penthésilée", 1879), *Prinz von Homburg* ("Le Prince de Hombourg"(1), 1810), *Kätchen von Heilbronn* ("Petite

(1) On ne peut pas ne pas rappeler l'interprétation qu'en fit Gérard Philipe au 5e festival d'Avignon (1951), sous la direction de Jean Vilar.

Catherine de Heilbronn", 1810), sa tragique désespérance. En refusant sa "Penthésilée", Gœthe avait déclaré :

« L'homme qui a écrit cela m'inspire de la répulsion comme un corps pourvu de très beaux dons de la nature et qui serait atteint d'un mal incurable. »

Il ne croyait pas si bien dire : Kleist se suicida en se jetant dans les eaux du Wannsee avec sa compagne.

A son opposé, Friedrich Hölderlin (1770-1843), passionné d'hellénisme, décrivit dans *Der Tod des Empedokles* ("La Mort d'Empédocle", 1799) un monde idéal et serein. Enfin, Georg Büchner (1812-1836) rédigea à vingt-trois ans *Dantons Tod* ("La Mort de Danton", 1835), puis l'année suivante le violent et moderne *Woyzeck*, tiré d'un fait divers, que sa mort précoce laissa tout juste achevé.

Fortement marqué par le *Faust* de Gœthe, Friedrich Hebbel (1813-1863) s'affirma ensuite comme un rénovateur avec des pièces comme *Maria Magdalene* ("Marie-Madeleine", 1844), qui posait magistralement les bases du drame moderne allemand, avec ses éléments de passion, de principes moraux intransigeants, de sacrifice et d'anéantissement des personnages. Dans une autre veine d'inspiration, sa trilogie versifiée des *Nibelungen*, publiée en 1862, fit revivre d'une manière grandiose — et plus fidèlement que chez Wagner — l'antique saga nordique.

Avant la fin du XVIIe siècle s'étaient construits, dans toutes les villes allemandes et autrichiennes, des théâtres qui avaient la caractéristique d'être comme à Weimar des "théâtres royaux", et qui eurent un rôle non négligeable dans l'unification de l'Allemagne en privilégiant un répertoire germanisant. Le théâtre allemand, cependant, ne toucha guère le public populaire. En 1825, Gœthe fit refaire le *Hof-Theater* de Weimar qui avait brûlé ; et comme on lui faisait remarquer que les nouvelles installations visaient essentiellement un public aristocratique, il déclara :

« Le temps n'est pas venu. Il faudra attendre plusieurs centaines d'années avant que le peuple forme une masse assez éduquée pour remplir un théâtre et l'entretenir après l'avoir construit... »

Sans être délibérément élitiste, le théâtre classique allemand s'enfermait dans des formes esthétisantes pour des spectateurs choisis, et cela explique en partie que le renouveau du théâtre d'outre-Rhin se fera par la suite dans des voies plus politiques, et plus populaires.

LE ROMANTISME AU XIXᵉ SIÈCLE

Napoléon et le théâtre

Entre le Romantisme allemand et le Romantisme français, il y eut la parenthèse de la Révolution, mais également celle de l'Empire. Pourtant, Napoléon aimait le théâtre, et il aurait bien voulu lui donner une importance digne de son règne. A sa manière, il lui accorda une attention toute particulière. Il commença en 1806 par réduire à huit le nombre des théâtres de Paris, et à en contrôler sévèrement le répertoire. Il avait ses préférences, mais aussi ses haines tenaces, et ses goûts allaient dans l'ensemble vers le théâtre de Corneille, chez qui « les Grands Hommes sont plus vrais que dans l'histoire ». Il aimait assez bien l'opéra, n'appréciait pas la comédie, et trouvait que les drames étaient « des tragédies pour femmes de chambre ».

En campagne, l'Empereur faisait suivre ses troupes par des comédiens français, « pour combattre la nostalgie dans l'armée et pour commencer à changer les mœurs du pays ». Avec son génie de se mêler de tout, il choisissait les pièces, fixait la manière de les représenter et donnait à Talma des conseils que ce dernier ne suivait pas :

« Talma, vous venez souvent chez moi ; qu'y voyez-vous ? Des princesses à qui on a ravi leurs amants, des princes qui ont perdu leurs États, des rois à qui la guerre a enlevé le rang suprême, de grands généraux qui espèrent ou demandent des couronnes. Il y a autour de moi des ambitions déçues, des rivalités ardentes, des catastrophes, des douleurs cachées au fond du cœur, des afflictions qui éclatent au dehors. Certes, voilà bien la tragédie ; mon palais en est plein et moi-même, je suis assurément le plus tragique des personnages du temps. Eh bien, nous voyez-vous les bras en l'air ?... Nous entendez-vous pousser des cris ? Non, sans doute ; nous parlons *naturellement*. Ainsi faisaient avant moi les personnages qui ont occupé la scène du monde et joué aussi des tragédies sur le trône. »

Il aurait aimé que son règne fut marqué par un grand dramaturge, s'intéressa un temps à Lemercier(1), puis à François Raynouard (1761-1836), qui avait attiré les foules en 1805 avec une plate tragédie, *Les Templiers*. Il lui écrivit un jour :

« Mettez-vous bien dans la tête qu'il faut que la politique joue dans les pièces modernes le rôle que la fatalité jouait dans les pièces des Anciens. »

Ses efforts ne furent pas couronnés de succès, et il dut se contenter de médiocres parades et de pièces historiques à la gloire de Charles Martel ou de Philippe-Auguste. On raconte que, le soir de Marengo, il récitait les vers de Pompée :

«J'ai servi, commandé, vaincu quarante années,
Du monde entre mes mains j'ai vu les destinées,
Et j'ai toujours connu qu'en tout événement
Le destin des États dépendait d'un moment... »,

et qu'à Sainte-Hélène, il relisait à haute voix "L'Orestie". Les dramaturges qu'il appelait de ses vœux allaient cependant arriver, mais rien ne dit que l'Empereur aurait apprécié le contenu de pièces comme *Ruy Blas* ou *Lorenzaccio*.

LE ROMANTISME FRANÇAIS

Victor Hugo

En 1821, se rassemblait dans le salon d'Étienne Delécluze une jeunesse bouillonnante, dont faisait partie Stendhal, et qui allait devenir l'un des pôles du mouvement romantique. L'année suivante, ces jeunes intellectuels furent frappés par une tournée de comédiens anglais qui étaient venus jouer Shakespeare à Paris ; les ouvrages allemands commençaient d'autre part à circuler, et c'est en partie pour répondre au conflit naissant entre les Romantiques et les Classiques que Stendhal fit paraître *Racine et Shakespeare* en 1825. Mais le véritable coup d'envoi du Romantisme français ne fut donné que

(1) Népomucène Lemercier (1771-1840) avait écrit une tragédie classique, *Agamemnon* (1794), et un curieux *Christophe Colomb* (1809) ; toutefois, il resta sourd aux appels de l'Empereur, qui lui interdira son très inopportun *Charlemagne* (créé finalement en 1816).

lorsque le plus prometteur des jeunes poètes de la Restauration, jusque-là partagé entre les deux tendances, prit nettement position. Victor Hugo, avec la *Préface de Cromwell* en 1827, devenait tout à coup le chef de file du Romantisme, et son théoricien le plus hardi.

Victor-Marie Hugo (1802-1885) était le fils d'un général de Napoléon ; ses poèmes de jeunesse le firent remarquer, lui firent rencontrer Chateaubriand, Vigny, et obtenir en 1823 une pension qui lui permit de se consacrer définitivement à la littérature. Ses plus grandes œuvres étaient déjà en gestation, mais c'est vers le théâtre qu'il se tourna en 1827 avec *Cromwell*, ténébreuse chronique avec guet-apens, breuvages narcotiques et chansons de fous au clair de lune. La pièce était injouable — elle l'est toujours —, mais la préface fit l'effet d'une bombe ; Hugo y affirmait un renouvellement nécessaire de l'art, l'introduction du "grotesque" et du "caractéristique", la libération de toutes les règles sinon celles de la nature, en bref, l'exigence d'un nouveau genre mariant le sublime, le comique, le lyrique, l'épique, le moral et l'historique, tout en respectant la forme de l'alexandrin. « La poésie complète, affirmait-il, est dans l'harmonie des contraires. » Il n'y avait dans tout cela rien que Stendhal ou Mme de Staël n'aient déjà dit, ou que Prosper Mérimée n'ait commencé à illustrer dans son *Théâtre de Clara Gazul* ; mais le pamphlet d'Hugo déchaîna tout à coup les passions.

Le retour des comédiens anglais pour une nouvelle tournée en 1827-1828 avec Edmund Kean à leur tête raviva la querelle du jeu "de bon goût". Enfin, la première d'*Hernani*, le 25 février 1830 à la Comédie-Française, provoqua la célèbre bataille entre les bourgeois traditionalistes et les jeunes Romantiques, lesquels étaient menés par un Théophile Gautier furieux, qui s'était fait faire pour l'occasion un incroyable gilet rouge cerise. Les jeunes Romantiques avaient trouvé une cause, et le poète des *Odes et ballades* leur avaient offert le plus prestigieux des champs de bataille.

Hugo avait écrit *Hernani* en un mois pour remplacer *Marion Delorme* qui venait d'être refusée. Il avait largement puisé dans *Le Cid*, dans "Les Brigands" de Schiller, et situé le drame à l'époque de la jeunesse de Charles-Quint. *Marion Delorme* fut créée l'année suivante au Théâtre de la Porte Saint-Martin et pourrait rester, avec ses passions impétueuses et ses accessoires mélodramatiques, comme le drame le plus représentatif du Romantisme français. *Marie Tudor* et *Lucrèce Borgia*, en 1833, furent reçues d'une manière plus mitigée, et il obtint avec *Ruy Blas* en 1838 son dernier grand succès, dû d'ailleurs en partie à l'interprétation de Frédérick Lemaître.

Victor Hugo ne revint au théâtre qu'en 1843 avec le monumental *Les Burgraves*, qui fut un échec définitif. Suivirent les grandes œuvres poétiques et romanesques que l'on sait, et un engagement social et politique qui allait l'entraîner dans des combats autrement plus importants que celui du Romantisme. « L'art d'à présent ne doit plus chercher seulement le Beau, mais encore le Bien », pouvait-il alors déclarer.

A propos de son théâtre, Jouvet eut un jour ce mot : « Victor Hugo... ce n'est jamais que du mélodrame », et il est vrai qu'il faut aujourd'hui jouer les pièces d'Hugo comme des productions boulevardières pour ne pas les faire sombrer dans le ridicule. Il eut pourtant le grand mérite de faire triompher un renouveau du théâtre dans lequel les uns et les autres allaient puiser leur liberté. Grâce à lui, la tragédie devenait "organique", et non plus "mécanique" ; elle tirait sa logique de ses propres exigences, et non plus de règles préétablies.

Dumas, Vigny, Mérimée

Un an avant *Hernani*, Alexandre Dumas (1802-1870) avait déjà donné à la Comédie-Française *Henri III et sa cour* (1829) qui, sans faire de scandale, avait plu par son mouvement, son habile intrigue et d'excellents effets de scène. Dans les manifestes romantiques, Dumas avait surtout puisé le principe d'un théâtre historique, servant de toile de fond à des aventures politiques et amoureuses. Il avait lu Shakespeare et Schiller, mais aussi Walter Scott.

Il enchaîna avec *Antony* (1831) et *La Tour de Nesle* (1832), incontestables réussites du genre, même si la vérité historique s'y trouvait quelque peu bousculée. Son sujet le plus original fut en 1836 *Kean ou Désordre et Génie*, évocation de la vie du comédien anglais qui était mort trois années auparavant, et dans lequel se mélangent la scène et la vie, jusque dans une tendre tirade de Roméo qui se termine en insultes contre le Prince de Galles et contre l'univers tout entier(1).

Dumas par la suite se consacra essentiellement à ses grands romans-feuilletons, que des milliers de lecteurs suivaient avec passion dans les journaux en ne se souciant pas plus que l'auteur de l'exactitude historique : « Qu'est-ce que l'histoire, demandait-il. Un clou auquel j'accroche mes romans. »

Citons encore, d'Alfred de Vigny (1797-1863) le pathétique *Chatterton* (1835), qui fut admirablement servi par l'interprétation de Marie Dorval, l'amie de l'auteur. Et rappelons la curieuse tentative de Prosper Mérimée (1803-1870) qui prétendra un temps n'être que le traducteur des œuvres d'une certaine Clara Gazul. Sous la forme d'un "théâtre littéraire", publié entre 1825 et 1842, Mérimée s'adonna à un romantisme plus souriant que dramatique, avec des thèmes pleins de fraîcheur et d'originalité. S'en détachent *L'Occasion*, tendre drame juvénile, et le brillantissime *Carrosse du Saint-Sacrement*, objet de convoitise de la courtisane Camila Périchole dans un Pérou d'opérette(2).

Musset

Alors qu'*Hernani*, *Antony* ou *Chatterton* triomphaient sur scène, un jeune dandy au talent prometteur voyait l'une de ses premières pièces sifflée à l'Odéon. Cet échec le blessa, et il décida de ne plus se consacrer désormais qu'à un théâtre littéraire.

Alfred de Musset (1810-1857) fit pendant un certain temps partie de la jeunesse romantique, dont il incarna les outrances

(1) Kean fut joué par Frédérik Lemaître, puis par Lucien Guitry. En 1953, Jean-Paul Sartre dépoussiéra la pièce de Dumas pour une nouvelle version qui fut jouée avec succès par Pierre Brasseur, puis en 1987 par Jean-Paul Belmondo.

(2) En 1868, Meilhac, Halévy et Offenbach en tirèrent l'un de leurs meilleurs opéras bouffe, *La Périchole*, et Jean Renoir en fit un film splendide en 1952, *Le Carrosse d'or*.

avec élégance et détachement. Il fréquenta le Cénacle chez Victor Hugo, se lia avec Vigny et Sainte-Beuve. Puis il prit ses distances, et se montra ensuite de moins en moins sensible aux modes et aux écoles. En 1832, il publia dans l'indifférence générale le *Spectacle dans un fauteuil* qui, outre deux poèmes, contenait une jolie comédie en vers, *A quoi rêvent les jeunes filles*. Sans se décourager, Musset publia en 1833 à la "Revue des Deux Mondes" *André del Sarto, Les Caprices de Marianne* et *Rolla*. Et, dans cette même année, Musset fit la rencontre de George Sand. Leur passion tumultueuse culmina avec un voyage en Italie et se termina par une douloureuse rupture ; mais c'est dans cette période que Musset écrivit *Fantasio, Lorenzaccio* et *On ne badine pas avec l'amour*, trois chefs-d'œuvre publiés dans la même année 1834. Suivirent de jolies comédies, *Le Chandelier* (1835), *Il ne faut jurer de rien* (1836), *Un caprice* (1837), tandis qu'il poursuivait son œuvre poétique. Prématurément vieilli, il vit certaines de ses pièces jouées entre 1847 et 1851, fut reçu à l'Académie française, mais mourut un peu oublié.

Barbey d'Aurevilly, à propos de Musset, parlait de

« cet épervier de la fantaisie, qui a quelquefois emporté Marivaux sur ses ailes, jusque dans le plus beau ciel de Shakespeare ».

De toute la dramaturgie française, Musset est en effet le seul que l'on ait pu comparer au poète anglais, mais son esprit de fantaisie et son badinage en font aussi le premier grand héritier de Marivaux. Il projeta son âme inquiète et sensible dans ses personnages, se dédoublant même dans *Les Caprices de Marianne* en Octave et Cœlio. Cœlio, éperdument amoureux de la belle Marianne, demande à son ami Octave, viveur et libertin, d'intercéder en sa faveur. Marianne nullement émue par l'amour que lui porte Cœlio s'intéresse toutefois au messager. Elle lui donne rendez-vous et c'est Cœlio, que Octave a envoyé à sa place, qui se fait assassiner par les spadassins du vieux mari. Les dernières répliques, malgré le ton qui est resté à demi badin, sont d'une douloureuse âpreté :

« OCTAVE : Adieu la gaîté de ma jeunesse, l'insouciante folie, la vie libre et joyeuse au pied du Vésuve ! Adieu les bruyants repas, les causeries du soir, les sérénades sous les balcons dorés ! Adieu Naples et ses femmes, les mascarades à la lueur des torches, les longs soupers à l'ombre des forêts ! Adieu l'amour et l'amitié ! ma place est vide sur la terre.

MARIANNE : Mais non pas dans mon cœur, Octave. Pourquoi dis-tu : "Adieu l'amour" ?

OCTAVE : Je ne vous aime pas, Marianne ; c'était Cœlio qui vous aimait. »

Dans *Lorenzaccio*, le personnage central souffre également d'une terrible dualité : le jeune républicain Lorenzo, pour approcher Alexandre de Médicis et le tuer, est devenu son compagnon de débauche ; il découvre alors qu'il s'y complaît lui-même et, pris au piège de sa propre corruption, n'a plus comme ressource que le meurtre inutile du tyran.

Musset projeta dans ses personnages ses ambiguïtés et ses interrogations qui étaient, avant l'heure, proprement existentielles(1). Avec une élégance un peu blessée, et sans aucune artificialité, il fit de son théâtre la plus pure émanation de l'esprit du Romantisme.

Le Romantisme français ne parvint pas, au théâtre, à s'imposer comme l'avait fait le Classicisme. Comme leurs prédécesseurs allemands, les jeunes "lions" du début du mouvement s'étaient rapidement assagis, et certains d'entre eux avaient troqué les armes de la provocation contre les récompenses de la réussite ; le public bourgeois s'était d'ailleurs montré dans l'ensemble assez réticent devant ces héros trop excessifs qui se consumaient d'amour dans des décors renaissance. Il y eut également, comme nous le verrons, un véritable problème d'interprétation des rôles, qui ne commença à se résoudre que dans la seconde moitié du siècle. Enfin, de nombreuses pièces romantiques n'avaient pas été créées sur scène, soit qu'elles aient été refusées par les théâtres, soit qu'elles aient été écrites de telle manière qu'elles ne pouvaient guère être

(1) Ce n'est probablement pas un hasard si Gérard Philipe créa presque en même temps *Caligula*, *Les Mains sales* et *Lorenzaccio*. Il fut le premier grand interprète masculin du héros de Musset ; Sarah Bernhardt avait créé la pièce en 1896 en endossant au Théâtre de le Renaissance l'habit du jeune florentin, et il semblait que ce rôle ne pouvait plus ensuite être tenu que par des femmes. Renée Falconetti (qui sera l'année suivante l'interprète de *La Passion de Jeanne d'Arc* de Carl Dreyer) en fit en 1927 une reprise remarquée, laquelle lui valut ce commentaire de Robert Kemp : « Elle a sous les cheveux noirs coupés court un petit visage vert-de-grisé par l'insomnie ; pommettes saillantes, joues creuses, lèvres blanches, menton aigu... Elle fait de Lorenzo une petite pourriture héroïque. »

représentées. L'entière liberté que se donnaient les auteurs les conduisaient à multiplier les décors et les personnages (*Lorenzaccio* comporte une centaine de rôles), et la longueur des pièces les rendaient impossibles à une époque où l'on ne jouait que des spectacles assez courts.

Tout ceci fit que le mouvement romantique ne toucha, en fin de compte, qu'assez modérément le public. Déjà, après 1850, les œuvres de Dumas fils tendaient vers une forme de constat de société qui annonçait le réalisme ; mais surtout, le Boulevard avait définitivement assuré sa suprématie en offrant aux spectateurs du XIXe siècle les distractions qu'ils attendaient.

LE ROMANTISME EN EUROPE

A Londres, le développement de la capitale et l'arrivée de plus en plus massive d'un prolétariat urbain avaient favorisé l'éclosion de petites salles de théâtre misérables, où s'entassait pour un penny un public populaire attiré par les crimes, les histoires de traîtres ou de filles perdues. Dans les beaux quartiers, c'était évidemment un autre théâtre qui se jouait, touché pendant un temps par le grand mouvement romantique. Les pièces les plus marquantes furent écrites par de grands poètes, George Byron (1788-1824) et Percy Shelley (1792-1822), dont les œuvres dramatiques en vers étaient autant destinées à la lecture qu'à la représentation. Très inspiré par le *Faust* de Gœthe, Byron composa *Manfred* en 1817, et *Caïn* en 1821. Shelley, avec *The Cenci* ("Les Cenci", 1819), réussit un drame de forme presque élisabéthaine, qui dessine l'inoubliable figure de Béatrice Cenci.

A Vienne, Franz Grillparzer (1791-1872) donna une facture à la fois classique et helléniste à des pièces comme *Sapho* (1818) ou *Das Goldene Vliess* ("La Toison d'or", 1822) — trilogie qui comportait *Der Gastfreund* ("L'Hôte"), *Die Argonauten* ("Les Argonautes"), et *Medea* ("Médée") —, et signa avec *Des Meeres und der Liebe Wellen* ("Les Vagues de la mer et de l'amour", 1826) la plus belle et la plus romantique interprétation des amours adolescentes de Héro et Léandre. Grillparzer contribua à donner à la culture viennoise sa propre forme d'expression.

C'est également dans une préoccupation très nationaliste que le Polonais Adam Mickiewicz (1798-1855) rédigea son grand poème en quatre parties, *Dziady*, publié entre 1821 et 1833, et dont la troisième partie, "La Fête des morts", prend la forme d'une œuvre dramatique. Inlassable militant de la Pologne libre, Mickiewicz passa plus de la moitié de sa vie en exil, mais il resta le plus grand de tous les poètes polonais. Juliusz Slowacki (1809-1849) prit lui aussi le chemin de l'exil ; il évolua du romantisme patriotique, avec *Kordjan* (1834), à l'illustration de thèmes populaires polonais, comme dans son *Mazeppa* (1840), dont l'histoire avait déjà inspiré Byron et Hugo.

En Russie, Mikhaïl Lermontov (1814-1841) écrivit dans sa jeunesse *Maskarad* ("Un Bal masqué", 1835), qui est dans la droite ligne des œuvres un peu révoltées du *Sturm und Drang*. Enfin, *Az ember trag* ("La Tragédie de l'homme", 1861) du Hongrois Imre Madach (1823-1864) se présente comme une grande fresque lyrique, inspirée du *Faust*, mais avec une facture profondément originale et accomplie.

Ainsi, le mouvement romantique touchait l'Europe tout entière, mais il s'émiettait déjà en tendances assez contradictoires, et s'apparentait de plus en plus à un fourre-tout dans lequel le pire côtoyait quelquefois le meilleur.

LE BOULEVARD DU CRIME

Le mélo

Au Boulevard du Temple, la Révolution de 1789 avait eu un effet décisif sur les théâtres : en supprimant le royal privilège de la Comédie-Française, elle autorisait tout à coup les directeurs des autres salles à montrer de véritables pièces, et ils ne s'en privèrent pas. Ils produisirent des parades, des pièces patriotiques, des évocations historiques, des comédies, des féeries, ils accueillirent toutes sortes de spectacles dont les premières présentations de cirque, mais ceux qui remportaient les plus grands succès étaient incontestablement les *mélodrames*, héritiers de la lointaine comédie larmoyante. Le répertoire du genre se renouvela très vite sous la plume d'auteurs tels que Louis-Charles Caigniez (1762-1842) et de René-Charles Guilbert de Pixérécourt (1773-1844), surnommés les "Racine et Corneille du Boulevard", avec des pièces romanesques de pure fantaisie dans lesquelles l'amour était invariablement contrarié par le malheur, sauvegardé par la vertu et vengé par le châtiment du coupable. Car il y avait toujours un vilain traître, une jeune fille vertueuse quoique infortunée, un amoureux, un niais ou un bouffon, un contexte de folklore, de la musique, des ballets, des machineries, etc. Tout était fait pour émouvoir, et on se souvient du vers de Musset :

> « Vive le mélodrame où Margot a pleuré. »

A ces deux principaux auteurs, il faut ajouter Adolphe Philippe, dit Dennery (1811-1899), surnommé quant à lui le "Shakespeare du peuple", qui poussa plus tard le genre dans ses derniers retranchements avec *Les Deux Orphelines* (1874). Les pièces de ce genre faisaient les beaux soirs de l'Ambigu, de la Gaîté, de la Porte Saint-Martin, théâtres qui s'en étaient fait une spécialité. On s'y assassinait beaucoup, et cela ne tarda pas à imposer au Boulevard du Temple le délicieux surnom de "Boulevard du crime"(1).

Du point de vue littéraire, tout ceci ne valait pas grand-chose(2), et les commentateurs les plus sérieux objectèrent longtemps que le mélodrame, ou drame, n'était pas véritablement un genre théâtral. Il reste que le mélodrame a régné sur les théâtres pendant plus d'un siècle, et qu'il attira des foules considérables. Il faut lui accorder la place qu'il mérite, celle d'un genre mineur sans prétention, mais qui, de même que le vaudeville, sera d'une forte influence sur les scènes française et étrangères. Le mélo triompha pendant le Consulat, l'Empire, la Restauration, et eut encore de beaux jours jusqu'au XXe siècle, au cours duquel de nouveaux avatars cinématographiques prirent le relais pour « faire pleurer Margot ».

La pantomime

Après Waterloo, la Restauration et la Monarchie de juillet exercèrent un contrôle assez lâche sur ce qui se passait au Boulevard. Dès 1820, ce Boulevard du crime était devenu un lieu de kermesse permanente avec hercules de foire, avaleurs de sabre, dresseurs de puces, vendeurs de sucres d'orge, dames de petite vertu et autres vide-goussets. On se souvient de l'extraordinaire évocation qu'en firent Jacques Prévert et Marcel Carné dans les *Enfants du Paradis* (1943-1945), qui faisait revivre la concurrence entre le mime Deburau aux Funambules, et Frédérick Lemaître à L'Ambigu-Comique(3).

(1) De Caigniez, citons *Le Jugement de Salomon* (1802) et le larmoyant *La Pie voleuse ou la Servante de Palaiseau* (1815) ; de Pixérécourt, *Cœlina ou l'Enfant du mystère* (1800), que Charles Nodier considérait comme le premier vrai mélodrame, et *Le Chien de Montargis ou la Forêt de Bondy* (1814) ; de Dennery, qui se fit aussi appeler d'Ennery, *Marie-Jeanne ou la Femme du peuple* (1845), *Le Savetier de la rue Quincampoix* (1859), et bien sûr *Les Deux Orphelines* ; parmi les grands succès du mélo, il y eut également *Trente ans ou la Vie d'un joueur* (1827) de Victor Ducange (1783-1833), *La Nonne sanglante* (1835) d'Anicet Bourgeois (1806-1871), *Le Sonneur de Saint-Paul* (1838) de Joseph Bouchardy (1810-1870), et, plus tard, *Gigolette* (1894), de Pierre Decourcelle (1856-1926).

(2) Une réplique de Bouchardy est restée justement célèbre : « Je partirai, dussé-je étouffer pour cela jusqu'au dernier battement de mon cœur ! »

(3) Jean-Louis Barrault, on s'en souvient, jouait Baptiste Deburau, Pierre Brasseur Frédérik Lemaître, et Marcel Herrand l'inquiétant Pierre-François Lacenaire.

Le théâtre des Funambules avait ouvert en 1816, et s'était spécialisé dans la pantomime. Il possédait en 1830 le meilleur équipement technique de Paris, qui lui permettait des spectacles "pyrotechniques", avec « changements à vue, travestissements et métamorphoses, combats au sabre, fanfares, évolutions militaires et explosion au tableau final ». C'est aux Funambules que Jean-Baptiste Gaspard Deburau (1796-1846) aboutit en 1820, après un dur apprentissage d'enfant du cirque. C'était un médiocre bouffon, mais son physique de contorsionniste le prédisposait naturellement à la pantomime. Il endossa bientôt l'ample costume blanc du Pierrot, et tout à coup, ce fut le miracle :

« Dans les intrigues de pantomime, telles que les compliquent à plaisir des auteurs de troisième zone, en les truffant d'imbroglios et de quiproquos, Deburau, Pierrot somnambulique et solitaire, veuf de toute femme, sans épouse ni maîtresse, sans ami non plus, paraît de surcroît dénué de tout frémissement intérieur. Nulle émotion sur le masque glacé de céruse que fend d'un trait la lèvre de sang. Nul regard au fond des yeux noyés dans le fard, sous les sourcils en virgule. Enfant de nulle part, ange déchu tombé d'un rayon de lune, blafard et transi comme elle, Pierrot appartient à la secte des blêmes ; il est l'ombre lactée d'un monde nocturne, l'image en négatif de notre monde, lisse et dure, et fermée sur elle-même comme un concept métaphysique. Si tout à coup le plâtre se lézarde d'un rire bref, son hilarité fait mal, comme une déchirure, car elle n'a rien d'humain. De même, aurions-nous tort de trop nous fier à ses rondes de carnaval, à ses guirlandes, à ses lampions. La gaîté de Pierrot et autour de Pierrot n'est qu'une grimace. Dans le tourbillon des masques et des cotillons, jaillit par instants l'éclair d'une lame. » (Maurice Lever.)

Le Pierrot ne faisait plus rire sans un serrement de cœur ; surtout, il était émouvant dans sa détresse, et quand cet éternel opprimé en arrivait à se venger, il faisait peur.

Les jeunes Romantiques découvrirent un jour l'art si particulier de Deburau et lui firent un tel succès que les Funambules, dès lors, ne désemplirent plus d'un mélange d'aristocrates, de célébrités, d'ouvriers et de voyous. Deburau suscita des vocations, dont celle de son fils Jean-Charles, mais aucun de ses successeurs n'égala son prodigieux talent. L'art de la pantomime continua d'être célébré aux Funambules et aux Folies-Nouvelles, mais ne parvint pas à survivre à la dispersion des théâtres en 1862. Haussmann, en effet, commençait à cette date la destruction — et l'assainissement — de tout le haut du Boulevard du Temple pour aménager la place de la République et percer l'avenue du même nom[1]. Les théâtres se déplacèrent dans de nouveaux lieux sur les grands boulevards, mais la pantomime trouva surtout refuge en province, à Bordeaux et à Marseille.

Le mime, art si particulier de la scène, fut d'une influence profonde dans l'enrichissement du jeu. En tant que moyen exclusif d'expression, il reste et restera tributaire de talents très particuliers. Avec l'arrivée du cinéma muet, de prodigieux mimes imposèrent leurs univers, celui, très poétique, d'Harry Langdon, celui de Buster Keaton, en perpétuelle confrontation avec les lois de la mécanique, et enfin celui de Charlie Chaplin, qui retrouva une partie de la "méchanceté" du Pierrot des Funambules.

En France, Jean-Louis Barrault fut quelque temps un excellent mime tragique, mais c'est Marcel Marceau, autre élève d'Étienne Decroux, qui contribua à élargir le champ d'exploration de la pantomime et à structurer le langage de la gestuelle.

Marqué par ce théâtre du silence, mais s'en détachant afin de poursuivre leurs propres objectifs, des troupes et des créateurs aboutirent à des spectacles sans paroles, bien que souvent musicaux ou riches en bruitages. Le metteur en scène Robert Wilson (1944-), lui-même muet jusqu'à l'âge de 17 ans, marqua le festival de Nancy de 1971 avec *Le Regard du sourd* ; et le succès du *Bal* en 1980 par le Théâtre du Campagnol fut l'un des grands aboutissements d'une tendance qui se développait. Cependant, cela resta une expérience sans lendemain, tandis que l'univers de Jérôme Deschamps semble

(1) Du nord au sud, à partir de la rue du Faubourg du Temple et tournant le dos aux faubourgs, s'alignaient le Cabinet des figures de cire de Curtius, le Cirque Franconi où l'on représentait des spectacles à gros budgets, l'Ambigu, qui prit ensuite le nom de Folies Dramatiques, la Gaîté, les Funambules, et enfin le théâtre des Associés, futur théâtre Acrobate de madame Saqui ; ces établissements étaient séparés par des cafés, des restaurants, des bals populaires, et d'étroits passages qui donnaient vers les faubourgs du Temple. Tous ces théâtres furent indemnisés et rasés.

s'imposer de spectacle en spectacle comme un renouvellement très personnel dans l'art de la pantomime (*Les Blouses*, 1984, *La Veillée*, 1985, *C'est dimanche*, 1988, *Le Lapin-Chasseur*, 1989).

Le comique

Sur le Boulevard du Crime, on ne faisait pas que pleurer. La parodie, dans laquelle la Comédie-Italienne était passée maître au XVIIIe siècle, resta au boulevard l'un des genres les plus applaudis. Il n'est guère de tragédie qui n'ait été victime des pasticheurs, qui ne reculaient devant aucune exagération pour faire rire. La chute de l'Ancien Régime avait d'autre part propulsé sur la scène des personnages comme le Roi d'Espagne, le Pape et la Tsarine de Russie, lesquels se battaient comme des chiffonniers, pour la plus grande joie des spectateurs républicains.

Frédérik Lemaître (1800-1876) avait débuté aux Funambules ; mais c'est au Théâtre de l'Ambigu qu'il détourna en 1823 le mélodrame dont il était le principal interprète, *L'Auberge des Adrets*, pour en faire une énorme pantalonnade et faire triompher son personnage de Robert Macaire. Cela entraîna là encore des pastiches du mélodrame, qui mettaient en évidence les grosses ficelles sentimentales de ce type de spectacle. Frédérik Lemaître resta néanmoins le principal triomphateur du théâtre lacrymal, mais il sut également évoluer vers le théâtre romantique (*Lucrèce Borgia*, *Ruy Blas*), et vers le théâtre shakespearien (*Hamlet*, *Falstaff*).

Enfin, un genre nouveau, le vaudeville, mélangeant la comédie, les chansons et les ballets, florissait sur de nouvelles scènes dont celles du Théâtre du Vaudeville et du Théâtre des Variétés. Les pièces étaient sans prétention, et de cette première époque du Boulevard ne se distingue réellement que *Madame Angot ou la poissarde parvenue* (1796) d'un certain Ève-Antoine-François Maillot (1747-1814). Il faudra attendre Eugène Scribe pour que le vaudeville évolue vers la comédie sentimentale, sans que soient reniés ni les chansons ni les procédés comiques. Avec lui, le vaudeville changea progressivement de public : sous la Restauration, la bourgeoisie allait au Français ou à l'Opéra pour marquer sa différence avec la populace ; mais sous Louis-Philippe cette même bourgeoisie, maintenant parfaitement établie, cherchait plutôt à se distraire. Elle se précipita au Gymnase et s'accapara la forme nouvelle que prenait le vaudeville.

Scribe

Eugène Scribe (1791-1861) écrivit plus de 350 pièces, parmi lesquelles *Bertrand et Raton* (1833), *Le Verre d'eau* (1840), *Une Chaîne* (1841), *Adrienne Lecouvreur* (1849), *Le Puff ou Mensonge et Vérité* (1849), *Bataille de dames* (1851). Par certains côtés, il renouait avec la comédie sérieuse de Diderot, tirant la plupart de ses arguments du monde bourgeois qui l'entourait. Grand inventeur d'effets et de coups de théâtre, il menait avec un remarquable métier ses intrigues jusqu'au "mot de la fin", signal automatique des applaudissements. Cependant, son théâtre ne s'éleva jamais au-delà de la "pièce bien faite", comme l'appellera plus tard Francisque Sarcey. Avec lui naissait une forme de théâtre commercial, particulièrement adaptée à son public aisé. Scribe entra à l'Académie française en 1834 ; la plus pertinente remarque qui ait été faite à son propos est due à Barbey d'Aurevilly :

> « Ce peintre de bonbonnières qui fit croire aux bourgeois de son temps que ses petits dessus de boîtes étaient des tableaux de mœurs... »

ÉVOLUTIONS SCÉNIQUES

Multiplication des salles

Après la chute de Napoléon, les salles parisiennes de théâtre passèrent de huit à dix-huit, puis à trente et une en 1833. En province, il existait depuis le milieu du XVIIIe siècle des salles dans de nombreuses grandes villes, quand un décret de 1794 demanda que se construisent des théâtres « dans toutes les villes de 4000 habitants » ; l'ordonnance ne fut pas toujours suivie, mais elle contribua à ce que de nombreuses cités se dotent d'équipements.

Jusqu'aux années révolutionnaires, on construisait des salles rectangulaires avec la scène à une extrémité ; puis le modèle italien, qui s'imposait dans toute l'Europe, entraîna la construction de salles en hémicycle avec des balcons superposés. Les théâtres "à l'italienne" étaient plus ou moins grands. Les théâtres anglais du XVIIIe siècle étaient immenses ; l'Odéon, où la Comédie-Française s'installa en 1782, pouvait recevoir 1900 spectateurs ; mais, par exemple, le nombre de places aux Funambules était limité à 780. L'orchestre, qui se différenciait du parterre, avait cessé de recevoir des spectateurs debout et s'équipaient de banquettes pour les théâtres les plus simples, de fauteuils pour les autres. Le privilège des places sur la scène, supprimé en 1759, n'était déjà plus qu'un souvenir ; cependant, l'élite des spectateurs ne détestait pas que lui soient réservées des loges fermées.

Concrètement, la scène était alors une boîte ouverte sur deux côtés, vers les spectateurs d'une part, et vers le haut sur une hauteur au moins équivalente à celle de la scène. Par la suite, les espaces scéniques s'ouvriront également vers le bas, avec un plancher de scène partiellement démontable, reposant sur des châssis espacés de l'avant-plan jusqu'à l'arrière-plan. Le principe du décor fixe était définitivement abandonné, et les théâtres se pliaient désormais à toutes les possibilités de décors multiples.

Évolution des équipements

Déjà, les changements à vue se pratiquaient au XVIIIe siècle, mais les nouveaux équipements des théâtres permettaient des effets encore plus spectaculaires. Les décors descendaient des cintres, arrivaient latéralement depuis les coulisses, et des éléments de scène surgissaient du sol. On n'hésitait pas à simuler des sinistres, des incendies, des tempêtes. Les personnages apparaissaient comme par enchantement, s'envolaient, s'enfonçaient dans le sol. Tout devenait possible. La seule faiblesse de l'équipement restait l'éclairage, qui n'avait guère évolué depuis des siècles. Les lustres demandaient une surveillance attentive pendant les représentations, au cours desquelles on intervenait discrètement avec de longs roseaux équipés de mèches pour les allumages, et d'une éponge pour étouffer une chandelle qui se mettait à brûler inconsidérément ou à goutter sur l'auditoire. On se permettait néanmoins de colorer la lumière en plaçant des bougies derrière des récipients remplis d'eau teintée.

Il y eut une première évolution en 1782 avec l'invention de la lampe à huile (le *quinquet*), d'Argant et Quinquet, qui fut bientôt adaptée pour le théâtre par Lavoisier. Mais il faudra attendre 1819 pour qu'apparaisse l'éclairage au gaz, que les théâtres s'empressèrent d'adopter (le Théâtre-Français s'équipa vers 1829). Le gaz permettait enfin de véritables effets de lumière, depuis la lueur bleutée de la "petite flamme", jusqu'à l'éclat vif du "plein feu"[(1)]. Toutes les canalisations passaient dans la coulisse en un endroit où un technicien pouvait avec des manettes de réglage varier le débit du gaz, et cette espèce de tableau de commande, avec toute sa tuyauterie, prit par analogie le nom de *jeu d'orgue.*

Dès le milieu du XVIIIe siècle, les Italiens avaient placé les

(1) Une superstition théâtrale empêche les comédiens de porter des habits de couleur verte ; et c'est une phobie qui date probablement de cette époque, car le vert est la nuance qui ressort le moins dans la température de couleur de l'éclairage au gaz.

musiciens entre la scène et la salle ; l'habitude se prit bientôt de créer une fosse d'orchestre qui, souvent, masquait entièrement les musiciens. L'ambiance même des théâtres évoluait. Alors que les salles classiques conservaient une décoration "noble", les théâtres bourgeois, et surtout ceux des grands boulevards, devenaient de petites bonbonnières garnies de velours rouge, de lin tendu, de panneaux peints et de dorures. A l'atmosphère intime de la salle répondaient sur la scène les décors de salons, de salles à manger, de chambres à coucher. La grande majorité des œuvres de cette époque décrit des scènes d'intérieur.

Les salles, d'ailleurs, finissaient par se ranger dans différentes catégories en fonction des spectacles : à Paris, il y avait à l'est les salles du boulevard du Temple avec son public à majorité populaire, ses pièces à rire, à pleurer ou à s'émerveiller ; il y avait, sur les boulevards, à mi-chemin entre les faubourgs et les beaux quartiers, les salles des grands mélodrames, des pièces romantiques, et bientôt des vaudevilles bourgeois. Enfin, plus au centre de Paris, il y avait le Théâtre-Français, l'Odéon, l'Opéra-Comique, le Théâtre-Lyrique, la Salle Favart, et bientôt l'Opéra, qui se partageaient le grand répertoire et le théâtre musical, avec un public trié.

Au Théâtre-Français, rue de Richelieu, la Comédie-Française avait été à nouveau rassemblée. Devenue "musée du théâtre", elle joua devant des salles clairsemées, et fut plus que tout autre victime de la censure ou de l'autocensure. Les comédiens s'enfermaient dans un jeu grandiloquent, et la codification progressive des emplois(1) avait tendance à

(1) Les comédiens empruntaient un jeu qui avait tendance à se codifier selon l'emploi traditionnel, qui avait fini par se définir très strictement. Il y avait ainsi l'"amoureux" (Horace de *L'Ecole des femmes*), le "second amoureux" (Clitandre du *Misanthrope*), le "jeune premier" (Valère de *Tartuffe*), le "premier rôle jeune" (Clitandre des *Femmes savantes*), le "grand jeune premier rôle" (Almaviva du *Barbier*), le "grand premier rôle" (Alceste), le "gros comique" (Pierrot de *Dom Juan*), le "second comique" (Orgon, Bartholo, Petit-Jean des *Plaideurs*), le "premier comique" ou "Grande-casaque" (Sganarelle de *Dom Juan*, Mascarille de *L'Etourdi*, Crispin de *Crispin rival de son Maître*), le "premier comique marqué" ou "rôle à livrée" (Covielle du *Bourgeois*, La Flèche, et les Crispins, sauf celui du *Légataire*), le "manteau" (Arnolphe), le "financier" (Lysimon du *Glorieux*, Turcaret), le "grime" (rôle de vieux, vieillard ridicule, comme le Géronte du *Médecin malgré lui*), le "père noble"

freiner toute évolution. Cependant, ils eurent le mérite de faire découvrir de grandes œuvres étrangères, de réhabiliter des pièces comme celles de Marivaux, de jouer celles de Musset ; ils adoptèrent rapidement le meilleur du romantisme et, dans l'ensemble, ils consacraient définitivement les auteurs dont ils acceptaient les pièces.

ÉVOLUTION DU JEU

Du grand siècle à Diderot

On a de la peine à imaginer à quel point le jeu des acteurs du XVIIe siècle pouvait être éloigné de ce à quoi nous sommes habitués aujourd'hui. L'un des rares témoignages que l'on possède sur le jeu des comédiens de Molière dit ceci :

« La Molière et la Grange font voir beaucoup de jugement dans leur récit ; et leur jeu continue encore, lors même que leur rôle est fini. Ils ne sont jamais inutiles sur le théâtre. Ils jouent presqu'aussi bien quand ils écoutent que lorsqu'ils parlent. Leurs regards ne sont pas dissipés. Leurs yeux ne parcourent pas les loges, ils savent que la salle est remplie, mais ils parlent et agissent comme s'ils ne voyaient que ceux qui ont part à leur rôle et à leur action. [...] Et si la Molière retouche quelquefois à ses cheveux, si elle raccommode ses nœuds ou ses pierreries, ses petites façons cachent une satire judicieuse et naturelle. Elle entre, par là, dans le ridicule des femmes qu'elle veut jouer. Mais enfin, avec tous ces avantages, elle ne plairait pas tant si sa voix était moins touchante. Elle en est si persuadée elle-même que l'on voit bien qu'elle prend autant de divers tons qu'elle a de rôles différents. »

On s'émerveillait alors facilement d'un jeu très simpliste, aux effets comiques grossiers. Les tragédiens quant à eux psalmodiaient, rugissaient, soupiraient dans des attitudes guindées que les peintres ont reproduites.

(Géronte du *Menteur*, Don Louis de *Dom Juan*), le "raisonneur" (Cléante de *Tartuffe*), l'"ingénue" (Agnès), l'"amoureuse" (Henriette des *Femmes savantes*), la "jeune première" (Elise de *L'Avare*), la "grande jeune première" (Elvire de *Dom Juan*), le "jeune premier rôle féminin" (Alcmède), la "seconde coquette" (Eliante du *Misanthrope*), la "grande coquette" (Célimène), la "seconde soubrette" (celles de Marivaux), la "soubrette" (Dorine de *Tartuffe*), la "mère noble" (Philaminte), le "rôle marqué" (Arsinoé), et la "duègne" ou "caractère" (Mme Pernelle de *Tartuffe*).

Les Italiens avaient un jeu chargé, provoquant, qui conservait le sens de la scène mais qui ne s'embarrassait pas de nuances. En Angleterre, le théâtre élisabéthain s'était joué de manière plus naturelle, toutefois, sous la Restauration, les outrances des comédiens ne firent qu'empirer.

Aussi, les observations de Diderot au siècle suivant prirent-elles un intérêt extraordinaire. On pensait alors que les comédiens devaient vivre les passions pour être capables de les représenter ; non, répondit Diderot, le comédien doit rester froid et procéder à une sorte de dédoublement, une partie de lui-même contrôlant son jeu, une autre partie tendant à atteindre l'illustre modèle qu'il s'est fixé.

« Quel jeu plus parfait que celui de la Clairon(1) ? Cependant suivez-la, étudiez-la, et vous serez convaincu qu'à la sixième représentation elle sait par cœur tous les détails de son jeu comme tous les mots de son rôle. Sans doute elle s'est fait un modèle auquel elle a d'abord cherché à se conformer ; sans doute elle a conçu ce modèle le plus haut, le plus grand, le plus parfait qu'il lui a été possible ; mais ce modèle qu'elle a emprunté de l'histoire, ou que son imagination a créé comme un grand fantôme, ce n'est pas elle ; si ce modèle n'était que de sa hauteur, que son action serait faible et petite ! Quand, à force de travail, elle a approché de cette idée le plus près qu'elle a pu, tout est fini ; se tenir ferme là, c'est une pure affaire d'exercice et de mémoire. Si vous assistiez à ses études, combien de fois vous lui diriez : *Vous y êtes !...* combien de fois elle vous répondrait : *Vous vous trompez !...* C'est comme Duquesnoy, à qui son ami saisissait le bras, et criait : *Arrêtez ! le mieux est l'ennemi du bien : vous allez tout gâter... Vous voyez ce que j'ai fait,* répliquait l'artiste, haletant, au connaisseur émerveillé ; *mais vous ne voyez pas ce que j'ai là, et ce que je poursuis.* Je ne doute point que la Clairon n'éprouve le tourment de Duquesnoy dans ses premières tentatives ; mais la lutte passée, lorsqu'elle s'est une fois élevée à la hauteur de son fantôme, elle se possède, elle se répète sans émotion. Elle est l'âme d'un grand mannequin qui l'enveloppe; ses essais l'ont fixé sur elle. Dans ce moment elle est double : la petite Clairon et la grande Agrippine. »

Il y avait une part de provocation dans le *Paradoxe sur le comédien,* et il semble bien que Diderot ait volontairement

(1) Mlle Clairon, qu'il prend comme exemple, jouait les rôles tragiques à la Comédie-Française ; François Duquesnoy, également cité, était un sculpteur belge du XVIIe siècle. Les grands comédiens français du XVIIIe siècle furent Baron, La Clairon, La Dumesnil, Quinault-Dufresne, les Dangeville.

simplifié, pour le mettre en évidence, le mécanisme du jeu. Mais ses propos allaient obliger à une réflexion fondamentale sur l'art du comédien.

Le jeu se cherche

L'évolution, cependant, fut lente et progressive. Sur la scène classique, Talma (1763-1826) s'imposa avec un jeu habile, violent et tourmenté, qui ne se basait plus seulement sur la déclamation. Il triompha dans le *Charles IX* de M.-J. Chénier, et cabotina ensuite sans rien perdre de sa gloire durant la Terreur, le Consulat, l'Empire et la Restauration. S'inspirant des comédiens anglais, il imposa les costumes d'époque, jouant par exemple les tragédies romaines en tunique et toge. A la même période, Mlle Duchesnois tendait à rendre ses personnages plus humains et plus émouvants.

Gœthe écrivait alors que l'art du comédien consiste

« non pas de chercher à reproduire la nature, mais d'en donner la représentation idéale en unissant dans son jeu Vérité et Beauté ».

Lui-même tenta de susciter à Weimar un jeu à la fois noble et naturel, débarrassé de ses gesticulations. Schiller, lui, approfondit la réflexion de Diderot, en considérant cependant que l'art des comédiens relevait d'une sorte d'état de somnambulisme ; mais la description qu'il fait des comédiens de l'époque est sans illusion, et montre bien qu'il y avait encore un certain chemin à parcourir :

« En général, nos acteurs ont étudié, pour chaque genre de passion, une attitude à part, qu'ils savent prendre avec une prestesse qui parfois va jusqu'à devancer le sentiment. A l'orgueil manque rarement le tour de tête vers l'épaule et le poing sur la hanche. La colère réside dans le poing fermé et le grincement des dents. J'ai vu sur un certain théâtre caractériser régulièrement le mépris par un coup de pied. La tristesse des héroïnes de théâtre se cache derrière un mouchoir bien lavé. Quand à la terreur, qui de toutes les passions s'en tire encore au meilleur marché, elle choisit le premier bloc venu, pour s'en débarrasser, elle de son fardeau, et le public d'un mauvais cabotin. »

Le jeu de l'anglais Edmund Kean (1787-1833) était très complet, mais il sacrifiait à une véhémence qui n'était pas toujours de très bon goût. Le critique Étienne Delécluze fit en 1828 ce commentaire, après avoir vu *Richard III* :

« Sa pantomime, lorsqu'il meurt après avoir été frappé par Richmond, est fort juste et a excité des applaudissements qu'on a prodigués avec d'autant plus de force que l'on n'avait trouvé dans toute la pièce aucune occasion de faire cette galanterie à l'acteur étranger. Cependant, non seulement ces circonstances du combat et de la mort de Richard III ne sont pas dans Shakespeare, mais à mon avis cette interpolation est tout à fait de mauvais goût et contre nature. Richmond et Richard se battent à l'épée pendant cinq ou six minutes. Ce dernier est enfin percé par son adversaire. Richard-Kean, au moment où il a reçu le coup, reste debout tout en chancelant. Il manie encore l'épée, puis la laisse échapper et bientôt sa main désarmée fait encore le simulacre d'un mouvement pour porter un coup d'épée. Enfin, Kean tombe à la renverse et là il débite en se tordant une demi-douzaine de vers qui ne sont pas plus de la pièce que toute la pantomime qui vient d'être décrite. C'est cependant dans toute cette scène antishakespearienne que Kean a joué avec le plus d'éclat. C'est une autre chose bien digne de remarque que le goût qu'ont les Anglais pour imiter avec une minutieuse exactitude *the pangs of the death*, l'agonie. Les acteurs, dans ce cas, n'omettent aucune circonstance matérielle, ne font grâce au spectateur ni d'un soupir, ni d'une convulsion, ni d'un râlement, en sorte que l'intérêt dramatique de la mort du personnage est toujours détruit par l'espèce d'angoisse où l'on est soi-même, quand on assiste aux derniers moments d'un mourant. Ce défaut m'avait déjà bien choqué dans *Roméo et Juliette*, joué par Ch. Kemble et miss Smithson. Mais il est poussé jusqu'au ridicule par Kean dans cette scène de *Richard III*. »

Les sublimes interprètes

L'évolution viendra d'une recherche intellectuelle, mais aussi de la manière de jouer sur les scènes du boulevard. Les comédiens, qui s'y produisaient au départ pour un public assez inculte, étaient tenus à un jeu simple et efficace ; ils se démarquèrent ainsi assez rapidement du jeu maniéré des pensionnaires de la Comédie-Française. La pantomime, évidemment, et surtout celle de Deburau, donna ensuite à réfléchir, car elle montrait tout le parti que l'on pouvait tirer d'un art du geste à la fois sobre et expressif. Le travail, la concentration, l'immense professionnalisme de Deburau était de surcroît un exemple à méditer.

La première qui se distingua au Français par la sobriété de

son jeu fut Élisabeth Rachel Félix, dite Mademoiselle Rachel (1821-1858), laquelle apporta une dimension nouvelle aux héroïnes de Corneille et Racine.

« Quand Rachel entrait en scène, avec ce physique pauvre, ingrat, mais saisissant, un physique pas heureux, elle ne donnait pas cet appel sensuel que donnent certaines actrices ; quand elle entrait en scène avec ce côté volontaire, israélite, hostile, elle créait néanmoins dans le public une réaction ; et cette réaction rendait le jeu intéressant, plus intéressant qu'avec quelqu'un qui vous rassure tout de suite, qui vous est agréable, qui vous fait dire : Ah ! on va passer une charmante soirée, mais au bout d'un quart d'heure on pense : Oui, c'est toujours le même truc. »[1]

Après Robert Macaire, Frédérik Lemaître avait de la peine à sortir de son personnage de fanfaron dépenaillé, et c'est Victor Hugo qui l'en débarrassa en lui proposant le rôle de *Ruy Blas*. Frédérik Lemaître resta ensuite le maître incontesté des scènes de boulevard, avec un abattage qui lui permettait de faire triompher tous les genres. Son jeu ne sortait guère d'un certain répertoire d'effets, mais il était néanmoins plus souple et plus sensible que celui des acteurs classiques.

Puis arriva Mounet-Sully (1841-1916), le grand comédien du XIXe siècle, avec une technique vocale prodigieuse à travers laquelle il faisait passer toutes les émotions. Les critiques comparaient sa voix à un chant profond, ou au tonnerre ; « En ville, disait Sacha Guitry, il vous parlait comme de l'autre côté d'une large rivière ». Sa plus grande création fut *Œdipe*, qu'il joua également au théâtre antique d'Orange.

Constant Coquelin, dit Coquelin aîné (1841-1909), autre sociétaire de la Comédie-Française, fut un magnifique interprète des rôles de Figaro et des valets de Molière. Fougueux, lyrique, il eut sa consécration quand Rostand lui écrivit, presque sur mesure, le rôle de *Cyrano* en 1897.

Rosine Bernard, dite Sarah Bernhardt (1844-1923), débuta à la Comédie-Française et joua *Andromaque*, *Hernani*, *Amphitryon* avec Mounet-Sully. Le grand tragédien voulait épouser sa partenaire, mais il fut également à deux doigts de

(1) Cette citation, et les suivantes sur Sarah Bernhardt et Lucien Guitry sont tirées de la sténographie des cours que Jouvet donnait au Conservatoire (Louis Jouvet, *Tragédie classique et théâtre du XIXe siècle*).

la poignarder sur la scène pour ses infidélités. Sarah Bernhardt emprunta à Mounet-Sully toutes les nuances de son art vocal, et s'inspira de Rachel pour son jeu de quasi-immobilité, réduit à quelques gestes bouleversants.

« Quand Sarah entrait, c'était un personnage qui entrait, qui disait des choses vers lesquelles on tendait l'oreille et le cœur. C'était angoissant en soi parce que c'était l'expression sonore d'un vers et parce que ce n'était encombré de rien d'autre. Les répliques, les unes après les autres, venaient vers vous, teintées d'une inflexion qui correspondait au sens du vers, mais il n'y avait rien de plus, pas de jeu qui alourdisse le sens de la scène, qui fatigue. Même pour les sourds c'était angoissant à voir. C'était hallucinant de netteté, de cette énigme qu'il y a dans un personnage qui entre en scène. »

Sarah Bernhardt fut vertigineuse dans *Phèdre*, dans *La Dame aux camélias*, dans la reprise en 1872 de *Ruy Blas* ; elle joua *Hamlet*, créa *Lorenzaccio* et *L'Aiglon*, dirigea son propre théâtre (l'actuel Théâtre de la Ville), et fit une carrière internationale qui ne sera égalée, peu après, que par celle du ténor Caruso. Elle eut un sens aigu de sa propre publicité, mais elle contribua à faire de la scène parisienne, et pendant plus d'un demi-siècle, un phare culturel pour le monde entier.

Dernier grand comédien du XIXe siècle, Lucien Guitry (1860-1925) fut l'ultime héritier d'une forme de jeu qui cherchait surtout à surprendre et à conquérir le public par une interprétation à effets.

« ...Un type puissant, avec un physique assez monstrueux, les bras courts (il ne faisait pas de gestes), qui parlait avec une voix très placée, sobre, très timbrée et jouait avec des acteurs qu'il faisait parler haut et fort. Un type qui avait une autorité, une présence extraordinaires. Quand il entrait, on sentait que c'était lui le pivot de la pièce, le premier rôle. On le sentait à ses silences. On se demandait : Que va-t-il se passer ? On était haletant à le voir, comme à voir un taureau. Longtemps il évoluait, agissait, parlait avec cette sobriété, puis soudain il y avait un silence menaçant, ou bien une dégradation crescendo et alors cela devenait soudainement chargé de signification ; comme dans une conversation avec quelqu'un qui est énigmatique, muet, et qui tout à coup vous ferait : Hou, hou ! C'est du faux génie. »

Une certaine forme de jeu prenait fin avec lui, un jeu qui tendait vers le sublime, et dans lequel les acteurs se transfiguraient sans craindre l'outrance ou l'artificialité. Ces quelques "monstres sacrés" (selon l'expression de Cocteau) firent néanmoins de leur métier un art noble, et ils s'y consacrèrent corps et âme. Ils étaient habités par une grande exigence de l'interprétation, même si cela consistait le plus souvent à tirer à eux les personnages. D'une manière très romantique, ils imposaient comme les poètes leur propre univers, leur propre jeu, et d'ailleurs en arrivaient à traiter d'égal à égal avec les auteurs. Ils se produisaient en tournées, en France et à l'étranger, apportant sur les scènes les plus diverses les grands personnages de répertoire.

Bien sûr, ils eurent leurs défauts de monstres sacrés, s'accaparèrent les pièces, les détournèrent quelquefois. Ils se satisfaisaient volontiers de partenaires médiocres car cela mettait en valeur leur propre talent. Ils supplantèrent les premiers metteurs en scène qui, au Français ou sur les scènes privées, commençaient à coordonner les spectacles avec un esprit d'unité. Ces derniers prirent bientôt leur revanche, mais les meilleurs d'entre eux se gardèrent d'oublier qu'une grande mise en scène passe avant tout par de grandes interprétations.

Les spectateurs

Avec le Boulevard du Crime et les Grands Boulevards, le théâtre était devenu un véritable marché économique. Par décrets, le Théâtre-Français était promu au rang de salle nationale, et l'Odéon "Second Théâtre Français". Cependant, les dirigeants des autres établissements étaient tenus à faire des bénéfices, et ils cherchaient plus à satisfaire leurs publics qu'à produire de grandes œuvres littéraires.

A la fin du XVIIIe siècle, le nombre des spectateurs qui allaient au théâtre semble avoir été plutôt limité ; un Anglais qui faisait la comparaison en 1762 avec la fréquentation des théâtres londoniens, estimait à guère plus d'un millier les habitués parisiens de l'époque. La Foire tout d'abord, le Boulevard ensuite, attirèrent une nouvelle clientèle populaire dans laquelle il n'était plus déshonorant pour une femme de figurer. La population la plus défavorisée pouvait quant à elle aller se distraire pour une somme très modique. Elle trouvait dans les mélodrames un reflet de sa condition, mais également une échappatoire par le rêve, car la fin heureuse des plus sordides histoires leur montrait invariablement les infortunés héros accéder à la fortune, à la reconnaissance sociale et au bonheur.

La bourgeoisie découvrit dans le théâtre le plus intelligent de ses divertissements, et ne détesta pas de s'y voir représentée comme dans un écrin. Les jeunes bourgeois prirent bientôt l'habitude de s'y montrer, d'y affirmer leur appartenance sociale. Les habitués louaient des loges pour la saison, y recevaient, s'y retrouvaient[1]. Pour un homme du monde, la soirée commençait par le théâtre avant le souper ; et l'endroit devenait le lieu idéal des fréquentations mondaines, et même demi-mondaines : de nombreuses comédiennes, en effet, avaient des protecteurs, et d'autres jolies jeunes femmes paradaient au foyer et dans les loges les plus en vue.

Cependant, il y avait des voix, comme celle d'Octave Mirbeau pour s'élever contre l'indigence des spectacles :

> « De toutes les exploitations littéraires, le théâtre est la plus facile et la plus fructueuse. Il n'est pas indispensable d'y avoir du talent — mieux vaut en être totalement dépourvu. Il y faut seulement de l'adresse, une connaissance suffisante de la bêtise du public, de ses appels et de ses passions, une aptitude spéciale à les manier, à les caresser, à les exalter, et un instinct développé du commerce... Ce qui fait de l'argent et ce qui ne fait pas d'argent, voilà ce qu'un bon auteur dramatique doit savoir. »

Et déjà, dans ce public de théâtre redevenu élitiste, commençait à se manifester une faction intellectuelle à la recherche d'une avant-garde, ou désireuse de voir le théâtre évoluer vers de nouvelles formes un peu moins complaisantes.

En attendant, et à quelques exceptions près, c'étaient des pièces assez médiocres qui se succédaient saison après saison, et de grands comédiens prêtèrent bon gré mal gré leur talent à un grand nombre d'entre elles.

(1) On connaît les très amusants billets que Théophile Gautier écrivait à la Présidente Apollonie Sabatier, pour lui proposer sa loge de l'Opéra-Comique quand il ne l'occupait pas.

LE THÉÂTRE BOURGEOIS

LES SCÈNES PARISIENNES

Le "juste-milieu"

A mi-chemin entre le théâtre classique et les audaces des boulevards, l'Odéon, dans le Paris du XIXe siècle, se spécialisa dans un répertoire particulier qui tentait de faire la synthèse entre la tradition et les idées nouvelles. Il y eut des auteurs pour donner des pièces dans cette voie modérée, comme Casimir Delavigne (1793-1843), auteur des *Vêpres siciliennes* (1819), *Marino Faliero* (1829), ou *L'École des vieillards* (1823).

François Ponsard (1814-1867), avec sa *Lucrèce* (1842) à l'époque de l'échec des *Burgraves*, apparut comme le tenant d'un renouveau du Classicisme, mais ses autres tentatives, malgré les encouragements de Rachel, ne furent guère concluantes ; et c'est une comédie, *L'Honneur et l'argent* (1853), qui demeure sa pièce la plus intéressante. L'Odéon, qui, rappelons-le, était le Second Théâtre Français, se spécialisa donc dans des œuvres de "juste milieu" pour un public correspondant. On y adapta par exemple pour la scène les romans à succès de George Sand, *François le Champi* et *Mauprat*, et on y joua surtout des auteurs dont la mémoire n'a pas survécu.

Drames et comédies de mœurs

Scribe, avec sa prolifique production, avait largement occupé les scènes du théâtre bourgeois. Il eut un continuateur en la personne de Victorien Sardou (1831-1908), qui fit montre de son savoir-faire dès 1865 avec un drame bourgeois, *La Famille Benoîton*, puis avec une comédie inspirée de Goldoni, *Maison neuve* (1867). Il fit du "sur mesure" pour Sarah Bernhardt avec *Fédora* (1882), *Théodora* (1884), écrivit en 1887 un sombre drame, *La Tosca* (que Puccini mettra en musique), et obtint son plus grand succès en 1893 avec *Madame Sans-Gêne*, qui fut créé par Réjane.

Son théâtre habile, mais souvent trop artificiel, rejoignit ensuite celui de Scribe dans un miséricordieux oubli.

« En fait, écrivit Touchard, ce théâtre avait cessé d'être un art pour s'épanouir dans les combinaisons éprouvées d'un métier sans audace, sans risques, sans âme. Mais c'est dans cette absence de foi, de vie, qu'était le mal, bien plus que dans l'utilisation trop experte des techniques. »

Durant le Second Empire, Alexandre Dumas fils (1824-1895) poursuivit la carrière théâtrale de son père, avec un romantisme teinté de préoccupations sociales et du souci de peindre des tranches de vie. Un drame personnel avait inspiré *La Dame aux camélias*(1) (1852), mais c'est avec ses comédies de mœurs, *Le Demi-Monde* (1855), *Denise* (1885), *Francillon* (1887), toujours remarquables dans leur écriture, qu'il se démarqua en abordant des thèmes sensibles à l'époque de la société impériale.

Enfin, après un drame bourgeois en vers, *L'Aventurière* (1848), Émile Augier (1820-1889) écrivit en collaboration d'intéressantes comédies qui sont autant d'analyses sociales. *Le Gendre de monsieur Poirier* (1854) renouvelait le sujet rebattu de l'aristocrate ruiné qui s'implante dans une riche famille bourgeoise, et *Les Lionnes pauvres* (1858) aborde avec sensibilité le thème de la prostitution mondaine.

Opérette et vaudeville

Il est difficile de passer sous silence l'importance que détenaient sous Napoléon III les spectacles de pur divertissement, avec en premier lieu la place prépondérante qu'avait prise l'opérette.

« C'est le triomphe de l'opérette, l'inévitable opérette, s'exclamait

(1) Dumas fils avait d'abord fait en 1848 un roman de l'histoire de Marguerite Gauthier. Le roman et le drame eurent un succès extraordinaire, et on ne compte plus les copies, adaptations, pastiches, traductions, et films qui en furent tirés. Citons seulement l'opéra de Giuseppe Verdi, *La Traviata*, qui fut créé en 1853 à Venise.

Jules Claretie, Offenbach donne le branle de cette danse de Saint-Guy qui nous agite et qui est le fond même de notre humeur présente. La maladie gagnait, s'étendait, faisait tache d'huile. L'arrêter, c'était impossible. Rien à envisager contre cette frénésie. Un rire nerveux avait gagné le monde. Ce temps lugubre, qui est le nôtre, riait d'une façon perçante, non pas comme un gai compagnon bien portant et heureux de vivre, mais comme un homme malade dont on chatouillerait la plante des pieds. »

Sur des livrets dus la plupart du temps au tandem Meilhac et Halévy, Jacques Offenbach composa des œuvres d'une extravagance et d'une gaîté irrésistibles, qui se donnèrent aux Bouffes-Parisiens, aux Variétés, au Palais-Royal. On lui reprochera après la défaite de 1870 d'avoir entretenu l'Empire dans une certaine insouciance, quoique le public ne se pressait pas moins dans d'autres théâtres, où se jouaient par exemple les comédies de Labiche.

Eugène Labiche (1815-1888) fut à sa manière un autre héritier de Scribe. Mais son théâtre se distingua vite par sa fantaisie débridée, et une peinture de mœurs qui n'excluait pas une certaine férocité :

« Je me suis adonné presque exclusivement à l'étude du bourgeois, du "philistin" ; cet animal offre des ressources sans nombre à qui sait le voir, il est inépuisable. »

Celui que Robert Pignarre appellera « l'Homère de la petite bourgeoisie à pantoufles brodées » porta le vaudeville à un niveau éclatant de réussite. Notons que Labiche écrivit presque toujours en collaboration — sur environ cent soixante pièces, il n'en signa que quatre sous son seul nom —, et c'est du fruit de ces collaborations que naquirent ses plus grandes réussites : *Embrassons-nous Folleville* (1850), *Un chapeau de paille d'Italie* (1851), *Le Voyage de monsieur Perrichon* (1860) *La Poudre aux yeux* (1861), *La Cagnotte* (1864).

D'un point de vue purement littéraire, les pièces de Labiche résistent mal à la lecture ; les répliques brèves, entrecoupées, lardées d'expressions à la mode de l'époque, inauguraient une forme de théâtre qui était exclusivement destinée à être jouée. Et ce n'est qu'à la représentation qu'on réalise la prodigieuse invention comique de son théâtre. Immanquablement, le déroulement de l'histoire entraînait les personnages au bord d'une catastrophe qui était toujours évitée de justesse ;

de réjouissantes trouvailles renouvelaient les thèmes désormais traditionnels de l'argent, de l'adultère, du manquement aux conventions, du souci de paraître. Labiche[1] n'avait pas d'autre but que de se moquer un peu, de faire rire beaucoup. Et les bourgeois de province et de Paris faisaient un triomphe à celui qui les peignait si bien.

Henri Monnier (1799-1877) collabora épisodiquement avec Labiche, comme pour la burlesque *Affaire de la rue de Lourcine* (1857) qui fit également intervenir Edmond Martin. On ne peut pas passer sous silence son grandiose imbécile, Joseph Prudhomme, auteur de phrases immortelles du type : « ce sabre est le plus beau jour de ma vie », « c'est mon opinion et je la partage », « ce qui a perdu Napoléon, c'est l'ambition. S'il était resté simple officier d'artillerie, il serait encore sur le trône », « il n'y a que Dieu qui ait le droit de tuer son semblable », « messieurs, je jure de soutenir, de défendre nos institutions et au besoin de les combattre », etc. Monnier mit en scène son héros bourgeois dans *La Famille improvisée* (1831), dans *Grandeur et Décadence de M. Joseph Prudhomme* (1853), dans de nombreuses saynètes, et lui inventa une solennelle biographie à travers un roman, *Mémoires de monsieur Joseph Prudhomme*.

Cependant, pour la plupart de ces auteurs, la guerre de 1870 ainsi que la déchéance de l'Empire furent un véritable traumatisme. Labiche se borna ensuite à éditer son théâtre complet, Offenbach entreprit ses émouvants *Contes d'Hoffmann*.

La IIIe République était constituée en septembre 1870, et les républicains allaient jeter un regard chargé d'une certaine méfiance sur ce théâtre qui symbolisait surtout les pouvoirs d'une grande bourgeoisie décadente.

Le théâtre de la IIIe République

Après l'anéantissement de la Commune, les Parisiens reprirent peu à peu leurs habitudes. Les théâtres détruits furent

(1) Barbey d'Aurevilly : « Ce doux nom [Labiche] qui exprime pour moi le seul talent gai qui soit maintenant dans cette époque ennuyée, déplumée de toute gaieté... »

reconstruits et rouvrirent bientôt leurs portes. Enfin achevé, l'Opéra de Garnier fut inauguré en 1875 ; une tradition de boulevard se renoua aux Variétés, au Gymnase, au Vaudeville. Les théâtres municipaux reprirent bientôt leurs activités, accueillant à nouveau les troupes en tournées. Enfin, les différentes lois sur les associations allaient favoriser la constitution de groupes d'amateurs. Le théâtre, cependant, prenait une physionomie nouvelle. Les insouciants du Second Empire découvrait un monde de revendications sociales, et les romans d'Émile Zola allaient contribuer à leur dessiller les yeux.

Le même Zola avait produit quelques drames médiocres, et appelait en 1878 à un bouleversement complet de l'art de la scène :

> « Notre théâtre aurait tant besoin d'un homme nouveau qui balayât les planches encanaillées, et qui opérât une renaissance dans un art que les faiseurs ont abaissé aux simples besoins de la foule ! Oui, il faudrait un tempérament puissant dont le cerveau novateur vînt révolutionner les conventions admises et planter enfin le véritable drame humain à la place des mensonges ridicules qui s'étalent aujourd'hui, [...] enjambant les ficelles des habiles, crevant les cadres imposés, élargissant la scène jusqu'à la mettre de plain-pied avec la salle, donnant un frisson de vie aux grands arbres peints des coulisses, amenant par la toile de fond le grand air libre de la vie réelle... »

En 1881, il publia *Le Naturalisme au théâtre*, après avoir fait jouer une adaptation de *L'Assommoir*.

Dans un autre courant, Stéphane Mallarmé, entouré par les jeunes poètes qui fréquentaient ses "mardis", plaidait pour un théâtre qui pourrait rendre compte des aspirations spiritualistes et symboliques de la fin du siècle. Ils n'avaient que dégoût pour le Naturalisme naissant, et revenaient à l'admiration des grands textes. Citons, comme l'un des meilleurs exemples dans cette voie, le théâtre de Maurice Maeterlinck (1862-1949), dont *La Princesse Maleine* (1889), *Pelléas et Mélisandre* (1892) ou *Monna Vanna* (1902) qui étaient empreints d'un beau climat d'étrangeté et de mystère.

Cependant, le vaudeville retrouvait toute sa gloire, et Rostand allait même ressusciter le Romantisme. Ce n'est donc pas sans raison que l'on pouvait constater, dans cette fin du XIXe siècle : « Il y a *des* théâtres, il n'y a plus de théâtre ».

Vitalité du Boulevard

Curieusement, et à l'exception d'Henry Becque (1837-1899), les nouveaux auteurs de boulevard, Alfred Capus (1858-1922), Georges Courteline (1858-1929), Georges Feydeau (1862-1921), Tristan Bernard (1866-1947), Edmond Rostand (1868-1918), Robert de Flers (1872-1927) et Gaston de Caillavet (1869-1915), sont tous approximativement de la même génération. Ils emprunteront néanmoins des voies assez différentes les uns des autres.

Henry Becque avait été sensible au message de Zola, et il détourna dans ses deux œuvres majeures l'art de la comédie bourgeoise vers un réalisme beaucoup plus cru. Dans *Les Corbeaux* (1882), la situation d'une heureuse famille bourgeoise se dégrade tout à coup quand meurt le chef de famille. Le fils est contraint de partir à l'armée, et les femmes sont bientôt escroquées par ceux qu'elles croyaient être leurs amis, l'associé, le notaire, l'architecte. Après un brillant premier acte, la pièce bascule dans le cauchemar, jusqu'à ce que, pour sauver la famille, la cadette des deux filles accepte d'épouser le vieil associé.

La Parisienne (1885), moins systématique dans la charge, se révèle d'une plus subtile férocité dans le portrait d'un ménage à trois mené par la frivole Clotilde. Comédie brillante, respectant d'une manière presque scrupuleuse les règles du boulevard, elle laisse pourtant un arrière-goût de cendre. Et l'on comprend qu'elle ait déchaîné contre elle toutes les fureurs des critiques[1].

Becque ne fit pas la carrière qu'il souhaitait. Constamment en butte à l'hostilité des intellectuels, des directeurs de salles, des comédiens, il laissa inachevé *Les Polichinelles*, comédie sur le personnel d'une banque qui promettait pourtant d'être assez acide.

(1) Becque y répondit un jour par ce joli quatrain :

> « J'ai toujours méprisé la critique, œuvre vaine,
> Les plumes de rebut, les encriers boueux ;
> Je ne sais plus les noms de trois ou quatre gueux ;
> Je mange et je bois bien. Je suis fort comme un chêne. »

Ami d'Alphonse Allais, Capus fut l'un des représentants de ce théâtre boulevardier un peu vain, fait de bons mots et d'amusantes situations. L'une de ses meilleures pièces, *Les Maris de Léontine* (1900), possède un charme efficace, à défaut de profondeur.

Paul, dit Tristan Bernard, laissa un théâtre d'esprit et d'humour, parmi lequel *L'Anglais tel qu'on le parle* (1899) ou *Triplepatte* (1905).

Georges Moineaux, dit Courteline, s'en prit dans de courtes pièces rondement menées, mi-burlesques et mi-réalistes, à la vie militaire, à l'administration, à la police et aux tribunaux. Citons *Les Gaîtés de l'escadron* (1886), *Le Commissaire est bon enfant* (1899), *L'Article 330* (1900), *La Paix chez soi* (1903). Son humour se faisait plus souriant que vraiment féroce, et relevait plutôt d'un état d'esprit naturel que d'un système :

> « La facture de *Boubouroche*, disait Thalasso, est due non à un homme de théâtre qui connaît son métier, mais à un auteur dramatique qui le trouve tout simplement, et le puise, sans effort aucun, dans la vérité des personnages et le franc rire de la situation. »

Boubouroche (1893) est sa seule pièce en deux actes ; elle laisse percevoir, derrière la farce, une sensibilité un peu plus pathétique.

Georges Feydeau avait été encouragé dès l'adolescence par Labiche en personne. Après lui, et avec un sens joyeux de la charge, il reprit le flambeau du vaudeville dans *La Dame de chez Maxim's* (1899), *La Puce à l'oreille* (1907), *Occupe-toi d'Amélie* (1908), *Feu la mère de Madame* (1910), *Mais n'te promène donc pas toute nue !* (1912), etc. C'était par-dessus tout un diabolique faiseur d'intrigues et de situations en cascades. Feydeau, disait Cocteau, ne parlait jamais de son théâtre, « il le combinait en cachette, comme un vice ». Il y apportait en tout cas le soin méticuleux des maniaques, le montait comme une machine infernale, et complétait le tout par une écriture brillante et efficace. Il fut avec Flers et Caillavet l'un des derniers grands amuseurs de ce XIXe siècle qui n'en finissait pas de se prolonger, et auquel seule la Grande Guerre donnera un coup d'arrêt.

De la collaboration entre Flers et Caillavet naquirent d'amusantes comédies, *Le Roi* (1908), *L'Habit vert* (1913), et Flers signa en 1923 avec Francis de Croisset (1877-1937) les divertissantes *Vignes du Seigneur*.

Dans le petit milieu intellectuel parisien, Edmond Rostand, fils d'un célèbre économiste, avait déjà une réputation de poète avant même d'écrire ses grandes pièces. Sarah Bernhardt sympathisa vite avec le jeune auteur, et il écrivit pour elle *La Princesse lointaine* (1895) et *La Samaritaine* (1897). Puis ce fut le choc et le succès inouï à la Porte Saint-Martin de *Cyrano de Bergerac* (1897), avec Coquelin dans le rôle-titre et Volny dans celui de Christian. Le Romantisme renaissait, les sentiments sublimes étaient réhabilités, et Jules Renard notait dans son *Journal :*

« On ne savait plus. On barbotait. L'invasion du socialisme au théâtre déroutait les plus indifférents. L'artiste devrait-il donc s'occuper de ce qui ne le regarde pas, poser gauchement des problèmes insolubles, et s'abaisser à savoir quotidiennement le prix du pain ? Aurions-nous des Mussets économistes et des Marivaux apôtres ? D'un seul coup de cothurne Rostand a repoussé ces ordures et, d'un seul effort, remis debout l'art isolé, souverain et magnifique. On va pouvoir encore parler d'amour, se dévouer individuellement, pleurer sans raison, et s'enthousiasmer pour le seul plaisir d'être lyrique. »

Accablé de gloire et d'honneurs (il eut immédiatement la Légion d'honneur, il entra à l'Académie française à 33 ans), Rostand ne parvint pas à surmonter son éblouissant *Cyrano*. Il donna *L'Aiglon* en 1900, avec Sarah Bernhardt dans le rôle du jeune prince (malgré ses 56 ans) et Lucien Guitry dans celui de Flambeau. Le Romantisme avait néanmoins viré à l'épopée sentimentale, avec certaines longueurs.

Nerveux, dépressif, Rostand se retira alors à Cambo dans l'arrière-pays basque. Il y écrivit lentement une grande féerie symbolique qui mettait en scène des animaux. *Chantecler* fut créé en 1910, dans la déception générale. Les derniers ouvrages du poète, un recueil de poèmes inspirés par la Grande Guerre et un drame inachevé, ne paraîtront qu'à titre posthume, après son décès en 1918.

Cyrano reste une pièce immense, qui surprend toujours par son mélange de souffle épique, d'humour et de sentimentalité. Elle n'est pas exempte de défauts ni d'alexandrins très moyens, mais elle ne comporte pas moins de dix grands morceaux de bravoure, qui, chez un auteur parcimonieux, auraient fait la fortune de dix pièces : les qualificatifs de l'organe de Cyrano, « Agressif : Moi, monsieur, si j'avais un tel nez... » ; le duel doublé d'une ballade, « A la fin de l'envoi, je touche. » ; l'aveu de Roxane amoureuse, « Il est fier, noble, jeune, intrépide, beau... » ; la présentation des cadets, « Bretteurs et menteurs sans vergogne, Ce sont les Cadets de Gascogne ! » ; le refus des compromissions, « Faire éditer ses vers en payant ? Non merci ! » ; les provocations de Christian, « Mordious ! on n'y voyait pas plus loin... Que son nez. » ; la scène du balcon, « Eh bien ! montez cueillir cette fleur sans pareille... » ; le récit de Cyrano tombant de la lune, « Tenez, sur mon pourpoint, un cheveu de comète !... » ; le moment où Roxane avoue à Christian qu'elle l'aime pour ses lettres, « Ce sont vos lettres qui m'ont grisée ! Ah ! songez... » ; et enfin les deux dernières scènes, éblouissantes, « Comme vous la lisez, — cette lettre ! », qui culminent en point d'orgue avec la dernière phrase, le dernier mot de Cyrano mourant :

> « Quelque chose que sans un pli, sans une tache,
> J'emporte malgré vous, et c'est...
>
> C'est ?...
>
> Mon panache. »

En redonnant la vie au pamphlétaire oublié(1), Rostand créait un personnage héroïque et inoubliable de bretteur et poète, que l'on a comparé à Ruy Blas, mais qui en fait n'appartient qu'à lui-même. Complètement à contre-courant de son époque, la pièce fit pourtant la conquête du public, et il ne s'est jamais passé vingt ans sans qu'elle soit reprise avec éclat. En 1928, Pierre Fresnay donna une jeunesse nouvelle au rôle de Cyrano en lui enlevant son côté un peu geignard. Et la pièce, malgré ses cinquante-neuf personnages principaux et ses cinq tableaux, fut traduite et jouée dans le monde entier.

(1) Nous avons parlé plus haut (page 114) du vrai Savinien de Cyrano de Bergerac qui était né à Paris, n'était pas gascon, ne maniait pas l'épée et n'avait pas un long nez, même s'il n'était pas beau ; le long nez était un merveilleux "truc visuel" pour disgracier un personnage sympathique, et rendre impossible l'amour de Roxane et Cyrano.

L'ESPRIT DU BOULEVARD DANS LE MONDE

Sur toutes les scènes européennes, un théâtre élégant, souvent de pur divertissement, trouvait un public mondain qui s'y rassemblait en tenue de soirée, habit pour les hommes, et robe du soir pour les femmes. Le goût de l'opéra avait favorisé la réussite de Richard Wagner (1813-1883), à la fois auteur et compositeur de ses œuvres, qui parvint à se faire construire à Bayreuth un théâtre lyrique consacré à son auto-célébration. Wagner haïssait le théâtre de divertissement et contribua, avec l'immense ascendant qu'il avait pris sur son public, à imposer un "art allemand" fait de rêves grandioses, qui ne manqua pas d'inquiéter des hommes tels que Nietzsche.

Cependant, à Vienne, la belle société préférait s'étourdir de valses et de fantaisies. Et, dans l'éphémère répertoire qui s'écrivit, les pièces du médecin Arthur Schnitzler (1862-1931), *Liebelei* ("Amourette", 1895), *Reigen* ("La Ronde", 1900), constituent de passionnants témoignages sur la vie "fin de siècle" de la brillante capitale. Plus romanesque, Hugo von Hofmannsthal (1874-1929) donna un intéressant *Der Abenteurer und die Sängerin* ("L'Aventurier et la Cantatrice", 1899), traduisit des œuvres grecques, anglaises, et rédigea des livrets pour Richard Strauss, dont *Der Rosenkavalier*, "Le Chevalier à la rose".

A Londres, après la vague du Romantisme, Oscar Wilde (1856-1900) ramena sur la scène une forme assez provocante de *comedy of manners*. A la suite de son scandaleux roman, "Le Portrait de Dorian Gray", il brossa deux comédies d'un style brillant, *Lady Windermere's Fan* ("L'Éventail de Lady Windermere", 1893) et *The Importance of Being Earnest* ("L'Important d'être constant" ou encore "Il est important d'être aimé"[1], 1895), qui firent beaucoup rire la *gentry*

(1) Adaptation de Jean Anouilh. *Earnest*, qui se prononce comme le prénom "Ernest", signifie "sérieux", "méritant". Jack et Algernon, jeunes gens de la bonne société, s'inventent des doubles vies pour échapper à leurs obligations et pour séduire deux jeunes filles. Par un amusant retournement de situation, leurs mensonges deviendront des vérités et tout se terminera par des mariages.

anglaise. Pourtant, la gaîté légère des répliques et la peinture souriante de la haute société n'étaient que le fruit d'une observation étonnamment subversive. *The Importance of Being Earnest* fut d'ailleurs sa dernière œuvre d'insouciance, car la société victorienne allait dans la même année l'accuser pour mœurs, l'envoyer au bagne et le priver de toute fortune. Brisé, celui qui était peut-être le plus brillant écrivain anglais de son époque vécut encore quelques années à Paris, et mourut prématurément.

L'ÉVOLUTION DU THÉÂTRE RUSSE

Bien qu'il ait souhaité libérer la littérature russe de la tutelle occidentale, Alexandre Pouchkine (1801-1837) resta proche de Shakespeare ou de Molière dans ses drames, *Boris Godounov* (1831), *Mozart i Salieri*(1) (1830), ou dans ses comédies, *Skoupoï rytsar* ("Le Chevalier avare", 1830), *Kamenny gost* ("Le Convive de pierre", 1830) et *Roussalka* ("L'Ondine", 1832).

La première grande pièce véritablement slave avait pourtant déjà vu le jour : *Gore ot uma* ("Le Malheur d'avoir trop d'esprit", 1823) d'Alexandre Griboïedov (1795-1829), bien qu'elle n'ait pas été jouée du vivant de l'auteur, circulait beaucoup. Elle donnait de la société moscovite, qu'un jeune homme revoyait d'un œil neuf après un séjour à l'étranger, une image à la fois drôle, amère et féroce. Dans la même lignée, Nicolas Gogol (1809-1852) écrivit en 1836 le dévastateur *Revizor*, lequel eut un immense succès avant de déchaîner de féroces polémiques. Gogol devait le sujet de sa comédie à son ami Pouchkine(2) et avait rédigé très rapidement l'histoire

(1) "Mozart et Salieri" avait pour base la légende selon laquelle Salieri, par jalousie de son génie, aurait empoisonné Mozart. La pièce fut réadaptée plus récemment par Peter Shaffer, et suscita le splendide film de Milos Forman, *Amadeus* (1984).

(2) Pouchkine avait tout de suite été saisi par l'extraordinaire talent du jeune auteur ; il lui avait peu auparavant donné le sujet des *Ames mortes*, sans se douter que Gogol en ferait l'œuvre de sa vie, et le premier, même s'il est inachevé, de tous les grands romans russes.

de ce jeune débauché qui, arrivant à l'improviste dans une ville de province, est pris par les notables pour un inspecteur chargé d'enquêter sur leurs nombreuses malversations. Gogol n'y avait vu qu'une simple farce, mais tout ce qu'il avait mis dedans se révélait être une charge d'une virulence assez explosive. Nicolas Ier, devant qui la pièce fut créée à Saint-Pétersbourg, en sortit, a-t-on raconté, avec un sourire désabusé :

« Tout le monde en a eu pour sa part, et moi un peu plus que les autres. »

L'intention satirique s'affirma avec encore plus de force dans la trilogie *Kartiny proslago*, "Tableaux du passé", qu'Alexandre Soukhovo–Kobyline (1817-1903) parvint à faire publier en 1869. La première comédie, *Svad'ba Krecinskago* ("Les Noces de Kretchinsky") tourne autour d'un étonnant personnage de gentleman-cambrioleur, et fait apparaître pour la première fois l'odieux voleur Raspluev ; *Delo* ("L'Affaire") plonge l'honorable famille présentée dans la première pièce au sein d'une injustice judiciaire dont l'auteur lui-même avait été victime quelques années auparavant ; enfin *Smert' Tarelkina* ("La Mort de Tarelkine") retrouve des accents digne de Gogol pour cette histoire de maître-chanteur, substitutions et faux décès.

A Saint-Pétersbourg et à Moscou, les comédiens français, anglais, italiens ou allemands venaient jouer en tournée le meilleur de leur production ; parallèlement, la comédie russe gardait tous ses droits. Cependant, la période trouble et la situation révoltante du petit peuple russe commençait à soulever la conscience des intellectuels. On connaît les grands romans qui s'en inspirèrent, et le théâtre s'en fit également le témoignage.

Ivan Tourgueniev (1818-1883) avait été marqué par la cruauté de sa mère et la façon dont elle traitait les serfs ; il fit le portrait de cette dure réalité provinciale dans des récits et des romans, et l'illustra également par des pièces ; la plus connue d'entre elles est *Mesjac v derevne* ("Un Mois à la campagne", 1850), comédie douce-amère de passions avortées en villégiature, et dans laquelle on a vu une première ébauche des pièces de Tchekhov.

Il fallut néanmoins attendre Aleksandr Ostrovski (1823-1886) pour que le théâtre russe s'enrichisse enfin d'un véritable répertoire. Au travers d'une cinquantaine de pièces, Ostrovski se fit l'observateur attentif des familles bourgeoises, de la décadence de la noblesse, des malversations des fonctionnaires. Son œuvre fut inégale, mais ses meilleures comédies, *Svoi ljudi-soctëmsja* ("Entre proches on s'arrange", 1850), *Bednost' ne porok* ("Pauvreté n'est pas vice", 1854), *Dokhodnoe Mesto* ("Une Place lucrative", 1857), *Vospitannica* ("La Pupille", 1859), *Groza* ("L'Orage", 1860) et *Les* ("La Forêt", 1871), poursuivirent la percée comique de Gogol.

Enfin, le géant littéraire que fut Lev Nikolaevitch Tolstoï (1828-1910) compléta dans la fin de sa vie son œuvre essentiellement romanesque par des drames didactiques, parmi lesquels un chef-d'œuvre, *Vlast' t'my* ("La Puissance des ténèbres", 1886), et une amusante satire de la grande bourgeoisie, *Plody prosvescenija* ("Les Fruits de l'instruction", 1889).

LE NATURALISME

L'idée du Naturalisme, on l'a vu, était déjà chez Diderot ; Dumas fils s'en était approché dans une forme de théâtre qui était restée néanmoins assez romanesque, avec des comédies comme *Le Demi-Monde*. En Russie, la pièce d'Alexandre Soukhovo–Kobyline, "L'Affaire", et celles de Lenz en Allemagne, tendaient également dans une même direction, celle d'un compte-rendu exact de la vie. J'attends, disait Zola, que l'on en vienne

« à l'étude de la nature, à l'anatomie de l'homme, à la peinture de la vie, dans un procès-verbal exact, d'autant plus original et puissant, que personne n'a encore osé le risquer sur les planches ».

Il y avait donc cette intention "réaliste" ; il y avait néanmoins le problème de la forme, car le jeu assez maniéré des acteurs ne se prêtait guère à l'interprétation "au naturel" d'œuvres réalistes. Seule, l'étonnante troupe itinérante des Meininger[1] s'était adonnée jusque-là à un véritable travail réaliste. Mais il faudra tout le bon sens d'André Antoine à partir de 1886 pour instituer une nouvelle façon de jouer. Cependant, deux dramaturges avaient déjà précédé le grand mouvement naturaliste en lui donnant par avance ses meilleures et ses plus belles pièces.

Ibsen

Génial précurseur, Ibsen fut mal compris et mal admis dans son temps, à commencer d'ailleurs par ses compatriotes. On s'est quelquefois étonné que le premier grand écrivain

(1) Au grand scandale de l'aristocratie allemande, Georges II, duc de Saxe-Meiningen, avait épousé une comédienne et fondé une importante compagnie théâtrale qui se produisit dans toutes les grandes capitales d'outre-Rhin. Entre 1874 et 1890, les Meininger jouèrent Shakespeare, Molière, Schiller ou Kleist avec un grand souci du détail vrai et d'impressionnantes scénographies. Antoine assista à l'une de leurs représentations à Bruxelles.

moderne soit issu "des brumes du nord", mais c'est en fait toute une sensibilité européenne qui trouva à s'exprimer à travers lui ; il avait découvert, lors de voyages d'études, les auteurs allemands, Shakespeare, Holberg et Scribe, dont il admirait la facture. Ibsen, de surcroît, étouffait en Norvège : il profita d'une autre bourse de voyage pour s'exiler pendant vingt-sept ans, et c'est à Rome, Dresde ou Munich qu'il écrivit ses grandes œuvres.

Henrik Ibsen (1828-1906) était né à Skien, près d'Oslo. Placé comme commis à seize ans, il poursuivit malgré tout ses études, et trouva un emploi au théâtre de Bergen, puis à celui d'Oslo. Nourri de culture norvégienne, il écrivit des drames historiques, s'essaya à tous les styles. En 1862, *Kjaerlighedens Komedie* ("La Comédie de l'amour") déconcerta le public par son réalisme. *Brand* (1866), drame sévère sur l'intransigeance religieuse, fut également mal reçu. *Peer Gynt* (1876) par contre séduisit, malgré son côté caricatural, car il créait un véritable personnage national, drôle, débrouillard et plein de vivacité. Mais Ibsen allait désormais se tourner vers de véritables sujets de société, exposant des sentiments nouveaux, aboutissant à d'audacieuses conclusions. Ses nouvelles pièces, *Samfundets Stoetter* ("Les Soutiens de la société", 1877), *Et Dukkehjem* ("Une Maison de poupée", 1879), *Gengangere* ("Les Revenants", 1881), *Vildanden* ("Le Canard sauvage", 1884), *Rosmersholm* (1886), *Fruen fra Havet* ("La Dame de la mer", 1888), *Hedda Gabler* (1890), même si elles conservaient des aspects un peu démonstratifs, s'affirmaient comme de véritables œuvres de revendication.

Dans "Une Maison de poupée", probablement sa plus célèbre, une jeune femme, Nora, vit sous la grande ombre protectrice de son mari qui la traite comme une enfant. Elle a pourtant assumé à son insu de lourdes responsabilités pour le sauver d'une grave maladie. Quand elle réalisera qu'elle n'aura jamais de réelle existence auprès de lui, qu'il ne parviendra jamais à la considérer autrement que comme une "poupée", elle abandonnera sa maison et ses enfants au mépris de tous ses devoirs, pour tenter d'y voir plus clair et pour que se développe enfin sa véritable personnalité.

Toutes les pièces sociales d'Ibsen répondaient au contexte de l'univers très bourgeois et très protestant de la Norvège d'antan. Il est certain que les thèmes de l'émancipation féminine, de la dénonciation des hypocrisies, et surtout de la remise en question des conventions sociales qui soutenaient la société norvégienne, ont perdu de leur actualité, mais les pièces conservent une véritable force dramatique et une véritable fraîcheur ; de nombreux personnages, et surtout les personnages féminins, sont inoubliables.

Dans ses dernières années, Ibsen orienta son théâtre vers un lyrisme et un symbolisme plus mélancolique. *Bygmester Solness* ("Solness le constructeur", 1892), *John Gabriel Borkman* (1896), *När vi doede vagner* ("Quand nous nous réveillerons d'entre les morts", 1899) furent des testaments qui bouclaient de manière complexe sa grande exploration des drames du quotidien.

Strindberg

On est toujours tenté d'analyser l'œuvre d'August Strindberg (1849-1912) par le biais de ses origines, et par celui d'une explication psychanalytique : l'auteur suédois, en effet, était le fils d'une servante épousée en deuxièmes noces par un brave négociant, et sa place dans la famille, surtout vis-à-vis de ses demi-frères, était assez ambiguë. Toutes ses pièces illustrèrent d'ailleurs les problèmes entrecroisés des relations dans un groupe humain. Lecteur attentif de Schiller, Byron, Kierkegaard et Shakespeare, il s'intéressa au naturalisme, mais subit avant tout l'influence déterminante d'Ibsen, qui marqua ses premières œuvres, dont *Mäster Olof* ("Maître Olof", 1872). Strindberg séjourna lui aussi à l'étranger, en France, en Suisse, écrivit des nouvelles, des romans. Angoissé, malheureux en amour, c'est par le biais du théâtre qu'il s'exprima avec le plus de force, à travers *Fadren* ("Père", 1887), *Fröken Julie* ("Mademoiselle Julie", 1888), *Fordringsägare* ("Créanciers", 1888). Dans la préface de "Mademoiselle Julie", Strindberg s'expliquait sur sa conception du "drame psychique", dépassant déjà le Naturalisme pour utiliser toutes les ressources nouvelles de la psychologie :

« Mes personnages sont des caractères modernes, vivant dans une époque de transition, plus agitée et plus nerveuse que la précédente. Je les ai donc peints hésitants, déchirés, écartelés entre la tradition et la révolte. Par ailleurs, il ne me paraît pas invraisemblable qu'à travers les journaux et les conversations les idées modernes aient pénétré jusque dans la classe des domestiques. »

Toujours très instable, Strindberg alterna ensuite les séjours en France et en Suède, mais continua à explorer dans *Till Damaskus* ("Le Chemin de Damas", 1898), *Advent* ("L'Avent", 1898), *Erik XIV* (1899), *Gustav Vasa* (1899), *Gustav Adolf* (1899), *Dödsdansen* ("La Danse de mort", 1901), *Pask* ("Pâques", 1901), *Ett Drömspel* ("Le Songe", 1901), les éternelles vicissitudes de l'âme humaine. La Suède lui fera après 1908 une reconnaissance tardive, et honorera ses dernières années.

Peut-être n'y a-t-il rien de plus représentatif de son théâtre que la terrifiante et complexe "Danse de mort", qui décortique les relations d'amour et de haine d'un couple raté, acharné à s'autodétruire journée après journée. « Je crois que nous appartenons à une race maudite ! », s'écrie Alice. « Depuis la chute du premier homme », répond Edgar.

Ibsen et Strindberg surent reconnaître l'un et l'autre que le naturalisme était un moyen, et non une fin. L'un tendit à un théâtre à thèse, avec une forme qui restait somme toute assez boulevardière ; l'autre en fit un théâtre d'investigation psychologique et s'affranchit de toute forme définitive pour mieux servir ses sujets. On parla d'expressionnisme pour ses plus grands chefs-d'œuvre, mais les classifications n'ont guère de sens pour des auteurs de cette trempe ; à leur propos, Cocteau inventa d'ailleurs le joli terme de "réalisme irréel".

Du Naturalisme, ils avaient cependant adopté le principe de l'observation exacte et une méthode d'analyse plus proche des sciences humaines que du romanesque ; ils n'hésitèrent pas d'autre part à aborder des thèmes scandaleux, ceux de la domination sociale, de la religion, de la déchéance, de la sexualité, de la névrose, de la médiocrité, de la mort. Ils obligèrent le théâtre à un tournant décisif, qui allait devenir celui d'une ère nouvelle.

Le Théâtre Libre

Cependant, les pièces des auteurs scandinaves n'arrivaient pas sans quelques peines jusqu'aux spectateurs, et les comédiens n'étaient guère préparés à les jouer. Le message naturaliste de Zola aurait peut-être tardé à trouver un écho s'il n'avait été relayé par un obscur employé du gaz, André Antoine (1858-1943), qui animait une troupe de comédiens amateurs. Un peu par hasard, il avait obtenu en 1886 l'adaptation d'une nouvelle, *Jacques Damour*, que l'Odéon venait de refuser à Zola. Les critiques se pressèrent bientôt dans la petite salle d'Antoine (pompeusement baptisée *Théâtre Libre*) pour voir l'œuvre du grand romancier, et ce fut le point de départ de huit années de créations dans un style qui allait se révéler entièrement nouveau. De nombreux auteurs lui donnèrent des pièces, dont Edmond de Goncourt (*La Fille Élisa*, 1890), Courteline (*Boubouroche*, 1893), et plus tard Jules Renard (*Le Pain de ménage*, 1898, *Poil de Carotte*, 1900), Émile Fabre (*Les Ventres dorés*, 1905) ; on joua également des auteurs étrangers, dont Tourgueniev et bien sûr Ibsen et Strindberg.

L'apport d'Antoine et du Théâtre Libre fut essentiel et déterminant : Antoine avait instauré un système d'abonnement pour les spectateurs, qui, outre l'effet bénéfique sur la gestion, permettait des tarifs assez modiques. Il eut l'idée de laisser la salle dans l'ombre pour concentrer l'intérêt du public (et aussi pour qu'il se tienne tranquille). Il fit jouer les acteurs d'une manière naturelle dans de "vrais" décors et non plus dans des toiles peintes. Il leur fit utiliser de véritables accessoires ; ses quartiers de bœuf pour *Les Bouchers* sont restés justement célèbres[1]. Il changea la technique de l'éclairage frontal, apportant la lumière d'une manière plus naturelle. Enfin,

(1) *Les Bouchers* (1888), pièce d'un certain Fernand Icres. Non sans humour, Marcel Schwob raconta sa propre tentative réaliste : « Contaminé par André Antoine, pour un drame élisabéthain, je m'étais procuré un superbe cœur de veau bien saignant. Un acteur devait le dresser au-dessus des spectateurs, à la pointe de son épée. C'était le cœur de l'amant abhorré. Les spectateurs se demandaient l'un à l'autre : « Qu'y a-t-il au bout de son épée ? Qu'est-ce que c'est, on n'y voit rien. » Le lendemain, je remplaçais le cœur de veau par un petit peloton de laine écarlate. L'acteur le brandissant à la pointe de son glaive fut bien content d'arracher à la foule emplissant le théâtre un très long cri d'horreur. »

il demanda aux comédiens de ne plus jouer "à la rampe", et de se comporter comme s'ils étaient réellement dans le lieu figuré. Cela donna à l'occasion des comédiens qui jouaient de dos, ce qui choqua autant que les quartiers de viande.

Antoine, à qui l'on confia ensuite le théâtre de l'Odéon, eut ses inévitables détracteurs. Mais heureusement, ceux qui réalisèrent immédiatement qu'Antoine était en train d'inventer la mise en scène moderne étaient encore plus nombreux. Il entraîna des vocations enthousiastes : Paul Fort, à dix-sept ans, fonda le *Théâtre d'Art*, qui eut deux saisons (1891 et 1892) d'existence, avant que Lugné-Poe, lequel avait travaillé avec Antoine, n'en fasse *L'Œuvre* en 1893 avec un certain Alfred Jarry comme secrétaire général. Alors que le cinéma était en train de naître, Antoine, suivi de Lugné-Poe(1) et de quelques autres, redonnait tout à coup un sang neuf au théâtre.

Cependant, l'esthétique du Naturalisme tendait à un certain grossissement d'un "vérisme" un peu dévalorisant, qui s'attardait sur le misérabilisme, la médiocrité des âmes ou l'ironie cruelle du sort. Cet aspect-là provoquait des réserves, ce qui n'excluait pas la récupération d'un nouveau naturel au théâtre. Tous les metteurs en scène crurent bon de se situer fermement, devenant de véritables dialecticiens de leur art, choisissant leur place entre un réalisme pur et un "vrai théâtral", ou encore optant pour les textes, la poésie, l'hermétisme ou la dérision.

Antoine, au demeurant, ne fut jamais un théoricien acharné et ne s'enferma pas dans les limites du Naturalisme. Il fit de l'Odéon un grand lieu de création, produisant les pièces au rythme effréné d'une par semaine ; mais la concurrence, les cabales et des difficultés de gestion finirent par avoir raison de lui. Il donna sa démission en 1914, se tourna vers le cinéma pour lequel il adapta une dizaine d'œuvres littéraires. En 1941, la Comédie-Française donna à son profit un gala de soutien, car il était en train de finir ses jours dans le dénuement.

(1) Aurélien Lugné-Poe (1869-1940) milita tout d'abord pour un théâtre poétique et symbolique, avec des pièces comme *Pelléas et Mélisandre* de Maeterlinck. Puis il s'orienta vers la recherche de textes, et fit découvrir des pièces d'Ibsen, de Strindberg, de Hauptmann, de Shaw, de d'Annunzio. Il créa par ailleurs *L'Annonce faite à Marie* en 1912 et *l'Otage* en 1914.

LES GRANDS METTEURS EN SCÈNE

Appia et Craig

Essayiste, décorateur, le Suisse Adolphe Appia (1862-1928) avait été impressionné par les mises en scène de Wagner à Bayreuth. Et c'est à l'écart du théâtre qu'il élabora les principes d'une nouvelle scénographie, intégrant le texte, le jeu, les décors, la lumière et la musique comme autant d'éléments constitutifs, mais sans qu'aucun d'entre eux ne soit prépondérant. La mise en scène, écrivait-il, c'est

« la configuration d'un texte rendue sensible par l'action vivante du corps humain et par ses réactions aux résistances que lui opposent les plans et les volumes construits ».

Ses maquettes de décors, ses écrits, dont "L'Œuvre d'art vivante" (1921), furent d'une plus grande influence que ses rares mises en scène.

Edward Gordon Craig (1872-1966) poursuivit la même réforme artistique au sein de la troupe qu'il créa en Angleterre, et dans de nombreux écrits théoriques. Ses idées, qui n'ont pas toujours été exemptes de contradictions, imposèrent néanmoins le metteur en scène comme le seul artiste authentique du théâtre, l'acteur, dans l'idéal, étant une "surmarionnette" intégrée comme une sorte d'élément mobile du décor. Craig, comme Appia, refusait au théâtre la voie du réalisme, et plaidait au contraire pour une entière théâtralité. Entre les toiles peintes et la reconstitution exacte d'un lieu auquel on se serait contenté d'enlever le "quatrième mur", ils apportèrent l'un et l'autre de nouvelles perspectives pour les décors, qui pourraient désormais s'accorder à "l'esprit" de la pièce, et ne plus seulement lui servir de cadre. Leurs théories furent abondamment, mais diversement utilisées ; toutefois, cette nouvelle esthétique de la scène toucha progressivement tous les genres et toutes les tendances. Si le Naturalisme apporta une révolution dans le jeu, Appia et Craig provoquèrent une évolution très symbolique de la scénographie, qui finira en fin de compte par faire bon ménage avec le jeu réaliste.

Stanislavski

Constantin Alexeïev, dit Stanislavski (1865-1938), acteur et metteur en scène, s'était fait remarquer à Moscou par son travail réaliste sur les pièces de Tolstoï. Un jour de juin 1897, il déjeuna avec Vladimir Némirovitch-Dantchenko (1858-1943), écrivain et professeur d'art dramatique, et les deux hommes se mirent à discuter de la situation du théâtre en Russie. A l'issue de dix-huit heures de discussion, ils aboutirent à la décision de fonder le *MKhAT*, Théâtre d'art de Moscou.

Stanislavski avait assisté à une tournée des Meininger à Moscou. Il connaissait les innovations d'Antoine, suivait les théories d'Appia et de Craig. Il monta les pièces de Tolstoï, de Shakespeare et des dramaturges scandinaves. Mais ce n'est qu'avec "La Mouette" de Tchekhov en 1898 que le Théâtre d'Art trouva sa véritable dimension et sa place de théâtre d'avant-garde dans le milieu artistique russe. Némirovitch-Dantchenko et Stanislavski avaient par ailleurs créé une véritable troupe, et s'intéressaient tout particulièrement à la formation du comédien. Stanislavski, qui était un prodigieux acteur d'instinct, cherchait depuis longtemps à démonter les mécanismes du jeu, et à mettre au point une méthode de travail qui puisse former de véritables comédiens. Très tôt, il travailla sur l'ensemble d'une technique, dont le Théâtre d'Art allait se faire la vitrine.

Dans son essence, la "méthode" passe par l'action du conscient sur le subconscient, par l'introspection, l'analyse, et la recherche d'émotions vécues — ou reconstituées — pour "nourrir" l'inconscient afin de le préparer à des réactions spontanées dans la direction précise d'un rôle que l'on cherche à forger de l'intérieur, et non de l'extérieur. Ainsi, lentement, l'acteur compose en lui-même un personnage qu'il tente d'enrichir d'un maximum de détails, même s'ils n'ont rien à voir avec la pièce. Au bout du compte, c'est le personnage qui finit par s'exprimer réellement sur la scène, alors que le comédien met "en vacance" sa propre personnalité.

Stanislavski travailla toute sa vie à la correction de cette méthode, dont on trouve l'écho dans "La Formation de l'acteur" et dans "La Construction du personnage". De toutes les manières possibles, il tenta de cerner les mécanismes qui mènent à l'inspiration, et qui permettent au comédien de faire véritablement vivre un personnage. Certes, il laissa son œuvre inachevée, l'entraîna après 1917 dans des chemins un peu contradictoires et, somme toute, préféra toujours à l'acteur formé le véritable acteur naturel. Sa méthode resta imprécise, incomplète, difficile à mettre en œuvre et aurait exigé dans l'absolu des mois sinon des années de travail pour aborder certains rôles[1], mais elle reste à ce jour la plus grande contribution à la théorie du jeu, et le meilleur champ d'expériences de l'apprentissage du comédien.

« Et si, écrivait Jean Vilar, ici ou là, on peut reprocher à Constantin Stanislavski de vouloir à tout prix mettre en ordre l'inexprimable, rendons-lui, nous comédiens, à jamais, cette justice : c'est tout au long de ces pages que le lecteur ou le spectateur de bonne foi comprendra que, si l'art d'interpréter est de par sa nature même empli de confusion et d'inconstances, il reste depuis toujours un des plus invraisemblables et des plus nécessaires qui soit. Pour le plaisir des autres. »

Stanislavski fut au Théâtre d'Art un grand metteur en scène, parvenant à un équilibre subtil entre le naturalisme et la magie théâtrale, entre une ferme direction et le respect du travail du comédien. Il mit en scène les pièces de Tchekhov et

(1) Dans "Le Roman Théâtral", Boulgakov fait un irrésistible portrait du Théâtre d'Art, et des effets de la "méthode" sur les nerfs de l'auteur : « Ce fut le prétexte d'un vaste exercice, qui prit bientôt des proportions démesurées, ce qui, je l'avoue, me plongea dans une humeur noire. Ivan Vassiliévitch qui, dans sa théorie, avait découvert entre autres choses qu'aux répétitions, le texte ne servait à rien et que l'important, c'était de composer des personnages en improvisant n'importe quel texte à mesure, donna l'ordre à tout le monde de vivre la scène de l'incendie. En conséquence, chacun de ceux qui couraient à la fenêtre criait ce qu'il jugeait bon de crier. [...] Sombre comme un ciel d'orage, je regardais les gesticulations de Ludmila Sylvestrovna, en pensant que l'héroïne de ma pièce disait simplement : « Venez voir... un incendie... » — et qu'elle le disait parfaitement bien, et que, par conséquent, je n'avais aucune raison d'attendre que Ludmila Sylvestrovna, qui ne jouait pas dans la pièce, eût appris à vivre cet incendie. Ses cris sauvages à propos de je ne sais quels coffrets qui n'avaient rien à voir avec la pièce m'irritèrent à tel point que des tics nerveux commencèrent à tirailler ma figure. »

de Gorki, et resta à la tête de son théâtre après la Révolution de 1917, bien que ses réalisations se soient alors faites de plus en plus rares. Il ouvrit des "studios expérimentaux", dans l'espoir que ses élèves apportent une prolongation à ses travaux.

Meyerhold

Parmi ceux-ci, Vsevolod Meyerhold (1874-1942) était devenu metteur en scène des théâtres impériaux de Saint-Pétersbourg, créant des spectacles fastueux dans lesquels il avait projeté un expressionnisme assez nouveau. Il fut l'un des acteurs du mouvement de 1917, se tourna ensuite vers un théâtre de politique et de propagande, dénuda la machinerie de scène pour inventer le "constructivisme", avec des comédiens "biomécaniques" qui évoluent dans un dispositif de passerelles, d'escaliers, de rouages et de courroies de transmission. Il explora dans ses mises en scène de multiples procédés techniques, jusqu'aux trucs de cabaret et à la projection cinématographique, mais fut bientôt accusé de "déviations formalistes". Seul Stanislavski eut le courage de venir à son aide, mais, après la mort de son ancien maître, Meyerhold fut arrêté ; il disparut en 1942 dans un camp stalinien.

Il avait approfondi les recherches de Craig et fait exploser la technique de scène. Il fut également l'un des premiers à imposer une "vision personnelle" des œuvres classiques, proposant par exemple un *Revizor* entièrement reconsidéré, dont il s'intitula d'ailleurs "coauteur". Il rassembla en 1913 l'essentiel de ses théories dans "Du théâtre", mais ses autres écrits n'ont été publiés que lors de sa réhabilitation après la mort de Staline.

Il faut également citer un autre metteur en scène russe, Alexander Yakovlevitch Tairov (1885-1950), qui s'opposa au naturalisme de Stanislavski autant qu'au symbolisme de Craig et de Meyerhold, en redonnant une place véritablement prépondérante à l'acteur, rompu à toutes les disciplines de la scène, dont celle de la pantomime.

« Nous croyons que toutes les œuvres d'art théâtral, si elles sont authentiques, penchent finalement vers l'un des deux pôles de l'action théâtrale : le mystère, l'arlequinade. [...] Ce sont deux visages d'un être théâtral unique qui doit savoir en un seul et même instant engendrer la joie du rire et la joie de la transfiguration; L'arlequinade donne la joie du rire, le mystère celle de la transfiguration. »

Piscator

L'allemand Erwin Piscator (1893-1966), après la terrible expérience de la Première Guerre mondiale, entra dans le théâtre avec la ferme volonté de « profaner l'art »[1]. Il donna au *Proletarisches Theater* un programme d'une simplicité limpide :

« Simplicité dans l'expression et la structure, action claire et sans ambiguïté sur la sensibilité du public ouvrier, subordination de toute intention artistique au but révolutionnaire ; l'accent sera mis délibérément sur la lutte des classes et la manière de propager cette lutte. »

Avec Piscator se dessine le cas un peu à part du théâtre d'*agit-prop*, dont il ne soit pas sûr que la finalité soit encore très théâtrale. Piscator lui-même était conscient des limites du genre, mais l'urgence idéologique primait à l'époque sur le reste. Il eut un collaborateur du nom de Bertolt Brecht, et suscita dans toute l'Europe et aux États-Unis la création d'un grand nombre de compagnies très engagées. Citons, pour les expériences les plus intéressantes, le *New Playwrights Theatre* de Dos Passos, le *Théâtre d'action international* de Léon Moussinac, le *Groupe Octobre* des frères Prévert.

Piscator posa les bases du *Théâtre épique*, et, bien que refusant "l'illusionnisme" du théâtre, utilisa tout un nouvel arsenal technique, écrans de cinéma, panneaux écrits, plateaux à étages, scènes tournantes, tapis roulants, marionnettes, etc. Il tenta de bouleverser le rapport oppositionnel de la salle et de la scène afin de rendre le public moins passif et de l'intégrer un peu plus dans l'action scénique, et chercha donc de nouvelles dispositions ; l'étude d'un *théâtre synthétique* qu'il fit réaliser en 1927 par Walter Gropius, directeur du Bauhaus,

(1) Le théâtre allemand était alors fortement marqué par les brillantes et élégantes mises en scène de Max Reinhardt (1873-1943), qui fut pendant trente ans un inlassable producteur de spectacles à Vienne et à Berlin. Reinhardt revendiqua un statut prépondérant de créateur, le justifiant par la désertion des auteurs : « Le metteur en scène est simplement né de la carence des auteurs hommes de théâtre. »

reste le premier exemple d'un théâtre entièrement modulable, même s'il ne fut jamais construit.

Gémier

En France, il faut citer le travail de Firmin Gémier (1869-1933), qui succéda à Antoine la tête de l'Odéon. Gémier se fit l'ouvrier d'une autre tendance, celle du théâtre populaire, qu'il ne voyait pas forcément populiste. « Le seul théâtre du peuple, disait-il, c'est le théâtre des chefs-d'œuvre. » Il créa le *TNP*, Théâtre National Populaire, et eut le souci de décentraliser le théâtre. En 1911, il avait déjà fait l'invraisemblable expérience de déplacer avec trente-sept gros véhicules à moteur un théâtre ambulant sous chapiteau, qui sillonna quelques temps la province.

Gémier autant qu'Antoine affirmait la nécessité d'un soutien actif de l'État, sans l'aide duquel le théâtre ne pouvait être accessible à tous. Et dans la période de l'entre-deux-guerres, alors que l'Allemagne transformait par exemple ses anciens théâtres de cour en théâtres publics subventionnés, il dénonçait fermement la situation en France où la "comédie parisienne" se perpétuait dans les théâtres privés, où le théâtre classique continuait d'être entretenu par l'État, tandis que rien n'était réellement fait pour le renouvellement du théâtre, ni pour le théâtre de création, ni pour le théâtre de recherche.

Copeau

Jacques Copeau (1879-1949) fut l'un des fondateurs de la *N.R.F.*, laquelle fit également le projet d'ouvrir une salle de théâtre. Un jeune comédien, Charles Dullin, trouva en 1913 une salle à louer, dont le directeur allait être Copeau, et le régisseur un certain Louis Jouvet. Le directeur fraîchement émoulu présenta ainsi la tentative que représentait le Vieux Colombier :

« Le sentiment qui nous anime, la passion qui nous pousse nous contraint, nous oblige, à laquelle il faut que nous cédions enfin : c'est l'INDIGNATION. Une industrialisation effrénée qui, de jour en jour plus cyniquement, dégrade notre scène française et détourne d'elle le public cultivé ; l'accaparement de la plupart des théâtres par une poignée d'amuseurs à la solde des marchands éhontés ; partout, et là encore où de grandes traditions devraient sauvegarder quelque pudeur, le même esprit de cabotinage et de spéculation, la même bassesse ; partout le bluff, la surenchère de toute sorte et l'exhibitionnisme de toute nature parasitant un art qui se meurt, et dont il n'est même plus question ; partout veulerie, désordre, indiscipline, ignorance et sottise, dédain du créateur, haine de la beauté ; une production de plus en plus folle et vaine, une critique de plus en plus consentante, un goût public de plus en plus égaré : voilà ce qui nous indigne et nous soulève... Il ne suffit même pas aujourd'hui de créer des œuvres fortes : en quel lieu trouveraient-elles accueil, rencontreraient-elles à la fois leur public et leurs interprètes, avec une atmosphère favorable à leur épanouissement ? »

Plus tard, il écrira également :

« Au moment où nous avons pris sa succession, le naturalisme pesait d'un poids mortel sur l'inspiration dramatique. Il avait rendu la scène inhabitable à la poésie, en la surchargeant de matériel et d'accessoires, en exploitant jusqu'à l'absurde ce qu'il croyait être le progrès de la mise en scène... », et il résuma le tout en déclarant : « Pour l'œuvre nouvelle, qu'on nous laisse un tréteau nu. »

Les premières créations se distinguèrent, en effet, par leur sobriété et leur juste interprétation. Mais la guerre vint brutalement interrompre l'expérience, non sans que soit créé auparavant, en 1914, *L'Échange*, de Claudel.

Copeau ne rouvrit le Vieux Colombier qu'en 1920 avec une école de comédiens qui, de son propre aveu, était très proche des expériences de Stanislavski. Lugné-Poe dirigeait toujours L'Œuvre, Dullin avait ouvert à Montmartre L'Atelier, les Pitoëff venaient de passer du Theâtre des Arts au Théâtre des Champs-Élysées où ils retrouvèrent Louis Jouvet, et Gaston Baty fondait sa première troupe. La période était riche de créations, mais le public n'était pas toujours au rendez-vous. En 1924, alors que paraissait *La Révolution surréaliste*, Copeau ferma le Vieux Colombier et partit avec une poignée de comédiens fidèles pour l'expérience d'une longue tournée en province, à l'imitation des anciens comédiens itinérants. Puis il fut appelé à la tête de la Comédie-Française, où il donna les premières "relectures" modernes des classiques.

Copeau aspirait au retour d'un grand dramaturge homme-de-théâtre[(1)], mais c'est Jouvet et Dullin qui s'intéresseront réellement aux auteurs de l'époque. Peut-être aspirait-il à être lui-même ce poète, mais c'est dans l'élan réformateur, dans la formation des comédiens, dans une nouvelle rigueur esthétique, qu'il contribua à marquer son temps.

Le Cartel

La difficulté de se faire reconnaître et la recherche de nouveaux auteurs, mais surtout la défense de leurs intérêts professionnels poussèrent quatre des meilleurs héritiers de Copeau, Jouvet, Dullin, Pitoëff et Baty, à s'associer en 1927 ; ils prirent le nom de *Cartel*, et affirmèrent leur exigence d'une théâtralité sobre, respectueuse des textes, avec une mise en scène au service du jeu.

L'un des quatre, Gaston Baty (1885-1952), s'écarta pourtant assez rapidement des conceptions du groupe avec une visée beaucoup plus créatrice de la mise en scène :

« Le poète a rêvé une pièce. Il en met sur le papier ce qui en est réductible aux mots. Mais ils ne peuvent exprimer qu'une partie de son rêve. Le reste n'est pas dans le manuscrit. C'est au metteur en scène qu'il appartiendra de restituer à l'œuvre du poète ce qui s'en était perdu dans le chemin du rêve au manuscrit. Pour le tenter, il réglera le jeu, non plus seulement dans les répliques, mais dans

(1) « On ne compte au cours de l'histoire qu'un très petit nombre de poètes ayant fait œuvre originale de création dramatique. Or, chaque fois que se réalise cette création, à l'un de ces grands moments de notre art qui durent si peu de temps, mais qui sont le jaillissement et la source où s'alimentent des siècles de production, chaque fois que quelque chose de grand ou de neuf paraît sur le théâtre, chaque fois qu'il y a invention ou maîtrise, renouvellement ou chef-d'œuvre, ne cherchons pas le poète dans son cabinet de travail ou dans sa bibliothèque. Il est sur la scène. Avec Molière, nous tenons l'objet de notre discours ; le poète au théâtre, et le théâtre fait homme, le poète vivant et, par lui, l'œuvre vivante sur la scène. Ils y sont nés, ils la possèdent, ils la dominent. Par eux, il n'y a plus d'intermédiaire entre la création poétique et sa réalisation proprement, techniquement théâtrale. L'invention dramatique et sa mise en scène ne sont que les deux moments d'un acte unique. Il n'y a donc plus de conflit, pas même de différence, entre les idées du poète, celles de l'acteur et celles du metteur en scène. Bien plus, il y a entre elles identité d'expression. Le poète porte dans ses flancs non pas un chef-d'œuvre inerte et distant qui ne parle qu'à l'esprit, mais la respiration du texte, ses moindres mouvements, ses éclats et ses silences, non pas seulement des personnages, mais autant d'acteurs que la pièce en comporte, et il trouve naturellement dans sa voix, dans sa figure et dans son corps tous les moyens de parler aux yeux et de saisir les sens. »

leurs prolongements, harmonisera l'ensemble de l'interprétation, rythmera le mouvement de chaque tableau. [...] Il s'agit pour lui de réaliser sur la scène le songe d'un univers expressif et cohérent et de provoquer dans la salle une hallucination collective. »

L'éclairage électrique de scène était apparu vers 1907 ; et Gaston Baty fut le premier à doter le Théâtre Montparnasse d'un excellent équipement électrique, proposant même aux fabricants des innovations et leur demandant des perfectionnements. Il fit entrer définitivement la lumière dans la conception scénographique, maîtrisa l'art des ambiance lumineuses et du clair-obscur. Ses brillantes mises en scène ne trouvèrent cependant pas toujours de grands textes à illustrer (sinon "L'Opéra de quat'sous" en 1930), et il en vint rapidement à l'adaptation de romans célèbres, "Manon Lescaut", "Mme Bovary", "Crime et Châtiment"... En 1943, il choisit de s'exprimer à travers des marionnettes, et fonda en 1951 la Compagnie de Provence.

Les Pitoëff

Georges Pitoëff (1884-1939) avait travaillé avec Stanislavski avant de s'expatrier en Suisse, puis en France. Avec sa femme Ludmilla (1895-1951), il constitua l'un des plus fervents couples du théâtre de l'entre-deux-guerres, réalisant une production extraordinaire de plus de deux cents pièces. Faisant de pauvreté vertu, ils firent découvrir dans des mises en scène dépouillées[1] les œuvres d'Ibsen, Tchekhov, Shaw, Maeterlinck, Strindberg, Pirandello ou O'Neill, et celles d'Anouilh qui leur devra ses premiers succès. Après la mort de Georges, Ludmilla Pitoëff poursuivit leur travail aux États-Unis et au Canada, avant de revenir en France après l'occupation.

« Elle n'élève jamais beaucoup la voix, disait d'elle Claudel, mais elle n'a pas plutôt commencé à parler que l'auditeur a perdu toute envie d'être autre part que là : ici. L'âme est atteinte. »

Elle eut comme continuateur son fils Sacha Pitoëff, avec le même esprit de rigueur et le même amour du théâtre.

(1) Quelques praticables empilés constituait le chemin de ronde d'*Hamlet*, ou le bûcher de *Sainte Jeanne* ; un mince ruban bleu tendu à l'arrière-plan faisait la mer de *L'Echange*...

Dullin

Charles Dullin (1885-1949) se débattit également toute sa vie dans les problèmes financiers. Il avait le sens de l'action dramatique, aimait les personnages obscurs et fut par exemple un inoubliable Volpone. A L'Atelier, puis au Théâtre Sarah-Bernhardt, il sut mettre en valeur les œuvres les plus diverses, faisant découvrir Achard ou Salacrou, et renouvelant Shakespeare ou Molière. Homme remarquable, excellent pédagogue, il vit passer chez lui Jean-Louis Barrault, Jean Vilar, Marcel Herrand et Jacques Dufilho, qui gardèrent tous une grande ferveur pour leur maître.

Jouvet

Louis Jouvet (1887-1951) avait abandonné la pharmacie pour le théâtre et ne reviendra à la prescription que pour le rôle un peu spécial de Knock. Il manquait d'assurance en lui-même, luttait contre un léger bégaiement, cachait une certaine timidité derrière de la froideur et de la réserve. Mais ce fut un inlassable artisan du théâtre, un découvreur de talents littéraires, un innovateur, un directeur de troupe exemplaire. Il se retranchait toujours derrière l'auteur(1), mais chaque mise en scène portait la marque de sa conception, celle d'une vision puissante, sobre et rigoureuse. Il monta Romains, Achard, Cocteau, et surtout Giraudoux qu'il accompagna de *Siegfried* à *La Folle de Chaillot* ; il joua *L'École des femmes* en 1936, dont le succès l'encouragea à dépoussiérer d'autres pièces de Molière. Le cinéma fut pour lui l'occasion de rôles savoureux, comme dans *Les Bas-Fonds* (Renoir) ou *Drôle de drame* (Carné), et le moyen de rétablir quelquefois des finances précaires. Pendant l'Occupation, Jouvet préféra s'exiler ; de retour en 1945, il créa encore *Les Bonnes* et *Le Diable et le bon Dieu*. Il mourut d'une crise cardiaque en 1951, sur scène.

(1) « Quel que soit son talent ou son inspiration, celui qui écrit l'œuvre est le véritable créateur. C'est lui qui suscite, élève l'acteur et pourvoit à ses besoins, qui détermine la mise en scène et réforme le théâtre. »

Jouvet avait puisé avec mesure dans la tradition autant que dans la modernité. Tout au long d'une période riche en modes, en mouvements et en polémiques diverses, il sut incarner l'âme du théâtre vivant, dans son évolution et son adaptation. Il fut un grand professeur au Conservatoire mais ne surestima jamais son rôle de metteur en scène :

« L'œuvre valable est une œuvre sans fin. La plus fâcheuse disposition consiste, pour le metteur en scène, à mettre un sceau à sa propre création. C'est, selon le joli mot de Pierre Descaves, la *pièce brevetée*. Opérant lui-même, le metteur en scène est devenu l'auteur de l'auteur, par l'évanouissement du second. »

Il déclara encore :

« En réalité, une pièce fait sa mise en scène elle-même. Il suffit d'être attentif et point trop personnel pour la voir prendre son mouvement, travailler les acteurs... Une vraie pièce s'anime comme le vin fermente, comme la pâte lève... »

Tous les metteurs en scène n'avaient pas le respect de Jouvet pour l'œuvre de l'auteur, et on peut rappeler le mot d'André Boll :

« Mettre en scène une pièce consiste à lui donner la vie, c'est là un véritable rôle d'accoucheur... Le malheur, c'est que trop souvent l'accoucheur se prend pour le père. »

Les auteurs, devant le despotisme de certains metteurs en scène de France ou d'ailleurs, n'étaient guère tentés de leur confier leurs textes, ou renonçaient à écrire du théâtre de peur de voir leurs œuvres dénaturées. Malgré de brillantes réussites, cela contribua à créer une méfiance entre le monde littéraire et le monde théâtral. Les auteurs, encore nombreux au début du siècle, voyaient leurs rangs s'éclaircir. Et il est significatif que des créateurs comme Jacques Prévert ou Fritz Lang se soient rapidement tourné vers le cinéma ; leur exemple, malheureusement, sera largement suivi, même si le septième art ne put que s'en réjouir.

LA PREMIÈRE PARTIE DU XXe SIÈCLE

Le théâtre vivait au début du siècle l'une des périodes les plus glorieuses de son histoire. Il éclatait en de multiples tendances qui avaient toutes leur intérêt ; il atteignait un public multiple et diversifié ; il se prêtait aussi bien au divertissement qu'à la réflexion ; il était un moyen d'expression pour de grands auteurs qui continuaient d'en renouveler progressivement la forme et le fond.

En même temps, on faisait honneur aux grandes pièces du passé en les faisant revivre, et Shakespeare, Molière, Musset et les tragiques grecs continuaient de s'affirmer comme des poètes de tous les temps. Les auteurs modernes ne craignaient pas de les affronter, et ils s'y risquèrent en laissant des chefs-d'œuvre. Les temps étaient propices pour de grandes pièces, et elles virent le jour dans de nombreux pays d'Occident.

LE THÉÂTRE RUSSE

Tchekhov

Anton Tchekhov (1860-1904) était médecin, mais c'est la publication de ses courts récits dans la presse qui lui avait permis d'effectuer ses études, et de faire vivre sa famille. Et comme il conserva l'habitude de soigner presque gratuitement, la littérature restait une activité nécessaire.

Il s'était assez tôt essayé à l'écriture dramatique avec des pièces en un acte comme *O vrede tabaka* ("Les Méfaits du tabac", 1886), *Medved'* ("L'Ours", 1888), *Svad'ba* ("Une Noce", 1884), et un premier drame, *Ivanov* (1887). Mais ces premières tentatives ne le satisfaisaient pas entièrement. Il avait été sensible à l'apport d'Ibsen, il connaissait le théâtre de Tourgueniev, mais il lui fallait trouver sa propre voie qui lui permette de rendre au théâtre les mêmes impressions que la lecture de ses nouvelles. Ce fut chose faite en 1896 avec *Cajka* ("La Mouette"), puis avec *Djadja Vanja* ("Oncle Vania", 1899), *Tri sestry* ("Trois sœurs", 1900) et *Visnëvyi sad* ("La Cerisaie", 1904), quatre pièces qui ont une exceptionnelle identité de style et qui forment un ensemble unique au théâtre. Toute la Russie y est représentée dans une période où la fin nostalgique d'un monde s'entrechoque avec la prise de conscience de toutes les injustices ; rarement un auteur n'avait témoigné avec autant de justesse, à sa manière, de la sensibilité de son temps.

La première de "La Mouette" à Saint-Pétersbourg avait pourtant été un échec. Malgré le talent de la grande Véra Kommissarjevskaïa, l'absence de mise en scène et la médiocrité des autres comédiens avaient fait sombrer la pièce. Elle ne fut reprise qu'en 1899 par le Théâtre d'Art, et consacra le travail de Stanislavski et de Némirovitch-Dantchenko en remportant un immense succès. Comme l'écrivit Znosko-Borovski dans "Le Théâtre russe au début du XXe siècle",

> « Le silence, lourd de sens, chargé de toute la puissance des mots qui le précèdent et gros des milliers de mots qui le suivent sans être forcément prononcés, plus efficace que le plus furieux des cris, plus riche que les mots toujours limités dans leur signification, ce silence-là devient la fin que s'assigne le drame ».

Tchekhov parvenait à faire une œuvre bouleversante avec de vaines aspirations, des petits riens, de la vie quotidienne, de l'ennui et du désenchantement.

Son art dramatique culmina avec "La Cerisaie", dans laquelle il jeta ses dernières forces d'écrivain. Il avait choisi de montrer, de façon presque banale, un univers en train de disparaître. Lioubov et ses proches sont des êtres futiles et charmants, incapables de nuire à quiconque, préférant leur propre ruine à la disparition de la maison familiale, "La Cerisaie". Il est difficile de ne pas partager dès le départ leurs rires et leurs larmes, tant ils sont attendrissants, et l'ensemble possède la couleur d'un rêve qui s'effiloche, un rêve souriant, car aucune scène n'est réellement sérieuse. La vente effective de la maison n'est même pas une péripétie : elle était inéluctable depuis le début. Et ils se disperseront tous à l'issue d'un départ drolatique, tandis que retentissent les premiers coups de hache qui abattent les arbres de la propriété.

Tchekhov pensait avoir écrit une comédie. Stanislavski donna un éclairage plus crépusculaire de la pièce, ce qui mécontenta l'auteur :

> « Pourquoi persiste-t-on sur les affiches et dans les annonces des journaux à appeler ma pièce un drame ? Némirovitch-Dantchenko et Stanislavski voient dans ma pièce quelque chose de totalement différent de ce que j'ai écrit, et je suis prêt à parier que ni l'un ni l'autre ne l'a lue, ne fut-ce qu'une fois, avec attention... »

Mais les directeurs du Théâtre d'Art pouvaient-ils rester insensibles au symbolisme si prémonitoire de l'œuvre ? "La Cerisaie" fut un triomphe, et l'auteur, venu spécialement de sa retraite en Crimée, fut follement acclamé. La célèbre "petite musique", si gaie, si triste, allait s'éteindre quelques mois plus tard avec son auteur, emporté par la tuberculose.

Son théâtre fascina plus d'un dramaturge. On pourrait en trouver des traces chez Pirandello, Giraudoux, Williams ou Beckett. Mais il reste inégalé par sa vision profondément humaine, simple et sincère, et cet espèce de sourire qui persiste dans le drame.

> « L'humour de Tchekhov, disait Nabokov, était purement tchekhovien. Pour lui, les choses étaient drôles et tristes à la fois, mais il fallait voir leur côté amusant pour percevoir leur tristesse, car tous deux étaient liés. »

Gorki

Maxime Gorki (1868-1936), qui avait été mis au travail dès l'âge de huit ans, avait connu la vie misérable du petit peuple russe. Cela lui inspira de courts récits que les journaux publièrent, et sa renommée égala bientôt celle de Tchekhov. C'est dans cette période qu'il écrivit *Mescane* ("Les Petits-Bourgeois", 1902) et *Na dne* ("Les Bas-Fonds", 1902(1)), qui furent l'une et l'autre créées au Théâtre d'Art. Mais son activisme l'obligea bientôt à fuir à l'étranger, où il choisit de

(1) Gorki restructura "Les Bas-Fonds" en 1935 et lui donna le nouveau titre de *Vassa Geleznova*. L'année suivante, Jean Renoir réalisa un film tiré de la première version, avec Jouvet, Gabin et Le Vigan.

rester, ne revenant que pour un décevant séjour après la Révolution de 1917. Il accepta pourtant de rentrer définitivement en 1928, et fut acclamé comme le plus grand écrivain russe vivant. Ses dernières œuvres dramatiques, nourries d'orthodoxie socialiste, manquèrent d'intérêt. Il mourut brusquement en 1936, peut-être parce qu'il devenait gênant, et son décès permit aux autorités de le sanctifier définitivement comme le père des lettres soviétiques. Restent heureusement ses deux pièces des années d'errance, pleines de verve et d'observations aiguës sur un milieu qu'il connaissait alors très bien. Gorki fut un modèle pour de nombreux écrivains et dramaturges sociaux, mais le regard de la postérité s'est déjà fait plus sévère.

Théâtre et communisme

En réaction contre le Théâtre d'Art, un bref mouvement symboliste se développa dans l'ancienne et la nouvelle capitale russe, qui trouva son apogée en 1908 avec *Dni nasej zizni* ("Les Jours de notre vie") de Léonid Andréev (1871-1919), mais la tendance fut sans grand lendemain. Le même Andréev apporta également sa contribution au répertoire comique des théâtres de divertissement.

La guerre, puis la Révolution, bousculèrent les milieux de l'art et du théâtre, poussant de nombreux artistes à l'exil. En 1918, la création à Petrograd de *Misterija buff* ("Mystère bouffe") consacra néanmoins un nouveau poète provocateur et "futuriste"(1), Vladimir Maïakovski (1893-1930), lequel était un sympathisant de la première heure du parti bolchevique. Avec enthousiasme, il s'attela après 1917 à un renouvellement des formes artistiques dans un mouvement auquel adhéraient également des hommes comme Meyerhold, Vertov ou Eisenstein. Outre l'assez passable "Mystère bouffe", Maïakovski donna deux autres pièces, *Klop* ("La Punaise", 1929) et *Banja* ("Les Bains", 1930), représenté au Théâtre Meyerhold un mois avant qu'il ne se suicide, déçu par la tournure d'un mouvement révolutionnaire qu'il avait si ardemment soutenu.

(1) Sur le Futurisme, voir page 241 le mouvement italien.

Mikhail Boulgakov (1891-1940), quand à lui, n'était ni un sympathisant, ni un opposant du nouveau régime. Médecin, il s'était tourné assez tôt vers la littérature, s'essayant au théâtre et à la nouvelle satirique. Remarqué par Gorki, il publia un roman, "La Garde blanche", sur les conflits qui avaient déchiré l'Ukraine en 1919. Il en tira une pièce, *Ber Din Turbinykh* ("Les Journées des Tourbine"), laquelle fut montée en 1926 par Stanislavski. La pièce provoqua l'hostilité rageuse des garants de l'orthodoxie, parmi lesquels se distinguèrent par leur acharnement Maïakovski, Meyerhold et le critique Orlinski. Boulgakov ne parvint pas à faire représenter *Beg* ("La Fuite", 1927), ni *Bagrovyj ostrov* ("L'Ile pourpre", 1927). En fait, et pour le restant de ses jours, il sera condamné au silence et à l'oubli. Réduit à l'indigence, il écrivit en 1930 au gouvernement soviétique, protestant dans une lettre désespérée contre l'ostracisme dont il faisait l'objet, affirmant son attachement à la liberté de publier. « Suis-je seulement concevable, écrivait-il, en Union soviétique ? » Par une faveur spéciale de Staline, il obtint un poste d'assistant-metteur en scène au Théâtre d'Art, puis au Bolchoï Theatre. Il fit l'adaptation des "Ames mortes", de "Guerre et Paix", traduisit *L'Avare*, écrivit le livret d'un "Don Quichotte". Mais la nouvelle intelligentsia, toujours vigilante, empêcha toute publication et toute représentation de ses œuvres personnelles. Ce n'est que dans les années 60 qu'il sera possible de découvrir ses pièces inédites, sa brillante biographie de Molière et son œuvre majeure, "Le Maître et Marguerite", qui reste probablement l'un des grands romans du XXe siècle.

Boulgakov, comme l'avaient pressenti Gorki et Stanislavski, était le digne successeur de Gogol et de Tchekhov. Il mit dans son roman, avec une verve inégalable, ce qu'il ne put poursuivre au théâtre, mais il reste le regret d'une œuvre qui aurait certainement été d'une facture exceptionnelle(1).

(1) « Entre-temps, la pluie cessa, et le gel survint d'un coup, sans que rien l'eût annoncé. La fenêtre de ma mansarde se couvrit d'arabesques et de ramages scintillants. Assis près d'elle, je soufflais sur une pièce de vingt kopecks que j'imprimais ensuite sur la surface givrée, tout en songeant qu'en fin de compte, écrire des pièces de théâtre et ne pas les faire jouer, c'était chose impossible. » (In "Le Roman théâtral".)

Un autre ukrainien, Iouri Olecha (1899-1960), se vit également interdire après deux jolies pièces, *Zagovor cuvstv* ("Le Complot des sentiments", 1929), et *Spisok blagodejanij* ("La Liste des vertus", 1931), tandis que d'autres auteurs, Vsevolod Vichnevski, Nicolaï Pogodine, Isaak Babel et Alexis Tolstoï parvenaient à rester dans la nouvelle orthodoxie politique. Mais le temps des peurs était venu, le temps des exécutions massives et secrètes. Les intellectuels en firent souvent les frais, et une certaine culture russe, une certaine verve acerbe de conteur, une certaine poésie réaliste de dramaturge, disparut pour de très longues années.

EN POLOGNE, TCHÉCOSLOVAQUIE ET HONGRIE

En Pologne, la comédienne Gabriela Zapolska (1860-1921), qui avait joué au Théâtre Libre d'Antoine, écrivit des romans naturalistes et une quarantaine de pièces parmi lesquelles une satire de l'hypocrisie bourgeoise, *Moralnosc pani Doulskiej* ("La Morale de madame Doulska", 1895), qui reste sa meilleure œuvre. Stanislaw Wyspianski (1869-1907) fut quant à lui l'inspirateur du mouvement "Jeune Pologne", se réclamant de la notion "d'art pur". Il publia en 1900 un long drame confus et fantasmagorique, *Legion* ("Légion") qui s'en prenait, peut-être d'une manière un peu douteuse et en le mettant directement en scène, au poète Mickiewicz(1). *Sedziowie* ("Les Juges"), en 1907, plus classique, fait montre de son habileté théâtrale et de son sens des dialogues.

Entre les deux guerres, Stanislaw Witkiewicz, dit "Witkacy" (1885-1939), domina le mouvement "catastrophisme" avec un sens du grotesque plein d'humour et de cruauté, et des pièces comme *Kurka wodna* ("La Poule d'eau", 1921) ou *Wariat i zakonnica* ("Le Fou et la Nonne", 1923). Witkiewicz est avec Witold Gombrowicz (1904-1969) l'un des premiers écrivains du théâtre de l'absurde et de la dérision, qui prendra tant d'importance après-guerre. La meilleure pièce de

(1) Voir page 177.

Gombrowicz, *Iwona Ksiecznicza Burgunda* ("Yvonne, princesse de Bourgogne", 1938), n'est pas comme on pourrait le penser, un mélodrame historique, mais une fable impitoyable et drolatique sur le conformisme et son contraire l'anticonformisme, qui se révèle n'être qu'une autre forme de conformisme(1).

Le tchèque Karel Capek (1890-1930) était un auteur de contes cruels et ironiques. En 1921, il inventa pour une pièce utopique, *Rossum's Universal Robots* ("R.U.R.", ou "Les Robots universels de Rossum"), le terme de "robot" tiré du verbe qui signifie "travailler". Toujours dans la même veine d'anticipation, il donna encore *Tovarna na Absolutno* ("La Fabrique d'absolu", 1922), *Krakatit* ("La Krakatite", 1924). En 1938, la montée du fascisme lui inspira *Matka* ("La Mère").

En Hongrie, Ferenc Molnar (1878-1952) fut un auteur réputé pendant l'entre-deux-guerres, avec des pièces vives et brillantes, mais son œuvre la plus intéressante, *Liliom*, date de 1909. Elle annonçait déjà, avec sa poésie naïve et populaire, le futur "Opéra de quat'sous" de Brecht. La production de Ferenc Hergzec (1863-1954) fut plus diversifiée, allant des pièces historiques aux drames psychologiques ou réalistes. L'une de ses œuvres, *A kek Roka* ("Le Renard bleu", 1917), eut un succès qui dépassa largement les frontières.

LE THÉÂTRE D'EXPRESSION ALLEMANDE

Hauptmann

Gerhart Hauptmann (1862-1946) donna au théâtre allemand ses premières pièces naturalistes influencées par Zola,

(1) Les pièces de Gombrowicz ne furent montrées en France qu'en 1964-1965, et la comparaison avec les maîtres de l'absurde de l'après-guerre l'agaça prodigieusement : « Je suis un auteur de théâtre qui n'est pas allé au théâtre depuis vingt-cinq ans, et qui ne lit pas de pièces sauf celles de Shakespeare. Pourquoi, alors, dites-vous, critiques de différents pays : "Voilà une variante du théâtre d'Ionesco et de Beckett" ? ou "c'est un précurseur d'Ionesco et de Beckett"... Je voudrais savoir jusqu'à quand ces deux noms maudits vont dévorer toute la substance des critiques consacrées à mes pièces, servir de paravent à mon humble théâtre d'amateur. Qui n'est pas un théâtre de l'Absurde, mais un théâtre d'idées, avec ses moyens propres, ses buts propres... »

dont *Vor Sonnenaufgang* ("Avant le lever du soleil", 1889) et *Die Weber* ("Les Tisserands", 1893). Son théâtre s'orienta ensuite vers un symbolisme assez tragique et visionnaire, à travers *Hanneles Himmelfahrt* ("L'Assomption de Hannele", 1893), *Die Versunkene Glocke* ("La Cloche engloutie", 1896) ou *Und Pippa tanzt !* ("Et Pippa danse !", 1906). Hauptmann représentait assez bien, dans ce tournant entre le XIXe et le XXe siècle, une pensée allemande qui ne se déterminait pas, qui se faisait le reflet de la soif d'idéalisme et de l'inquiétude face à la profonde inégalité sociale, sans être capable de professer autre chose que de la résignation. Pippa, expression symbolique de la beauté et de la pureté, échappe finalement aussi bien au brutal et grossier Huhn, qui la brise, qu'à l'idéaliste Michael ; l'âme allemande, à l'époque d'Hauptmann, n'est pas au mieux de sa forme.

L'Expressionnisme

Bien que provenant de la peinture française, le terme d'"expressionnisme" qualifia bientôt un mouvement essentiellement germanique, qui ne correspondait pas véritablement à un quelconque manifeste, mais qui recouvrait une forme d'art exacerbée, plus ou moins violente, et qui se caractérisait par une expression souvent grotesque, des contrastes forts et des déformations. Au théâtre comme au cinéma, il y avait également une certaine tentation de scandale et de réaction contre un conformisme assez étouffant. Hésitant avec méfiance entre des solutions anarchisantes et des solutions socialisantes, une nouvelle jeunesse intellectuelle exprimait en tout cas son profond malaise.

Cela ne donna pas de très grands chefs-d'œuvre sur la scène, mais des pièces-manifestes qui témoignaient d'une période et d'un élan particulier. *Aus dem bürgerlichen Heldenleben* ("De la vie héroïque des bourgeois", trilogie comique, 1911-1913) de Carl Sternheim (1878-1942), *Der Bettler* ("Le Mendiant", 1912) de Reinhard Sorge (1892-1916), *Der tote Tag* ("Le Jour mort", 1912) du sculpteur Ernst Barlach (1870-1938) et *Der Sohn* ("Le Fils", 1916), de Walter Hasenclever (1890-1940), furent les principaux titres qui marquèrent le début de ce mouvement dramatique. *Die Bürger von Calais* ("Les Bourgeois de Calais", 1914) et *Vom Morgen bis Mitternacht* ("De l'aube à minuit", 1916[1]) de Georg Kaiser (1878-1945) le prolongèrent ensuite avec, après la guerre, et souvent dans des mises en scène de Piscator, *Antigone* (1917) de Hasenclever, *Ein Geschlecht* ("Une Race", 1918) de Fritz von Unruh (1885-1970), *Die Wandlung* ("Transfiguration", 1919), *Der Spiegelmensch* ("L'Homme au miroir", 1920) de Franz Werfel[2] (1890-1945), *Masse-Mensch* ("Foule humaine", 1920), *Hinkemann* (1923), *Hoppla, wir leben !* ("Hop-là, nous vivons !", 1927) d'Ernst Toller (1893-1939), *Trommeln in der Nacht* ("Tambours dans la nuit", 1919) de Brecht.

Avec Brecht, c'est une autre forme de théâtre qui s'amorçait, mais avant de clore le chapitre de l'Expressionnisme, il faut citer celui qui en fut certainement le précurseur, en décrivant la société bourgeoise dans des farces violemment contestataires, avec des techniques de cirque et de cabaret : Frank Wedekind (1864-1918) créa le personnage sauvage et fascinant de Lulu, que l'on retrouve dans *Erdgeist* ("L'Esprit de la terre", 1895) et dans *Die Büchse der Pandora* ("La Boite de pandore", 1901)[3]. Il écrivit d'autres drames tout aussi étranges et violents, *Frühlings Erwachen* ("L'Éveil du printemps", 1891), *Le Marquis de Keith* (1900), *Totentanz* ("La Danse de mort", 1906). Il se présentait lui-même devant le public, habillé en dompteur avec un fouet à la main, pour dire la préface de "L'Esprit de la terre" :

> « Entrez, entrez dans cette ménagerie
> Mes fiers messieurs et vous femmes ardentes

(1) "De l'aube à minuit", adapté au cinéma par Karl Heinz Martin en 1920, fut l'un des rares films entièrement expressionnistes réalisés. Trop étrange, le film ne fut même pas présenté au public allemand, mais il fit une carrière remarquable au Japon. Le premier — et probablement le meilleur — de tous les films expressionnistes fut par ailleurs "Le Cabinet du docteur Caligari", 1919, et citons pour la curiosité le récit assez expressionniste d'Heinrich Mann, *Professor Unrat*, qui a donné "L'Ange bleu" de von Stenberg avec une débutante, Marlène Dietrich ; mais le film n'avait conservé de l'expressionnisme que les douteuses outrances du jeu du professeur.

(2) Werfel, qui passa ensuite de l'expressionnisme au catholicisme, écrivit en 1942 *Jacobowsky und der Oberst* ("Jacobowski et le colonel"), une pièce vivante et drôle qui tranche sur le reste de sa production.

(3) Alban Berg fit l'ébauche entre 1927 et 1935 d'un opéra, *Lulu*, qui s'inspirait de ces deux œuvres.

> Et regardez emplis de volupté et d'horreur
> Comment le génie humain parvient
> A dompter la créature sans âme... »

Brecht

Bertolt Brecht (1898-1956) avait été l'assistant de Max Reinhardt avant d'être celui de Piscator. Il fit en 1928 l'adaptation de "L'Opéra du gueux" de John Gay, devenu *Die Dreigroschenoper* (avec une musique de Kurt Weill), que l'on traduit en français par "L'Opéra de quat'sous". Il quitta l'Allemagne à l'avènement d'Hitler, et résida aux États-Unis jusqu'en 1948, où il tenta de poursuivre son œuvre théâtrale. Résumant en lui-même de nombreuses tendances, dont celles de l'aspiration et de la désillusion socialiste, il écrivit *Der gute Mensch von Sezuan* ("La Bonne Ame de Se-Tchouan", 1939), *Herr Puntila und sein Knecht Matti* ("Maître Puntila et son valet Matti", 1940), *Mutter Courage und ihre Kinder* ("Mère Courage et ses enfants", 1941), *Der aufhaltsam Aufstieg des Arturo Ui* ("La Résistible Ascension d'Arturo Ui", 1941), *Leben des Galilei* ("la Vie de Galilée", 1947), *Kaukasische Kreidekreis* ("Le Cercle de craie caucasien", 1948).

Il développa la théorie du "théâtre épique" de Piscator, axant son travail sur un jeu du comédien qui tentait de démontrer et d'entraîner la conviction plutôt que de plaire et de séduire. Il souhaitait que, dans cette période où le monde était en crise, le spectateur de théâtre soit conduit à une véritable prise de conscience par des spectacles moins complaisants. Au niveau du jeu, Brecht utilisait la fameuse "distanciation" (*Verfremdungseffekt*), qui fut si souvent reprise après lui, non sans quelques incohérences.

On ne saurait mieux résumer la pensée de Brecht qu'il ne l'a fait lui-même dans le petit tableau suivant, comparant la fonction du "théâtre épique" avec celle du "théâtre dramatique", et en précisant toutefois :

« Ce tableau ne souligne pas des oppositions absolues, mais simplement des déplacements d'accent. C'est ainsi qu'à l'intérieur d'une représentation destinée à informer le public, on peut faire appel soit à la suggestion affective, soit à la persuasion purement rationnelle.

La forme dramatique du théâtre	***La forme épique du théâtre***
est action	est narration
implique le spectateur dans une action scénique,	fait du spectateur un observateur mais
épuise son activité intellectuelle	éveille son activité intellectuelle
lui est occasion de sentiments.	l'oblige à des décisions.
Expérience affective.	Vision du monde.
Le spectateur est plongé dans quelque chose.	Le spectateur est placé devant quelque chose.
Suggestion.	Argumentation.
Les sentiments sont conservés tels quels.	Les sentiments sont poussés jusqu'à devenir des connaissances.
Le spectateur est à l'intérieur, il participe.	Le spectateur est placé devant, il étudie.
L'homme est supposé connu.	L'homme est l'objet de l'enquête.
L'homme immuable.	L'homme qui se transforme et transforme.
Intérêt passionné pour le dénouement.	Intérêt passionné pour le déroulement.
Une scène pour la suivante.	Chaque scène pour soi.
Croissance organique.	Montage.
Déroulement linéaire.	Déroulement sinueux.
Évolution continue.	Bonds.
L'homme comme donnée fixe.	L'homme comme procès.
La pensée détermine l'être.	L'être social détermine la pensée.
Sentiment.	Raison.

Le spectateur du théâtre dramatique dit : Oui, cela, je l'ai éprouvé, moi aussi. — C'est ainsi que je suis. — C'est chose bien naturelle. — Il en sera toujours ainsi. — La douleur de cet être me bouleverse parce qu'il n'y a pas d'issue pour lui. — C'est là du grand art : tout se comprend tout seul. — Je pleure avec celui qui pleure, je ris avec celui qui rit.

Le spectateur du théâtre épique dit : Je n'aurais jamais imaginé une chose pareille. — On n'a pas le droit d'agir ainsi. — Voilà qui est insolite, c'est à ne pas croire ses yeux. — Il faut que cela cesse. — La douleur de cet être me bouleverse parce qu'il y aurait tout de même une issue pour lui. — C'est là du grand art : rien ne se comprend tout seul. — Je ris de celui qui pleure, je pleure de celui qui rit. » (In "Écrits sur le théâtre", 1930)

Il fonda en 1949 à Berlin-Est le *Berliner Ensemble*, lequel connut en fait des succès beaucoup plus vifs à l'ouest qu'à l'est ; il rassembla autour de lui une excellente équipe de metteurs en scène et de comédiens, dont sa femme Helene Weigel (laquelle interprétait "Mère Courage"), qui poursuivit son œuvre après sa disparition.

Le théâtre de Brecht reste un puissant théâtre de dénonciation, à la portée beaucoup plus grande que ce qui avait été fait jusque-là par ses prédécesseurs. Il boucle en fait un grand mouvement qui avait commencé avec Wedekind, que Brecht avait d'ailleurs longtemps admiré.

Le troisième Reich n'eut pas que des détracteurs et ne fit pas que des exilés ; quelques auteurs s'accommodèrent fort bien de la montée de l'hitlérisme. Parmi eux, citons Hans Rehberg (1901-1963), qui se distingua par des drames à la gloire de la Prusse, *Friedrich I* (1935) ou *Heinrich und Anna* (1942).

LE THÉÂTRE ITALIEN

Verga, Marinetti

Giovanni Verga (1840-1922) fut le premier auteur italien à s'inspirer du Naturalisme prôné par Zola, avec *Cavalleria rusticana* (1884), qui eut un grand succès, et qui contribua à imposer le mouvement italien du Vérisme[1]. Son écriture ferme, à la fois puissante et anecdotique, fut d'une grande influence sur l'ensemble du réalisme italien, lequel se prolongea encore après la deuxième guerre jusqu'au néo-réalisme. Il avait tiré *Cavalleria rusticana* de l'une de ses nouvelles et, à l'inverse, il adapta en roman son drame social *Dal tuo al mio* ("Du tien au mien") de 1903.

(1) Librement inspiré du Naturalisme, le Vérisme fut un mouvement d'une grande importance en Italie, même s'il n'eut pas de grand théoricien. Il se voulut lucide, dénonciateur, concis dans la forme, et revendiqua une écriture régionale tout en rejetant le pittoresque et la couleur locale. Outre les œuvres de Verga, citons le très beau "Les Vice-Rois", de De Roberto. On ne souligne pas toujours ce que des romanciers tels que Hemingway ou Caldwell doivent à ce mouvement, et les racines du réalisme américain ont probablement puisé plus largement dans le Vérisme italien que dans le Naturalisme français.

En 1909, le poète Filippo Marinetti (1876-1944), dont Lugné-Poe montait *Le Roi Bombance*, lança le mouvement assez véhément du "futurisme", dont le manifeste (1911) allait bientôt définir les grands objectifs théâtraux :

« Nous enseignons aux auteurs le *mépris du public*... nous enseignons aussi *l'horreur du succès immédiat*... Les auteurs ne doivent être préoccupés que d'*originalité novatrice*... Nous méprisons toutes les pièces qui veulent seulement émouvoir et pousser aux larmes par le spectacle fatalement apitoyant d'une mère qui a perdu son enfant, d'une jeune fille qui ne peut pas épouser son amoureux, et d'autres fadaises semblables... L'art dramatique ne doit pas faire de la photographie psychologique, mais une *synthèse grisante de la vie dans ses lignes significatives et typiques*... Nous enseignons aux auteurs et aux acteurs *la volupté d'être sifflés*. Tout ce qui est sifflé n'est pas nécessairement beau et neuf. Mais tout ce qui est immédiatement applaudi ne surpasse pas la moyenne des intelligences... » Et Marinetti concluait en disant : « J'ai la joie, en vous affirmant ces convictions futuristes, de savoir que mon génie, plusieurs fois sifflé par les publics de France et d'Italie, ne sera jamais enterré sous de pesants applaudissements. »

Marinetti se voua à des recherches théâtrales assez extrêmes, utilisant une écriture hâtive, des onomatopées, des bruits, des actions simultanées. En 1924, il intégra le mouvement du futurisme dans la grande poussée du fascisme, et se trouva bientôt pris à son propre piège pseudo-idéologique. Il n'eut pas le courage, comme le futuriste russe Maïakovski, de mettre fin à ses propres contradictions, et resta dès lors l'imperturbable apologiste d'un régime stupide et totalitaire.

Pirandello

Et puis arriva au théâtre Luigi Pirandello (1867-1936), bourgeois d'origine sicilienne, professeur de littérature, marié à une femme qui lentement devenait folle, et qui dut à ses pièces de recevoir le Prix Nobel de Littérature en 1934[(1)]. Pirandello était romancier et surtout auteur de plus de deux

(1) Les dramaturges lauréats de Prix Nobel furent Maurice Maeterlinck (1911), Gerhart Hauptmann (1912), Jacinto Benavente (1922), William Yeats (1923), George Bernard Shaw (1925), John Galsworthy (1932), Luigi Pirandello (1934), Eugene O'Neill (1936), Albert Camus (1957), Jean-Paul Sartre (1964, mais il refusa le prix), Samuel Beckett (1969), Wole Soyinka (1987).

cents nouvelles réalistes. Il aborda le théâtre en 1910, adoptant tout d'abord la forme de la comédie bourgeoise pour mieux la déstructurer, l'entraînant dans la psychose, le paradoxe et l'autodestruction. Ce fut l'époque de *Cosi è (se vi pare)* ("Chacun sa vérité", 1916), *Il Piacere dell'onestà* ("Le Jeu de l'honneur", 1917), *Il Giuoco delle parti* ("Le Jeu des rôles", 1918), avec par ailleurs en 1916 une réécriture moderne de "La Mandragore", *Liolà*.

Après 1920, son théâtre s'enfonça dans une forme d'exploration qui reste l'une des plus grandes voies ouvertes de la dramaturgie moderne. A l'interrogation sur l'homme s'ajoutait l'interrogation sur le théâtre, sur l'être et le paraître, la difficulté à se comprendre soi-même et à communiquer. Ce fut en 1921 *Sei personaggi in cerca d'autore* ("Six personnages en quête d'auteur"), dont la construction du "théâtre dans le théâtre" devenait le fondement même de la pièce : Sur un plateau de théâtre où l'on répète une pièce quelconque, arrivent six "personnages", membres d'une même famille, qui ont à vivre et qui raconte le sordide fait divers qui les lie. Ils parviennent à intéresser le directeur du théâtre, lequel distribue leurs rôles à ses comédiens. Mais le drame vécu se prête mal à la transposition, et c'est la fatalité qui finit par prendre en charge le dénouement. Tout à coup le théâtre atteint une autre dimension, les "personnages" (réels ? imaginés par un auteur ?) étant impuissants à se faire représenter par les comédiens (spontanés, ou jouant un rôle ?), et posant la question de la véritable compréhension et de la véritable interprétation. Ils ne trouvent plus d'exutoire, ni dans la réalité ni dans la fiction. La pièce elle-même semble échapper à tout contrôle, oscillant de la parodie au fantastique, retombant dans le réalisme le plus cruel. Et pourtant, tout contribue à illustrer une philosophie burlesque et grinçante, celle de la grande comédie humaine.

Pirandello utilisa encore une construction du théâtre en abîme dans *Ciascuno a suo modo* ("Chacun à sa manière", 1924) et dans *Questa sera si recita a soggetto* ("Ce soir on improvise...", 1930). Ses autres grandes pièces, *Enrico IV* ("Henri IV", 1922), *Vestire gli ignudi* ("Vêtir ceux qui sont nus", 1922), *Trovarsi* ("Se trouver", 1932), continuent d'explorer les thèmes de la vérité, de l'identité, du mensonge.

Le théâtre pirandellien, dans ses recherches et son évolution, exerça une immense influence sur les auteurs du XXe siècle. Alors que les metteurs en scène renouvelaient la forme, Pirandello fut l'un des principaux auteurs qui révolutionna la substance même du théâtre ; et sa marque est sensible chez Giraudoux, Anouilh, Sartre, Genet, et chez beaucoup d'autres.

Bontempelli, Betti, d'Annunzio

Il y avait, dans l'œuvre de Massimo Bontempelli (1878-1960), contemporaine de celle de Pirandello, une sorte de fatalité qui pesait sur ses personnages et qui touchait aussi bien la trop grande innocence que le trop grand savoir. Bontempelli fut un romancier fécond, et chercha un juste milieu entre l'esthétisme et le Vérisme. Au théâtre, il évolua du futurisme au néo-classique, avec *Nostra Dea* ("Notre Déesse",1928), *Minnie la candida* ("Minnie la candide", 1930), et *Nembo* ("Nuée", 1938), qui prophétisait une catastrophe de type Hiroshima.

Ugo Betti (1892-1953), magistrat, décrivit le monde qu'il connaissait bien sans oublier d'en montrer les tares et les responsabilités. S'il a surtout conquis le public par ses pièces légères, *Una bella giornata di settembre* ("Une belle journée de septembre", 1937), *Il paese delle vacanze* ("Le Village des vacances", 1942), ce fut dans *Frana allo scalo Nord* ("Éboulement au quai Nord", 1936), *Corruzione al palazzo di giustizia* ("Corruption au palais de justice", 1944), *Delitto all'isola delle capre* ("L'Ile des chèvres", 1948) qu'il s'exprima de la manière la plus forte, avec, chez ses héros, la nostalgie d'une sorte d'innocence perdue. « C'est une soif, disait-il, pour laquelle les fontaines de la terre sont avares. »

Citons enfin pour mémoire Gabriele d'Annunzio (1863-1938), le poète voluptueux et l'artiste dilettante, que la Duse(1)

(1) Eleonora Duse (1858-1924), comédienne italienne, rivale internationale de Sarah Bernhardt — les deux femmes se détestèrent férocement avec de grandes marques d'affection —, et qui eut une liaison orageuse avec d'Annunzio.

entraîna vers l'écriture pour le théâtre (et pour elle). D'Annunzio tenta de plaquer sur le théâtre naturaliste ses rêves poétiques de faste et de grandeur, mais ses meilleures pièces, *La Città morta* ("La Ville morte", 1898), *Francesca da Rimini* (1901), *La Figlia di Iorio* ("La Fille de Jorio", 1903), n'échappent ni aux artifices, ni aux outrances, ni aux pires de ses maniérismes.

LES AUTEURS ESPAGNOLS

Comme partout en Europe, le théâtre espagnol eut sa période faste au début du siècle, avec des auteurs comme Jacinto Benavente (1866-1954), lequel s'illustra dans tous les genres, et dont la meilleure pièce, *Los Intereses creados* ("Les Affaires sont les affaires", 1909), faisait la satire d'une société dominée par l'argent.

Plus inclassable, Ramon del Valle-Inclan (1869-1936) passa d'un esthétisme idéaliste à un réalisme beaucoup plus critique ; esprit frondeur et aventureux, il effectua plusieurs voyages au Mexique, où il participa à des tournées théâtrales. Ses pièces, auxquelles il donna le nom d'*esperpento* ("chose ridicule", "sottise"), prirent bientôt un ton plus grinçant et grotesque, qui marque *Los Cornes de Don Friolera* ("Les Cornes de Don Sapristi", 1921), *Farsa y licencia de la reina castiza* ("Farce licencieuse de la reine ollé ollé", 1922), *Luces de Bohemia* ("Lumières de Bohème", 1924). Son théâtre, qui était tombé dans l'oubli, n'est rejoué en Espagne que depuis peu.

Garcia Lorca

Mais le renouvellement du théâtre espagnol fut surtout symbolisé par Federico Garcia Lorca (1899-1936), « poète de naissance irrémédiablement », et dont la grande ombre survola toute la période tourmentée de la république espagnole. Garcia Lorca sut puiser dans l'héritage folklorique tout en utilisant les techniques les plus diverses. Malgré son engagement, son théâtre se faisait plus populaire et souriant que délibérément politique : *El Maleficio de la mariposa* ("Le Maléfice de la phalène", 1920), *La Zapatera prodigiosa* ("La Savetière prodigieuse", 1926), *Amor de don Perlimplin con Belisa en su jardin* ("Les Amours de don Perlimplin avec Bélise en son jardin", 1929), sont d'amusantes comédies. Puis son propos devint plus grave avec *Bodas de sangre* ("Noces de sang", 1932), *Yerma* (1934), *Dona Rosita la soltera* ("Dona Rosita la célibataire", 1935), *La Casa de Bernarda Alba* ("La Maison de Bernarda Alba", 1936). Directeur de troupe, Garcia Lorca monta également des pièces de Lope de Vega et de Cervantès, allant chercher son public dans des petites villes, encourageant la création de compagnies d'amateurs, militant pour un théâtre subventionné qui puisse toucher et éduquer tous les publics. « Et remarquez, précise-t-il, que je dis public et non peuple. » En 1935, il avait écrit :

> « Je sais bien peu, si peu que rien (je me souviens de ces vers de Pablo Neruda) mais dans ce monde je suis et je serai toujours partisan des pauvres. Je serai toujours partisan de ceux qui n'ont rien et à qui on refuse même la tranquillité de ce rien. Nous autres — je parle des intellectuels représentatifs, élevés dans le milieu intermédiaire des classes que l'on peut appeler aisées — nous sommes appelés au sacrifice. Acceptons-le... »

Il fut arrêté et fusillé l'année suivante par la garde franquiste.

La mort de Garcia Lorca contribua à lui donner un prestige considérable en France, et ses drames furent traduits et joués avant 1939, et surtout après 1945. Il semble pourtant qu'ils soient aujourd'hui considérés en Espagne comme assez esthétisants, et qu'ils soient historiquement un peu marqués.

LES AUTEURS FRANÇAIS

Si le XIXe siècle se prolonge souvent pour les historiens jusqu'à la Grande Guerre, le théâtre français du XXe siècle pourrait bien commencer en 1896 par un "Merdre !" retentissant. C'est en effet à la fin de cette année-là que Lugné-Poe mit en scène *Ubu roi*, pièce écrite à quinze ans par un adolescent trop doué. L'énorme farce d'Alfred Jarry (1873-1907) fit date, car sa loufoquerie et sa joyeuse sauvagerie avait une force satirique extraordinaire. Ubu n'était rien d'autre qu'une sorte d'émanation énorme du Bourgeois, ivre de stupidité et d'arrogance, dans la droite ligne des personnages d'Henri Monnier, d'Alphonse Allais et de Cami, mais aussi de Punch et des personnages méchants de Lewis Carroll. La pièce était néanmoins d'une solide construction(1) et son style était, à sa manière, remarquable. Elle immortalisa le père Ubu (« Hourra, cornes-au-cul, vive le père Ubu ! »), et donna à ses exégètes la matière à d'inépuisables commentaires. Lui-même surpris par le succès de son personnage, Jarry le prolongea dans d'autres farces, qui ajoutèrent peu de chose à sa gloire première. *Ubu roi* se suffisait presque à lui-même ; et c'est en fanfare qu'il inaugurait les grands mouvements de renouvellement du XXe siècle, dadaïste, surréaliste, absurdes et contestataires.

Un théâtre littéraire

En réaction contre le Naturalisme, un certain théâtre littéraire continuait à se développer, encouragé par le mouvement des poètes symbolistes. Paul Claudel (1868-1955), ainsi, et qui n'avait pas été insensible à l'enchantement de Bayreuth, avait tenté de retrouver l'ampleur de la tragédie grecque dans des dramaturgies foisonnantes, portées par un grand souffle lyrique et chrétien. Copeau avait monté *L'Échange* (écrit en 1901), mais la plupart de ses autres pièces, *Tête d'or* (1890-1901), *Le Partage de midi* (1906), *L'Annonce faite à Marie* (1912), furent créées dans les années 40 et 50 par Jean-Louis Barrault.

André Gide (1869-1951) s'inspira quant à lui de mythes bibliques ou antiques, dans *Saül* (1903), *Philoctète* (1899), *Bethsabée* (1903), *Œdipe* (1930-32). Enfin, Romain Rolland, encouragé par Gémier, tenta de donner au théâtre une grande fresque sur la Révolution qui resta inachevée. Des trois

(1) Elle était en partie démarquée de *Macbeth*, et Jarry ne manqua pas de citer le poète anglais dans l'épigraphe de la pièce : « Adonc le père Ubu hoscha la poire, donc fut depuis dénommé par les Anglois Shakespeare, et avez de lui sous ce nom maintes belles tragœdies par escript... » Il y a également, on le constate, le pur plaisir du pastiche rabelaisien.

œuvres qui furent représentées, *Les Loups* (1898), *Danton* (1900), *Le Quatorze Juillet* (1902), seule *Danton* présente un véritable intérêt dramatique.

Pérennité du Boulevard

Le théâtre de divertissement conservait cependant toute sa clientèle, et il continuait d'emplir les salles des grands boulevards et des beaux quartiers. Il avait trouvé en Sacha Guitry (1885-1957, fils de Lucien Guitry) son auteur à succès, écrivain fécond (plus de cent trente pièces), acteur élégant et gracieux, et qui était de surcroît un homme du monde, avec des aventures sentimentales qui défrayaient les gazettes. De son théâtre léger, parfaitement construit, plein de situations cocasses et de bons mots, retenons quelques belles réussites, *Faisons un rêve* (1916), *Mon père avait raison* (1919), *Quadrille* (1937), *N'écoutez pas, mesdames* (1942).

Édouard Bourdet (1887-1945) fut un autre maître du Boulevard pendant l'entre-deux-guerres, passant de sujets critiques comme celui de *La Prisonnière* (1926), *Vient de paraître* (1927) ou *Le Sexe faible* (1931, créé par Pierre Brasseur), à des pièces plus amusantes et moins audacieuses, comme *Fric-Frac* (1936, avec Arletty et Michel Simon). Après 1936, il fut un excellent administrateur de la Comédie-Française.

Découvert par Antoine, Henry Bernstein (1876-1953) écrivit jusqu'en 1914 des drames dans lesquels les héros et héroïnes — comme Gabrielle dans *Le Secret* (1913) — se révélaient animés de passions secrètes, frénétiques, qui les conduisaient immanquablement au drame. Après la guerre, son théâtre se fit plus nuancé, plus psychologique, et certaines pièces, *Judith* (1922), *La Galerie des Glaces* (1925), *Mélo* (1929) ne manquèrent pas d'intérêt[1].

Jules Romains (1885-1972), en marge de son œuvre de fiction, illustra non sans férocité la crédulité humaine dans *Knock ou le Triomphe de la médecine* (1923), et *Monsieur le Trouhadec*

(1) En 1986, Alain Resnais tira un film superbe de *Mélo*, avec Pierre Arditi, André Dussolier et Sabine Azéma.

saisi par la débauche (1923), pièces qui furent créées par Louis Jouvet.

Enfin, Marcel Pagnol (1895-1974) amena au Boulevard la faconde et l'exotisme du Midi, servi par des comédiens tels que Raimu, Harry Baur et Pierre Fresnay. *Marius* (1930), *Fanny* (1931), *César* (1936) furent de grands succès, ainsi que *Topaze* (1928). Pagnol fut également un pionnier du cinéma parlant, et *La Femme du boulanger* (1940) reste l'un des premiers chefs-d'œuvre du cinéma.

Citons encore Jean Sarment (1897-1976), qui avait joué lui-même en 1920 à l'Œuvre sa première pièce, *La Couronne de carton*, et qui poursuivit un théâtre intimiste dans *Le Mariage d'Hamlet* (1922), *Léopold le Bien-Aimé*, (1927), *Sur mon beau navire* (1928). Marcel Achard donna également dans l'entre-deux-guerres et après 1945 de charmantes pièces sans prétention, *Voulez-vous jouer avec moâ ?* (1923), *Jean de la Lune* (1929), *Patate* (1956).

Cocteau

Jean Cocteau (1889-1963) tint une place un peu à part dans les lettres françaises, avec son image de "prince frivole" éclectique et brillant, à l'œuvre délicate et légère. Le théâtre ne fut que l'une des facettes de son art, mais certainement pas la moindre. Féru de culture grecque, il réinterpréta tout d'abord les mythes antiques dans *Antigone* (1922), *Orphée* (1926), qu'il actualisa en les pimentant d'anachronismes ; et *La Machine infernale* (1934), à partir du mythe d'Œdipe, constituait une fresque à la fois sombre et poétique des destinées de l'homme. En 1938, sur un canevas de chassés-croisés amoureux, *Les Parents terribles* transposait au Boulevard la mythologie intime du poète. Enfin, *L'Aigle à deux têtes* (avec Edwige Feuillère, Jean Marais) fut une curieuse résurgence en 1946 du drame romantique, inspiré librement par la mort mystérieuse de Louis II de Bavière.

Il y a une parenté, surtout autour des thèmes grecs, entre les théâtres de Cocteau, de Giraudoux et d'Anouilh. Mais la comparaison, hélas, n'est pas souvent en faveur de Cocteau.

Influence du Surréalisme

Armand Salacrou, Roger Vitrac, Antonin Artaud, adhérèrent un temps au Surréalisme. D'autres auteurs s'y intéressèrent, en gardant quelquefois leurs distances ; cependant, d'une manière ou d'une autre, tous s'y montrèrent sensibles, bien que le théâtre se soit révélé une forme qui ne convenait guère à l'expression surréaliste.

Roger Vitrac (1899-1952) eut une œuvre très personnelle, tendre et grinçante, bien illustrée par le ravageur *Victor ou Les Enfants au pouvoir* (1928). *Victor* fut monté par Antonin Artaud (1896-1948), qui avait fondé avec Robert Aron l'éphémère "Théâtre Alfred-Jarry" voué à la dérision, à l'humour corrosif et à la dénonciation de l'hypocrisie bourgeoise. Artaud avait été comédien chez Dullin et chez Pitoëff. Sa conception d'un "Théâtre de la cruauté" a été développée dans le recueil *Le Théâtre et son double*, qui déclarait la nécessité d'un théâtre métaphysique(1). Sa seule œuvre théâtrale, *Les Cenci* (1935), renouvelée de Shelley et de Stendhal, reste cependant décevante.

Armand Salacrou (1899-1990) était un fils de la bourgeoisie industrielle, mais il fut journaliste à *L'Humanité* avant de rejoindre le Groupe Surréaliste. Ses tentatives de marier sur la scène l'ironie, la fantaisie et la réflexion aboutirent avec *Une Femme libre* (1934) et surtout *L'Inconnue d'Arras* (1935), avec Pierre Blanchar, dans une mise en scène de Lugné-Poe. Suivirent *La Terre est ronde* (1938), *Histoire de rire* (1939), et en 1947 *L'Archipel Lenoir* (créé par Dullin), satire féroce d'une grande famille bourgeoise dans l'avant-guerre(2).

(1) Les manifestes dramatiques, trop souvent, sont une réaction à un excès particulier et s'érigent en théories définitives avec autant d'excès que le travers dénoncé. L'œuvre théorique d'Artaud n'échappa pas au piège ; pourtant, en dénonçant les froides décortications du théâtre psychologique, elle réaffirmait l'importance du mystère, de l'inexprimé, du frisson, de l'émotion théâtrale, toute une substance sensible que de nouveaux dramaturges, inspirés ou non par Artaud, étaient en train de réintroduire dans leurs pièces. Artaud eut une œuvre et une vie tourmentée, aux portes du génie et de la folie ; il marqua au cinéma les rôles de Marat dans le *Bonaparte et la Révolution* d'Abel Gance, et de Massieu dans *La Passion de Jeanne d'Arc* de Dreyer.

(2) A noter également l'amusant « drame surréaliste » d'Apollinaire, *Les Mamelles de Tirésias* (1903), qui n'est en fait qu'une aimable farce burlesque.

Les grands dramaturges

Sur les chemins de son orgueilleuse création littéraire, Henry de Montherlant (1896-1972) aborda le théâtre avec une écriture d'une pureté presque classique, et le choix de sujets appartenant aux XIVe, XVe et XVIe siècles. *La Reine morte* (1942), *Le Maître de Santiago* (1947), *Malatesta* (1948), eurent des sombres ambiances de palais et de cloîtres, des héros amers et hautains aux idéologies surannées. Plus épuré, *Port-Royal* (1954) mettait en scène les crises de conscience de deux religieuses à l'heure de la rébellion du célèbre couvent contre l'autorité ecclésiastique. Dans cet ensemble dénote un peu le sujet de *La Ville dont le prince est un enfant* (1951), sur une "amitié particulière" dans un collège et la trouble jalousie d'un abbé(1). Ces deux dernières pièces, seules, ont résisté au temps. Celui que l'on considérait comme le dernier "écrivain français", ce grand bourgeois qui dilapida le patrimoine familial, ce fier chrétien et ce patriote ombrageux, qui pourtant ne fit pas un très bon choix en 1941, ce prodigieux ciseleur de phrases, était en fait le dernier représentant d'une espèce en voie de disparition.

Giraudoux

Jean Giraudoux (1882-1944) s'était déjà révélé comme un auteur confirmé quand il fut sollicité pour faire une adaptation scénique de son roman *Siegfried et le Limousin.* Ce fut à cette occasion qu'il rencontra Louis Jouvet, et l'amitié entre les deux hommes fut déterminante dans la carrière du dramaturge. *Siegfried*, créé en 1928, choqua par son thème germaniste, mais combla les vœux de Copeau qui aspirait depuis longtemps à la résurgence d'un théâtre littéraire. Ce fut le point de départ de grandes pièces optimistes,

(1) *La Ville* ne fut créée, après de nombreuses tergiversations, qu'en 1967 dans une mise en scène de Jean Meyer, et fut jouée à Paris plus de sept cents fois, trouvant un public probablement nostalgique des vieilles méthodes d'éducation. En exergue de la pièce, Montherlant avait placé un mot de Balzac : « Tous les grands talents respectent et comprennent les passions vraies. Ils se les expliquent et en retrouvent les racines dans le cœur ou dans la tête. »

Amphitryon 38(1) (1929), *Intermezzo* (1933), puis plus inquiètes, *La Guerre de Troie n'aura pas lieu* (1935), et enfin dont l'interrogation devenait pathétique, *Électre* (1937), *Ondine* (1939). Giraudoux avait le sentiment que l'époque ne demandait pas des chefs-d'œuvre, qui sont « les statues de la littérature », mais « une nourriture indispensable, la sève d'où s'élaborera l'imagination de demain ».

En poste au quai d'Orsay, il était bien placé pour mesurer la tragique tournure des événements internationaux, mais l'humaniste qu'il était s'était refusé à envisager le pire. La déclaration de guerre le surprit, et il se retira pour un temps à Cusset, tandis que son fils rejoignait les Forces Françaises Libres à Londres. Il écrivit encore le très noir *Sodome et Gomorrhe* (1943), et laissa presque achevée la jolie parabole de *La Folle de Chaillot* (1944). Le dramaturge ne vit pas la fin de la guerre, mais il avait une telle foi dans la libération prochaine qu'il avait marqué sur le manuscrit de *La Folle de Chaillot :* « Cette pièce a été créée le 15 octobre 1945 par Louis Jouvet au Théâtre de l'Athénée. » Elle fut créée à Paris, par Jouvet (avec Marguerite Moreno), le 19 décembre 1945.

Giraudoux était un auteur sans famille littéraire. En homme libre, il s'inventa progressivement une poétique, un style, une morale et une philosophie. D'une belle élégance et d'une simplicité limpide, son écriture s'est prêtée à de sinueuses variations de la pensée, mais aussi aux plus brillantes réparties. Comme s'ils avaient sans cesse à se surpasser, les personnages rivalisent de spirituelles trouvailles : Isabelle (*Intermezzo*) s'exclame : « Quel beau voyage que votre vie ! On en voit le sillage jusque dans vos yeux. » Quand Ulysse (*La Guerre de Troie*) dit « Bonjour, reine » à Hélène, elle répond : « J'ai rajeuni ici, Ulysse. Je ne suis plus que princesse. » Et quand Ulysse quitte Hector, alors qu'ils viennent de décider d'imposer la paix : « Vous savez ce qui me pousse à partir, Hector... », Hector : « Je le sais. La noblesse. » Ulysse : « Pas précisément... Andromaque a le même battement de cils que Pénélope. »

(1) *Amphitryon 38* est ainsi nommé parce que, selon les calculs de Giraudoux, il s'agissait de la 38e adaptation au théâtre de l'histoire d'Amphitryon.

Ce fut, dans un théâtre littéraire, l'audacieuse intrusion de l'esprit boulevardier. Et l'univers de Giraudoux resta gai, même dans les périodes les plus sombres ; il était porté par des certitudes, parmi lesquelles la foi en l'homme et la force de l'amour, et par une recherche constante de la vérité — non pas celle que cache le mensonge, car il n'y a pas de duplicité dans son théâtre —, mais par celle qui est le fruit de l'intelligence, de la dignité humaine et des qualités de cœur. Et il n'est pas étonnant qu'il ait illustré la soif de justice d'Électre, écrivant la meilleure version moderne du mythe.

Réconciliant à sa manière tous les genres, Giraudoux fut bien près d'avoir donné au XXe siècle son "classicisme", sans lui offrir sa grande œuvre définitive ; et c'est un regret que l'on peut partager avec Pierre-Aimé Touchard, qui écrivit à la création de *La Folle de Chaillot :*

« C'est fini ! C'est fini ! Il n'écrira pas le chef-d'œuvre parfait, il ne sera pas le Racine de notre siècle, lui qui eût pu le devenir... »

Anouilh

Jean Anouilh (1910-1987) fut plus indéfinissable, même s'il classa une partie de son œuvre en "Pièces roses", dont *Le Bal des voleurs* (1932), *Le Rendez-vous de Senlis* (1937), *Léocadia* (1939), "Pièces noires", dont *La Sauvage* (1934), *Le Voyageur sans bagages* (1936), *Eurydice* (1941), *Antigone* (1942), *Médée* (1946), "Pièces brillantes", dont *L'Invitation au château* (1947), *La Répétition ou l'Amour puni* (1950), "Pièces grinçantes", dont *Pauvre Bitos ou le Dîner de tête* (1956), "Pièces costumées ou déguisées", dont *L'Alouette* (1953), *Becket ou l'Honneur de Dieu* (1959). Il y eut ensuite les "Pièces baroques", les "Pièces farceuses", les "Pièces secrètes", les "Nouvelles Pièces noires" et les "Nouvelles Pièces grinçantes".

Anouilh, alors assistant de Jouvet, avait été conquis par le théâtre de Giraudoux dès les répétitions de *Siegfried*, mais c'était également un inlassable lecteur de Marivaux et de Musset. Il y avait chez lui une légèreté gaie, qui lentement laissera percer un désenchantement plus grave. Ses personnages les plus attachants possèdent une pureté blessée par leur entourage ou les circonstances, et une détermination farouche qui leur permet de tout affronter. De même que Giraudoux fit une merveilleuse *Électre*, Anouilh écrivit une inoubliable *Antigone*. Et sa Jeanne d'Arc (*L'Alouette*, créée par Suzanne Flon) fit également partie de ces jeunes filles fières et entêtées, qui se refusent à toute compromission(1), et qui ont une si grande place dans le théâtre d'Anouilh.

Ses dernières pièces, dans les années 50 et 60, furent plus légères, mais *Becket* en 1959 surprit par sa puissance et sa justesse, et c'est probablement l'œuvre la plus "shakespearienne" de tout le XXe siècle.

L'Occupation

Pendant l'Occupation, la vie parisienne des théâtres fut plus florissante que jamais. De nombreux spectacles qui s'adressaient aussi aux soldats allemands en permission relevait du grossier divertissement, mais le théâtre survivait très bien, tant qu'il restait hors de portée des foudres de la censure(2). Une partie des professionnels du théâtre avait cessé de s'exprimer, certains avaient quitté la France. C'est à Rio de Janeiro que Jouvet créa en 1942 *L'Apollon de Bellac* de Giraudoux, alors que la troupe des Pitoëff était au Canada.

Mais d'autres étaient restés, et la période se révélait propice à un théâtre de qualité. Un certain public, en effet, était prêt à recevoir des pièces un peu plus difficiles, qui soient distrayantes sans verser dans la gaudriole. Cela démoda très vite le vaudeville et la comédie légère, mais permit le succès des *Mouches* de Sartre en 1943, mis en scène par Dullin, tandis que son ancien collaborateur André Barsacq faisait triompher *Le Bal des voleurs*, *Le Rendez-Vous de Senlis*, *Antigone*

(1) « JEANNE : Jeanne acceptant tout, Jeanne avec un ventre, Jeanne devenue gourmande... Vous voyez Jeanne fardée, en hennin, empêtrée dans ses robes, s'occupant de son petit chien ou avec un homme à ses trousses, qui sait, Jeanne mariée ?
WARWICK : Pourquoi pas ? Il faut toujours faire une fin. Je vais moi-même me marier.
JEANNE : Mais je ne veux pas faire une fin ! Et en tout cas pas celle-là. Pas une fin heureuse, pas une fin qui n'en finit plus... »

(2) François Truffaut, on s'en souvient, fit un intéressant portrait de la vie d'un théâtre sous l'occupation dans *Le Dernier Métro*, avec Catherine Deneuve et Gérard Depardieu.

d'Anouilh. On créait également *La Reine morte* (1942) et *Fils de personne* (1943) de Montherlant. En 1943, Jean-Louis Barrault réalisa *Le Soulier de satin* de Claudel à la Comédie-Française, et Marcel Herrand, l'année suivante, créa *Le Malentendu* de Camus et *Huis clos* de Sartre.

Sartre et Camus

Dans l'une des périodes les plus troublées de l'humanité, les deux philosophes de l'Existentialisme posèrent de grandes questions, auxquelles ils apportèrent des tentatives de réponses. Jean-Paul Sartre (1905-1980), qui devenait le maître à penser de toute une génération, utilisa le théâtre comme un mode d'illustration directe de ses thèses, ou comme un instrument de résonance des drames de l'actualité. *Les Mouches* (1943, tiré de l'Orestie), en montrant la ville d'Argos ployant sous la domination d'Égisthe et sous le poids de la culpabilité, prenait une évidente valeur symbolique pour les spectateurs français. *Huis clos* (1944), sa pièce la plus célèbre, avait un fondement plus psychologique, dont Sartre s'est expliqué :

« J'ai voulu dire : l'enfer, c'est les autres... si les rapports avec autrui sont tordus, viciés, alors l'autre ne peut être que l'enfer. Pourquoi ? Parce que les autres sont au fond ce qu'il y a de plus important en nous-mêmes, pour notre propre connaissance de nous-mêmes... Quoi que je sente en moi, le jugement d'autrui entre dedans. Ce qui veut dire que, si mes rapports sont mauvais, je me mets dans la totale dépendance d'autrui. Et alors en effet je suis en enfer. »

Morts sans sépulture (1946) avait comme sujet la torture, et *La Putain respectueuse*[1] (1946), qui se passait au États-Unis, abordait le thème du racisme. En 1948, *Les Mains sales* (avec François Périer) retransposait le thème des *Mouches*, en portant l'accent sur l'ambiguïté de la valeur de l'acte. Plus complexes, ses deux dernières grandes pièces, *Le Diable et le Bon Dieu* (1951, avec Pierre Brasseur) et *Les Séquestrés d'Altona* (1959, avec Serge Reggiani) furent d'ambitieuses variations sur l'acte et l'éthique, sur la conscience et le rachat.

(1) A la publication et sur les affiches, la pièce figura longtemps sous le titre de *P... respectueuse*, sauf une fois à l'occasion d'une tournée en province, où un typographe étourdi annonça la pièce sous le nom de *La Putain r...*

De tendance plutôt naturaliste, le théâtre de Sartre se voulait limpide, démonstratif et efficace ; mais un certain symbolisme de ses thèmes, souvent tirés des préoccupations de l'époque mais transposés en d'autres temps et d'autres lieux, lui conserve une actualité universelle, que son œuvre romanesque semble avoir déjà perdue.

Le philosophe Albert Camus (1913-1960) était né en Algérie, où, journaliste, enseignant, il avait également dirigé une petite compagnie théâtrale. Il était en France en 1942 quand les Américains débarquèrent en Afrique du Nord, et il s'engagea alors dans la Résistance, créant le journal *Combat*. C'est également dans cette période de la guerre qu'il écrivit ou qu'il jeta les prémices d'une grande partie de son œuvre philosophique et dramatique. *Le Malentendu*, créé en 1943 par Maria Casarès, traitait de manière un peu schématique de l'absurde condition de la vie. Plus flamboyant, *Caligula*, en 1945 (avec Gérard Philipe), illustrait le terrible syllogisme : « On meurt parce qu'on est coupable. On est coupable parce qu'on est sujet de Caligula. Donc tout le monde est coupable. C'est une question de temps et de patience... » *L'État de siège* (1948) et *Les Justes* (1949) eurent moins de portée.

Camus aimait le théâtre, mais il ne parvint pas, sauf dans *Caligula*, à y insuffler le sens de l'absurde et de la révolte qu'il avait si bien fait ressentir dans ses romans. Il venait d'adapter pour le théâtre "Les Possédés" de Dostoïevski, quand il disparut prématurément dans un accident de voiture.

Crommelynck et Ghelderode

Ils furent l'un et l'autre des auteurs belges féconds, originaux, avec une forme de comique teintée d'absurdité, d'angoisse et de fantastique. Fernand Crommelynck (1885-1970) se fit connaître en 1920 avec *Le Cocu magnifique*, qui est l'une des pièces les plus intéressantes du théâtre contemporain. Son succès éclipsa peut-être l'intérêt de ses autres comédies, *Tripes d'or* (1926), *Carine ou la jeune fille folle de son âme* (1929), *Chaud et froid ou l'idée de monsieur Dom* (1934).

Michel de Ghelderode (1898-1962) écrivit entre les deux

guerres des farces qui ne furent portées sur la scène, pour la plupart, qu'après la Libération : *Escurial* (1929), *L'École des bouffons* (1937), *Hop signor !* (1938), *Fastes d'enfer* (1942). Ses pièces retrouvaient la boufonnerie, la violence, la trivialité des farces du XVIe siècle, avec des thèmes néanmoins classiques. Ghelderode fut quelquefois considéré comme un précurseur du théâtre de l'absurde, et il est sûr en tout cas qu'il influença le nouveau théâtre français des années 50-60.

LE THÉÂTRE BRITANNIQUE

Auteurs anglais

Somerset Maugham (1874-1965), fils de diplomate, fut un romancier prolifique, influencé par le Naturalisme, mais aussi un inlassable voyageur, un agent secret et un dramaturge. Il donna dans la veine *comedy of manners*, et dans un style proche de celui d'Oscar Wilde, des comédies comme *Lady Frederick* (1907), *Penelope* (1909), et d'intéressantes études de mœurs. Pendant de nombreuses années, il y eut régulièrement à Londres une ou plusieurs pièces de Somerset Maugham à l'affiche des théâtres.

La relève fut néanmoins assurée par Noël Coward (1899-1973), avec des œuvres à succès comme *Hay Fever* ("Rhume des foins" ou "Week-end", 1925), *Private Lives* ("Les Amants terribles", 1930), *Blithe Spirit* ("Esprit follet", 1941) puis par Terence Rattigan (1911-1977), avec des comédies plaisantes telles que *Who is Sylvia ?* ("Qui est Sylvia ?", 1950). Doivent également s'y rattacher les deux succès de Peter Ustinov (1921-), *The Love of Four Colonels* ("L'Amour des quatre colonels", 1951) et *Romanoff and Juliet* (1956).

Shaw

Au début du siècle, le trublion George Bernard Shaw (1856-1950) avait cependant commencé à bousculer le conformisme du théâtre anglais, en introduisant des thèmes tout à fait subversifs dans le cadre de la comédie de mœurs.

Critique, journaliste, celui qu'on appelait "G.B.S." avait été très tôt gagné par les idées de Marx, qui lui semblaient être les seules à répondre aux profondes injustices du temps. Shaw se fit propagateur d'idées sociales, pamphlétaire, réformateur. Découvrant Ibsen, il comprit le rôle que pouvait prendre le théâtre dans l'évolution des pensées, et écrivit entre 1892 et 1950 une cinquantaine de pièces, dont *Widower's Houses* ("L'Argent n'a pas d'odeur", 1892), *Arms and the Man* ("Le Héros et le Soldat", 1894), *Mrs Warren's Profession* ("La Profession de Mme Warren", 1898), *Candida* (1898), *Man and Superman* ("L'Homme et le Surhomme", 1903), *Major Barbara* (1905), *Pygmalion* (1912), *Cæsar and Cleopatra* ("César et Cléopâtre", 1912), *Androcles and the Lion* ("Androclès et le lion", 1913), *Heartbreakhouse* ("La Maison des cœurs brisés", 1917), *Saint Joan* ("Sainte Jeanne", 1924), *The Adventures of the Black Girl in her search for God* ("Les Aventures d'une jeune négresse à la recherche de Dieu", 1932).

Shaw apporta au théâtre anglais le débat d'idées, s'attaquant aux sujets les plus divers, débusquant dans leurs derniers retranchements les hypocrisies, les scandales et les préjugés. Mais il sut heureusement conserver à son théâtre un humour plein de fantaisie, et ne prenait au sérieux que sa quête inlassable d'une plus grande vérité. C'est par cette verve et par un excellent sens de la construction dramatique que son théâtre conserva toute sa force, et "La Profession de Mme Warren" (sur la prostitution), "Major Barbara" (sur les marchands de canons), "Pygmalion" (sur les préjugés de classe), entre autres, se revoient toujours avec bonheur et continuent de faire réfléchir sur des thèmes hélas éternels.

Tranchant cependant sur ses plaisantes parodies historiques, "Sainte Jeanne", écrit trois années après sa canonisation par l'Église, se révéla être une profonde analyse des mécanismes sociaux et politiques, et le personnage de Jeanne était traité avec simplicité, lyrisme, et une grande émotion(1).

Le théâtre de Shaw traversa les frontières, fut traduit et joué un peu partout. Il influença profondément et durablement

(1) L'interprétation de Ludmilla Pitoëff au Théâtre des Mathurins en 1934 fut saisissante.

l'évolution des pensées, la manière d'écrire et le choix des sujets de plusieurs générations de dramaturges. Il ne se préoccupa guère de laisser une œuvre immortelle, mais il reste pourtant l'un des grands noms de l'histoire du théâtre.

En Angleterre, l'un des premiers auteurs qui fut influencé par Shaw fut John Galsworthy (1867-1933) qui traita de sujets sociaux dans *The Silver Box* ("La Boîte d'argent", 1906) et *Justice* (1910).

Théâtre irlandais

Shaw traita en 1904 de l'Irlande (*John Bull's Other Island*, "L'Autre Ile de John Bull"), qui avait déjà son poète, William Butler Yeats (1865-1939).

Auteur inspiré, Yeats se préoccupait de faire revivre la culture celtique, et avait épousé très tôt la cause irlandaise. Avec Lady Gregory, il fonda à Dublin l'*Abbey Theatre*, et écrivit de nombreuses pièces allégoriques, dont *Deirdre* (1907), à partir d'un légende celte.

John Millington Synge (1871-1909) fut l'auteur d'un théâtre puissant, fait de personnages simples et vrais, que l'on retrouve dans *Riders to the sea* ("A cheval vers la mer", 1904), *The Well of the Saints* ("La Fontaine aux saints", 1905). En 1907, sa tragi-comédie *The Play-boy of the Western World* ("Le Baladin du monde occidental"), qui montrait les Irlandais dans leur nature pittoresque, emportée, encline aux grandes discussions et aux solides empoignades, provoqua une pleine semaine d'émeute, ce qui prouvait la justesse de l'observation. "Le Baladin" reste par ailleurs une superbe comédie, qui malheureusement perd beaucoup à la traduction.

Atteint d'une tumeur, Synge vit sa carrière trop tôt interrompue. Il laissa encore une remarquable version de la légende qui avait inspirée Yeats, avec *Deirdre of the Sorrows* ("Deirdre des douleurs", 1910).

Un autre Irlandais, Sean O'Casey (1883-1964), se fit le héraut des tentatives d'indépendance de son pays, et des luttes contre l'Angleterre. *The Shadow of the Gunman* ("L'Ombre d'un franc-tireur", 1923), *Juno and the Paycock* ("Junon et le

Paon", 1924), *The Plough and the Stars* ("La Charrue et les Étoiles", 1926), n'appartiennent pas vraiment à un théâtre militant, mais à un théâtre sur ceux qui luttent, avec leur héroïsme, mais aussi leurs doutes et leurs fausses valeurs. Ses pièces étaient créées à l'Abbey Theatre, mais son traitement lucide de la réalité irlandaise ne récolta bientôt que l'incompréhension et la colère de ses concitoyens. Il s'exila en Angleterre, et y poursuivit son œuvre généreuse, qui culmina en 1943 avec le très beau *Red Roses for me* ("Roses rouges pour moi").

NAISSANCE DU THÉÂTRE AMÉRICAIN

Le pays neuf qu'était l'Amérique n'avait pas comme préoccupation première de se forger une tradition théâtrale, et pendant de nombreuses décennies, les spectateurs se contentèrent de pièces itinérantes, médiocrement jouées dans des granges ou des *saloons*. D'obscurs et glorieux acteurs, qui s'affirmaient échappés des meilleures scènes européennes, jouaient des versions très adaptées des drames élisabéthains ou des comédies larmoyantes, devant des publics assez turbulents(1). Puis les grandes villes se dotèrent de théâtres, dans lesquels on joua les pièces à la mode en Angleterre ou en France. Au début du siècle, Ambrose Bierce pouvait, dans son "Dictionnaire du Diable", définir le dramaturge américain comme une « personne qui traduit les pièces françaises ».

Arrivaient d'ailleurs d'Europe des compagnies en tournée, avides d'exploiter ce public nouveau, ou de grands tragédiens précédés de leur réputation. Sarah Bernhardt fit ainsi plusieurs tournées triomphales, et elle y gagna l'aimable surnom de "Sarah Barnum". Les troupes américaines elles-mêmes se contentaient d'exploiter des succès éprouvés, et par exemple

(1) On se souvient des deux inénarrables comédiens-escrocs des "Aventures d'Huckleberry Finn", qui finissent enduits de goudron et de plumes. Et Lucky Luke ne pouvait pas ne pas rencontrer un jour l'une de ces minables troupes itinérantes ("Le Cavalier blanc", scénario de Goscinny).

le père d'Eugene O'Neill, qui était comédien, joua toute sa vie le rôle de Monte-Cristo dans une adaptation populaire(1).

Les lettres américaines étaient pourtant en train de naître, et quand l'Amérique devint enfin, après la guerre de Sécession, une nation adulte, elle découvrit qu'elle était déjà riche de toute une littérature, celle de Poe, Emerson, Hawthorne, Melville et Twain. Et, alors que Faulkner commençait à montrer que les grandes dynasties d'anciens pionniers avaient leurs faiblesses et leurs secrets honteux, le théâtre allait lui aussi entrer dans l'exploration de la face cachée de l'Amérique. L'époque était pourtant celle d'une démocratie triomphante, moderne, patrie de la réussite et de la richesse. Mais, sur le vieux continent, Ibsen, Strindberg, Shaw avaient lancé un mouvement puissant d'analyse critique, et les dramaturges d'outre-Atlantique allaient y être sensibles.

C'est ainsi que le théâtre américain, à quelques exceptions près, produisit peu de pièces souriantes ou de *comedy of manners*. La part du spectacle de délassement était pris en charge par les shows et les revues, qui se concentrèrent dans les théâtres de Broadway, mais qui se produisaient sur tout le continent. Puis le cinéma, très vite, prit le relais de la distraction avec la comédie américaine dont le succès, à grand renfort de girls et de décors rococo, ne se démentit pas jusqu'à la Seconde Guerre mondiale.

Il faut donc constater que le théâtre naissant arrivait surtout comme un art de complément, plus destiné à faire réfléchir qu'à distraire. Cela lui donna la caractéristique de rester un théâtre intellectuel, et sa faiblesse résidera dans le fait qu'il ne se sera jamais vraiment conforté par un grand mouvement populaire.

O'Neill

Eugene O'Neill (1888-1953), né dans l'ambiance d'une troupe, était prédestiné à se vouer au théâtre, mais c'est un destin auquel il se refusera jusqu'en 1914. Il devint chercheur d'or,

(1) Le champion toutes catégories des succès d'outre-Atlantique fut une tragicomédie intitulée *The Drunkard* ("L'Ivrogne"), laquelle fut créée à Los Angelès en 1843, et qui en un siècle dépassa les trois millions de spectateurs.

journaliste, et surtout marin dans la marine marchande. Puis, pris tout à coup d'une véritable frénésie d'écrire, il rédigea treize pièces en quinze mois, réalisa qu'il lui manquait à la fois la théorie et la pratique du théâtre, prit des cours à Harvard, et commença dès lors à enrichir le théâtre américain de ses premières pièces de répertoire, qu'il donnait à des jeunes troupes de Provincetown (Massachusetts) ou de New York.

Son théâtre fut inégal, et son écriture ne trouva que lentement sa vraie maturité. Certaines de ses premières pièces, *Beyond the Horizon* ("Au-delà de l'horizon, 1920), *Anna Christie* (1921), avaient un naturalisme proche de celui de Maupassant, mais *Emperor Jones* ("L'Empereur Jones", 1921) ou *The Airy Ape* ("Le Singe velu", 1922) furent beaucoup plus expressionnistes. Notons encore le sensible *Desire Under the Elms* ("Désir sous les ormes", 1924), et la puissante trilogie *Mourning Becomes Electra* ("Le Deuil sied à Électre", 1931), qui transposait l'Orestie à la fin de la guerre de Sécession.

O'Neill donna l'exemple à d'autres dramaturges, dont Thornton Wilder (1897-1975), qui traita de thèmes philosophiques et religieux avec une écriture raffinée dans *The Trumpet Shall Sound* (1927), *Our Town* (1938), *The Skin of Our Teeth* ("La Peau de nos dents",1942). Maxwell Anderson (1888-1959) tenta de créer un théâtre poétique, puis illustra des sujets d'actualité, comme celui de Sacco et Vanzetti dans *Winterset* (1935). Paul Green (1894-1981) apporta dans *In Abraham's Bosom* ("Dans le sein d'Abraham", 1926) sa contribution à la cause noire. Lillian Hellman (1905-1984), la dernière compagne de Dashiell Hammett, traita dans ses pièces, *The Children's Hour* ("L'Heure des enfants", 1934), *Days to come* ("Grèves", 1936), *The Little Foxes* ("Les Petits Renards", 1939), de sujets tabous à cette époque, et de préjugés sociaux.

Théâtres fédéraux

Toutefois, la récession avait brutalement mis au chômage une dizaine de milliers d'artistes, et le Département d'État imagina en 1935 de confier à une universitaire, Mme Flanagan, la tâche de gérer des "théâtres fédéraux".

Mme Flanagan pris sa mission au sérieux, décida de respecter les particularismes locaux là où se trouvaient les troupes, et de mettre le théâtre à l'écoute de son temps. Ainsi, Orson Welles eut la commande d'un *Macbeth* noir pour l'un des théâtres de New York, mais les expériences passèrent surtout par des écritures collectives et l'illustration de sujets d'actualité. Les troupes se multiplièrent, s'enrichirent de "collectifs" d'auteurs, s'engagèrent aussi bien dans l'action sociale que politique. En quelques années, le mouvement avait pris une ampleur tout à fait étonnante et gagné un large public populaire par la modicité, ou la gratuité, de ses prix de place.

L'expérience, évidemment, suscita l'hostilité des milieux de Washington qui l'accusèrent vite de déviations procommunistes. Elle fut bientôt annihilée par la suppression de ses crédits, et les troupes se trouvèrent réduites à l'impuissance. Heureusement, de nombreux comédiens allaient bientôt retrouver une occupation, sinon un emploi, sous les glorieux drapeaux de l'Oncle Sam.

LE THÉÂTRE DE L'APRÈS-GUERRE

Morosité

La guerre terminée, le théâtre avait changé. Tout d'abord, il n'était plus convenable de vouloir se distraire, et encore moins de vouloir distraire les autres. Le fossé se creusa entre les scènes de Boulevard et les scènes du "vrai théâtre". Les auteurs de comédies étaient considérés avec un certain mépris ; les comédiens eux-mêmes, ceux qui acceptaient de se compromettre dans les emplois légers, étaient comme exclus de la famille.

A l'heure d'Hiroshima et alors que l'on découvrait l'horreur des camps d'extermination, les dramaturges semblaient ne plus avoir d'autre choix que celui du débat d'idées, ou encore celui de l'absurde et de la dérision. On ne fit pas de grandes pièces sur le génocide ou sur les bombardements ; on fit des pièces sur le pauvre clown humain et ses absurdes gesticulations. Beckett proposa un théâtre de traumatisme et d'exorcisme qui eut une effet considérable. D'autres s'enfonçaient dans l'incohérence et l'hermétisme.

Les metteurs en scène n'échappèrent pas à cette ambiance morose, et il leur fallait en urgence dépoussiérer les classiques pour en faire ressortir toutes les noirceurs. René Jasinski écrivait :

« Assombrie et ravagée, l'âme moderne perd le sens de la gaîté pure, dont s'est délecté au long des siècles l'esprit français, et sans lequel la comédie moliéresque, y compris *Le Misanthrope,* ne se conçoit plus. »

Molière n'était pas le seul à se voir ainsi dépouillé de son humour et affublé de différents oripeaux existentialistes, moraux ou sociaux, et peu de reprises, après la guerre, échappèrent à ce vigoureux traitement. Cette large tendance eut cependant le mérite d'approfondir la vision des grandes pièces, lorsque les metteurs en scène s'astreignaient à une véritable recherche philologique, historique, philosophique et biographique(1).

Nouveaux metteurs en scène

En France, le meilleur animateur dramatique de l'époque, Jean Vilar (1912-1971), n'échappa pas toujours aux travers de cette démarche. Il fut néanmoins un admirable continuateur du travail de Gémier, de Copeau et de Dullin. On lui confia en 1951 la direction du Théâtre National Populaire, TNP, avec deux salles à Chaillot. Vilar y attira un public nombreux et fidèle, une "génération sartrienne" finalement assez peu populaire, et qui aimait mieux les grandes reprises que les créations contemporaines. En faisant le bilan, il déclara : « Je ne souhaitais qu'une chose, c'est que Sartre me donne une pièce très engagée. Je l'aurais montée. » Au TNP, passèrent Daniel Sorano, Alain Cuny, Germaine Montero, Georges Wilson, Jeanne Moreau, Michel Bouquet et beaucoup d'autres, mais le grand comédien du TNP fut sans conteste Gérard Philipe, qui marqua tous ses rôles d'une lumineuse clarté, dont celui de Rodrigue du *Cid*, et celui d'Octave dans *Les Caprices de Marianne*.

Le TNP dépendait en grande partie de subventions, et la manière dont il était géré ainsi que la discussion des budgets constituaient une source incessante de débats avec des ministères à la politique souvent incohérente. Lassé, marqué de surcroît par la disparition prématurée de Gérard Philipe et

(1) Ce ne fut pas toujours le cas, et d'ébouriffantes argumentations laissèrent quelquefois perplexe : « C'est parce que Shakespeare a, comme nous, vécu au milieu des meurtres, des révolutions et des catastrophes, entre deux âges, si l'on peut dire : l'âge de la foi perdue et celui d'une foi pas encore retrouvée, pendant une maladie du doute... Il participait à l'éclosion d'un monde, il se débattait dans cette vallée de meurtres et de catastrophes où, comme pour nous, toutes les valeurs étaient remises en question... Si Shakespeare venait de vivre comme nous la dernière guerre mondiale, s'il assistait au malaise international que nous subissons, aurait-il beaucoup de mots à changer au texte d'Enobarbus : "Ainsi donc Antoine et César demeurent seuls en présence, comme une paire de mâchoires prêtes à se fermer sur le monde et tout ce que le monde pourra jeter entre eux d'aliments ne les empêchera pas de grincer" ? Shakespeare, pour nous, français, est un besoin. Il est toujours prêt à nous donner un renouveau de vie. Il est notre meilleur donneur de sang... » (Jean-Louis Barrault.)

de Daniel Sorano, Vilar demanda en 1963 à ne pas être reconduit à la tête du TNP. Il avait par ailleurs créé en 1947 une "semaine théâtrale" dans la petite ville méridionale d'Avignon, qui avait commencé à prendre de l'importance, passant à deux semaines, et qui demandait un travail beaucoup plus approfondi. En 1968, sous son impulsion, le "Festival d'Avignon" se déroulait sur la durée de quatre semaines, et attirait un public de plus en plus nombreux, jeune, et avide de nouveautés.

Avec une inlassable énergie, Vilar porta sur ses épaules une grande partie du théâtre de l'après-guerre. Mais à sa mort, le mouvement issu du TNP retomba d'une manière inquiétante. La décentralisation, commencée en 1946, relancée par Malraux avec les Maisons de la Culture, aboutissait elle aussi, à un demi échec[(1)]. Le postulat du théâtre populaire semblait avoir été posé sur de mauvaises bases.

Quelques animateurs continuèrent cependant à en brandir le drapeau, avec ferveur ou opportunisme. D'autres cherchèrent surtout à se constituer un public choisi, adapté à leur conception du théâtre et de la mise en scène. D'autres enfin poursuivirent une exploration purement artistique de la mise en scène, nourrie et enrichie par toute l'évolution psychologique du XXe siècle. De grands metteurs en scène, Patrice Chéreau, Roger Planchon, se taillèrent de grandes réputations, dont on aimerait qu'elles n'aient pas coïncidé avec un lent déclin du théâtre. Et le même type d'interrogation continue de se poser encore quelquefois devant d'autres mises en scène somptueuses aux décors démesurés, mais qui sont données devant des salles clairsemées d'invités. Mais tout du moins le trépas du théâtre, s'il doit en mourir, aura-t-il la fière allure de la "Mort de Sardanapale".

(1) Décisions trop politiques, mauvais choix des hommes, mauvaises gestions, despotisme, manque de communication, mépris du public, programmations médiocres, racoleuses ou provocatrices, entraînant l'hostilité des municipalités... l'aventure de la décentralisation a suscité des bilans successifs qui, à côté de quelques réussites ponctuelles et de quelques itinéraires satisfaisants, mirent en évidence ses faiblesses et ses erreurs. Alors qu'un "fédéralisme théâtral" fonctionne bien en Allemagne, les pouvoirs publics français continuent à chercher la formule secrète d'un théâtre vivant, libéré de la tutelle parisienne, et goûtent au passage tous les effets pervers de leurs choix successifs.

A New York, le réalisateur Elia Kazan (1909-) fonda en 1947 un lieu de travail expérimental, l'*Actor's Studio,* lequel s'adressait principalement à des comédiens confirmés désirant approfondir leur technique de jeu. Il fit rapidement appel à son ancien professeur Lee Strasberg (1901-1982), metteur en scène et adepte de la "méthode" de Stanislavski. La venue de comédiens du cinéma à l'Actor's Studio, dont Eli Wallach, Jason Robarts, Montgomery Clift, Marlon Brando, Paul Newman, Julie Harris, Shelly Winters, contribua à lui assurer une renommée grandissante, et il est probable que ce type de travail fut à l'origine de toute une nouvelle génération de comédiens, habités par un souci extrême de vérité dans leurs compositions (Dustin Hoffman, Jack Nicholson, Robert de Niro, Meryl Streep...), et se transfigurant à chaque fois en une nouvelle personne. On peut toutefois reprocher à Strasberg d'avoir poussé à l'extrême le processus d'intériorisation, au détriment, pour le théâtre, de la pièce dans son ensemble ; et peut-être d'avoir un peu négligé, à côté de la formidable construction des personnages, la simple et nécessaire technique du jeu(1).

En Pologne, un autre "gourou" du théâtre, Jerzy Grotowski (1933-), créa en 1959 un *Teatr-Laboratorium,* entièrement axé sur la formation de l'acteur, à partir des théories de Stanislavski et d'Artaud. La méthode utilisait également la psychanalyse et des techniques de yoga. Elle a donné des résultats bouleversants dans un très petit nombre de spectacles, mais il semble qu'elle y ait également trouvé ses limites. Elle pose par ailleurs d'autres problèmes, ceux de l'emprise du metteur en scène sur le comédien et sur la légitimité de ce type de travail, surtout quand il est ensuite repris par des semi-charlatans. Grotowski a laissé un texte de référence, "Vers un théâtre pauvre" (1971), puis il semble avoir ensuite évolué vers un théâtre plus simple.

Dernière grande figure de la mise en scène internationale, Giorgio Strehler (1921-) fut le cofondateur en 1947 du *Piccolo*

(1) Strasberg et Stanislavski s'étaient plusieurs fois rencontrés. Leur dernière entrevue en 1933 se solda par une totale incompréhension, Stanislavski ne retrouvant plus les grandes lignes de son enseignement dans les idées de Strasberg.

Theatro de Milan. Sa pièce-fétiche resta *Arlequin serviteur de deux maîtres,* mais il mit également en scène Brecht, Shakespeare, Molière, Calderon, Tchekhov, Gorki, Büchner, Sophocle, etc. Il rencontra Brecht qui ne fut pas sans influence sur lui, mais Strehler conserva le goût d'un théâtre clair et vivant, et d'un répertoire diversifié.

Beckett et le nouveau théâtre

Né en Irlande, Samuel Beckett (1906-1989) avait été un intime de Joyce. Il avait abandonné sa carrière universitaire pour se consacrer à la littérature et, résidant en France, il en vint bientôt à écrire en français. Il avait péniblement publié deux romans quand sa seconde pièce, *En attendant Godot,* fut montée en 1953 par Roger Blin(1). Enthousiasme, stupéfaction, colère, incompréhension, exaspération des spectateurs, tout contribua à faire un immense succès à la pièce, qui fut suivi de celui de *End's Game* ("Fin de partie", 1956) et de *Happy Days* ("Oh ! les beaux jours !", 1962).

Les pièces de Beckett constituent un sommet, celui d'un humour noir, indigné, désespéré, au service du froid constat de l'absurdité de l'existence. Vladimir et Estragon sont des clowns-clochards qui attendent Godot (Godot = God = Dieu ?), lequel ne viendra pas, et qui l'attendent encore le lendemain, alors qu'il ne viendra pas non plus ; tout ceci se déroule dans un décor cauchemardesque, avec comme seule autre rencontre celle d'un maître sadique et de son esclave. A la fin de chaque journée, seul les retient de se pendre l'espoir que Godot finira enfin par arriver, et rien n'est plus monotone, plus dérisoire et plus vain que leur conversation(2). Mais de cette négation presque absolue du théâtre, Beckett tire des effets prodigieux et entraîne chez le spectateur, entre deux rires nerveux, des pensées passablement inquiétantes.

(1) Roger Blin (1907-1984), qui avait connu Artaud et fréquenté le groupe Octobre, était resté une sorte de franc-tireur du théâtre. Il créa des pièces d'Adamov, de Genet, et celles de Beckett.

(2) Pinter dira, à propos de son propre théâtre : « Vous et moi, nous sommes presque toujours sans expression, avares de nous-mêmes, indignes de confiance, élusifs, évasifs, obstructionnistes. Mais de ces tares jaillit le langage, un langage dans lequel, par-delà ce que l'on dit, on dit autre chose. »

"Fin de partie" fut encore plus accablant, et "Oh ! les beaux jours !" (créé en France en 1963 par Madeleine Renaud) poussait à sa limite la précaire condition de la vie et le principe de l'expression théâtrale. Tout a été dit sur le théâtre de Beckett, tout et son contraire ; mais il est sûr qu'il porta un coup aux formes traditionnelles du spectacle, et que son absolue maîtrise d'une forme d'expression nouvelle laissa croire à de bouillants épigones qu'il était facile d'en faire autant ; il faudra pourtant une bonne dose de talent pour oser continuer à s'exprimer dans l'absurde et le dérisoire après les trois grandes pièces de Beckett.

Arthur Adamov (1808-1970), qui était né dans une riche famille du Caucase, se retrouva en exil en France après la révolution russe. Très kafkaïennes, ses premières pièces, *La Parodie* (1947), *L'Invasion* (1949), *La Grande et la Petite Manœuvre* (1950), s'apparentèrent également à un théâtre de l'absurde par leur mélange d'incommunication, de grotesque et de cruauté, tandis que *Le Ping-Pong* (1955), *Paolo Paoli* (1956) et ses pièces suivantes se rapprochèrent du théâtre de Brecht.

Eugène Ionesco (1912-) avait rencontré le succès en 1950 avec une amusante pochade, *La Cantatrice chauve*, qui retrouvait l'absurdité joyeuse et féroce de Vitrac. Ses autres pièces absurdes, dont *Les Chaises* (1952), *Amédée ou comment s'en débarrasser* (1954), poursuivirent avec une logique imperturbable l'exploration de thèmes inquiétants. Son théâtre aboutit en 1962 à l'admirable *Le Roi se meurt*, farce tragique qui fait durer le temps de la représentation l'agonie d'un roi vaguement médiéval, Bérenger Ier[1].

D'une jeunesse trouble et d'un séjour en prison, Genet (1910-1986) conserva une image de mauvais garçon, que Sartre transforma en légende en lui consacrant un essai, *Saint Genet, comédien et martyr*. En prison, il écrivit *Haute Surveillance* (créé en 1949), puis Jouvet lui commanda *Les Bonnes* (1947),

(1) Coïncidence d'un autre "roi d'absurdie" qui se meurt, celui de Robert Pinget (1919-), *Architruc*, créé en 1964 ; dans une veine plus provocante, notons également le monarque de *L'Architecte et L'Empereur d'Assyrie* (1967) de Fernando Arrabal (1932-). Autre homme qui meurt, très riche celui-là, le héros de *La Maison d'os* (1962) de Roland Dubillard (1923-).

que l'auteur renia par la suite(1), et puis ce furent *Les Nègres*, créé à Londres en 1957, et *Les Paravents*, créé à Berlin-ouest en 1961. Dans le théâtre de Genet, il faut probablement faire la part de ce que projetait un auteur proscrit et révolté, mais reconnaître également le génie d'une troublante écriture de l'imaginaire. Seule pièce française d'envergure traitant de la guerre d'Algérie, *Les Paravents* fut tardivement créé à Paris par Roger Blin en 1966, et provoqua de véhémentes réactions dans les milieux de l'extrême droite.

Les autres pièces appartenant au "nouveau théâtre" furent de moindre portée, même s'il y en eut d'intéressantes. Boris Vian (1920-1959) écrivit quatre beaux romans qui séduisirent toute une génération, mais ses pièces, la farce militaire de *L'Équarrissage pour tous* (1950) ou l'inquiétante progression d'étage en étage des *Bâtisseurs d'Empire* (1959) n'apportèrent que peu de choses dans la veine entamée par Ionesco. Curieuse coïncidence, Günter Grass traita lui aussi dans *Hochwasser* ("La Crue", 1955) de la fuite d'une famille vers le toit. L'américain Murray Schisgal (1926-) resta dans la lignée de Ionesco avec *The Typists* ("Les Dactylos", 1960), *The Tiger* ("Le Tigre", 1963), *Knit One, Purl Two* (1963). On remarqua encore le *Capitaine Bada* (1952) de Jean Vauthier (1910-), dont les autres pièces ne semblent pas vraiment conçues pour la représentation. Et de Romain Weingarten (1926-), qui avait donné un surréaliste *Akara* en 1948, se détacha surtout *L'Été* (1966), dernier fleuron, à contre-courant, d'un certain théâtre poétique. Enfin, Marguerite Duras (1914-) adapta quelques-uns de ses romans au théâtre, dont *Le Square* en 1955.

"Angry young men"

En Angleterre, de nouveaux auteurs se rassemblèrent sous le nom de *angry young men* ("Jeunes gens en colère"), en réaction contre leurs aînés du théâtre intellectuel ou de Boulevard(2).

(1) Dans la mise en scène du "Living Theatre" en 1965, les deux bonnes furent, selon le vœu de Genet, jouées par deux hommes dont Julian Beck lui-même.
(2) Le plus grand succès de l'époque était *The Mousetrap* ("La Souricière", 1952) d'Agatha Christie, qui est toujours joué et qui dépasse aujourd'hui les quinze mille représentations ; un peu derrière arrive *No sex, please ; we're British*, délicat chef-d'œuvre d'Antony Marriott et Alistair Foot.

Avec *Look back in Anger* ("La Paix du dimanche", 1956), John Osborne (1929-) apparut comme le chef de file d'un nouveau théâtre de critique sociale contre le très conformiste *establishment*. Laurence Olivier fut ensuite le créateur de *The Entertainer* ("Le Bonimenteur" ou "Le Cabotin", 1957). Parmi ses autres pièces, notons *Inadmissible Evidence* ("Témoignage irrecevable", 1964) et *A Sense of Detachement* (1973).

De tendances plus marxistes, Arnold Wesker (1932-) décrivit dans ses pièces, *Chicken Soup with Barley* ("Soupe de poulet à l'orge", 1958), *Roots* ("Racines", 1959), *The Kitchen* ("La Cuisine", 1961), des petites gens, des employés. "La Cuisine" fut en France l'une des premières créations du Théâtre du Soleil en 1966, avec plus de trente comédiens.

Harold da Pinta, dit Harold Pinter (1930-), se rapprocha de Beckett dans la peinture de ses personnages erratiques et pitoyables. Après *The Birthday Party* ("L'Anniversaire", 1958), il donna son chef-d'œuvre, *The Caretaker* ("Le Gardien", 1960[1], *The Lover* ("L'Amant", 1963), *The Homecoming* ("Le Retour", 1965). Pinter réalisa également au cinéma le scénario du film de Losey, *The Servant*.

Et le scénariste de télévision Peter Nichols (1927-) fit représenter en 1967 une pièce d'humour noir (d'amour noir ?) sur sa propre vie de couple avec une petite fille paraplégique, *A day in the Death of Joe Egg*[2] ("Un Jour dans la mort de Joe Egg"). *Joe Egg* fut monté un peu partout dans le monde. En France, c'est Jean Rochefort et Marthe Keller qui furent les grands interprètes de la pièce en 1970.

(1) A la création du "Gardien", Rattigan, l'auteur à succès, avait demandé à Pinter : « N'est-il pas vrai que cette pièce met en scène, sous forme allégorique, Dieu, Jésus-Christ et l'homme en tant que créature souffrante ? » Ce à quoi Pinter répondit : « Non, elle met en scène deux frères qui engagent un gardien. » Une reprise en 1969 à Paris confronta de manière exceptionnelle Sacha Pitoëff, Jacques Dufilho et Claude Giraud.

(2) La pièce de Peter Nichols serait insupportable si elle n'était pas si gaie, et reste un exemple à part dans le théâtre. En 1970, l'auteur écrivait : « Dans la vie réelle, nous avons fait ce que les personnages de la pièce auraient dû faire, me semble-t-il : nous avons mis notre petite fille "anormale" dans un hôpital. Mais, ça après tout, c'est seulement une façon de s'en sortir. Une fuite, pas une solution... »

Évolutions d'un théâtre de divertissement

Pendant quelques années, le théâtre des noceurs et cocottes, des adultères, caleçonnades, portes qui claquent, quiproquos et respectabilité sauvegardée au dernier moment, survécut sur quelques scènes parisiennes, avant d'être adapté dans le goût du jour par de nouveaux auteurs. Le complet remplaça l'habit, le whisky coula à la place du champagne, les séducteurs se faisaient pilotes de ligne[1], journalistes ou politiciens, ce qui n'enlevait rien à la tradition du caleçon, tandis que les femmes, libéralisation des mœurs oblige, se retrouvaient en tenues de plus en plus légères. Il n'y aurait d'ailleurs pas de raison de bouder son plaisir si le théâtre de Boulevard, nouveau ou non, ne retombait pas le plus souvent dans les mêmes vieilles ficelles racoleuses.

De bons auteurs cependant lui redonnèrent de la fraîcheur, et André Roussin (1911-1987), avec *La Petite Hutte* (1947) ou *Lorsque l'enfant paraît* (1951), apporta au genre un heureux renouvellement tout en restant dans la tradition d'un esprit Labiche. Plus exotique, et riche d'une belle faconde méridionale, Jacques Audiberti (1899-1966) surprit avec *Le Mal court* en 1947, mais imposa son aimable théâtre de divertissement avec en 1956 un véritable vaudeville moderne, *L'Effet Glapion*. Et, dans un style plus satirique, Marcel Aymé (1902-1967) donna quelques pièces dérangeantes comme *Lucienne et le Boucher* (1950) et *Clérambard* (1950) ; mais quand il voulut pousser un peu plus loin l'observation mordante avec *La Tête des autres* (1952), il choqua et scandalisa un public qui aimait se voir pastiché, mais non pas dénoncé.

Enfin, l'élégance un peu factice et les thèmes au goût du jour de René de Obaldia (1918-) lui assurèrent un succès boulevardier dès *Génousie* (1960, avec Jean Rochefort), qui resterait sa meilleure pièce s'il n'avait écrit en 1965 *Du vent dans les branches de sassafras*, savoureux pastiche mêlant le western,

(1) Le plus grand succès de ces dernières décennies reste l'inusable *Boeing-Boeing* (1960), de Marc Camoletti, pour lequel il fallut un jour remplacer les décors, qui n'avaient pas la même résistance que le public.

le mélo et la déclamation romantique[1], et qui fut créé avec une totale jubilation par Michel Simon.

Outre Françoise Dorin (*Un Sale Égoïste*, 1970, *Les Bonshommes*, 1970), le dernier grand représentant d'un genre qui ne cesse de renaître de ses cendres est sans conteste Jean Poiret, comédien roublard, adaptateur, et enfin auteur. Avec un métier consommé de la scène et la complicité de Michel Serrault, il réussit à maintenir le thème dangereusement scabreux de *La Cage aux folles* (1972) dans les limites de la comédie légère, ce qui n'était pas un mince exploit.

Théâtre social

Un théâtre "post-Brechtien" se développa en Europe après la guerre, mais il n'eut en France que peu de représentants marquants, sinon Adamov après 1954, Armand Gatti (1924-) avec *Le Crapaud-buffle* (1959) ou *La Vie imaginaire de l'éboueur Auguste Geai* (1962).

En Allemagne, l'écriture dramatique se fit souvent le vecteur d'une réflexion sur le passé proche ; sous la forme éprouvée de la pièce sociale, elle s'érigea dignement en conscience de l'âme allemande. Carl Zuckmayer (1896-1977), de retour d'exil après la guerre, écrivit *Des Teufels General* ("Le Général du diable", 1946), *Der Gesang im Feuerofen* ("Le Chant dans la fournaise", 1950). Martin Walser (1927-) donna *Eiche und Angora, eine deutsche Chronik* ("Chênes et lapins angoras, chronique allemande", 1962) *Der schwarze Schwan* ("Le Cygne noir", 1964). Et l'Allemand d'origine, mais naturalisé suédois, Peter Weiss (1916-1982) écrivit un étonnant *Die Verfolgung und Ermordung Jean-Paul Marats dargertellt durch die Schauspielgruppe des Hospizes zu Charenton unter Anleitung des Herrn de Sade* ("La Persécution et l'assassinat

(1) D'où le titre emprunté bien sûr à Victor Hugo, qui a sans aucun doute inspiré la grande tirade de la prostituée Miriam :

« ...Les barbares précis, fondant comme l'éclair,
N'ont laissé derrière eux qu'un atroce désert :
Cadavres mutilés et surpris pêle-mêle,
Enfants violacés encore à la mamelle,
Innocents et pécheurs poussant un dernier couac
Leurs visages fendus à coup de tomahawk !... »

de Jean-Paul Marat représenté par le groupe théâtral de l'hospice de Charenton sous la direction de Monsieur de Sade", appelé aussi, plus commodément, "Marat-Sade", 1964), et reconstitua dans *Die Ermittlung* ("L'Instruction", 1965, l'une des dernières mises en scène de Piscator), sous la forme d'une sorte de collage, le procès des responsables d'Auschwitz.

Les Suisses Max Frisch (1911-), avec *Biedermann und die Brandstifter* ("Biedermann et les incendiaires" ou "Monsieur Bonhomme et les incendiaires", 1952), *Don Juan oder die Liebe zur geometrie* ("Don Juan ou l'amour de la géométrie", 1953), *Andorra* (1961), et Friedrich Dürrenmatt (1921-) avec *Romulus der Grosse* "Romulus le Grand", 1949), *Die Ehe des Herr Mississipi* ("Le Mariage de Monsieur Mississipi", 1952), restèrent eux aussi dans l'influence du théâtre social de Brecht.

Ce nouveau théâtre en langue allemande, ainsi que les pièces de Brecht qui étaient enfin jouées, contribuèrent à exorciser un passé oppressant qui était encore très proche. Et la scène allemande conserva un rôle socialement plus actif qu'il ne l'était en France à la même période.

Plus indépendant, Peter Handke (1942-) se démarqua vite de ses compatriotes "engagés", se renferma dans une littérature hypersensible, et des pièces provocantes ou obscures, *Gaspard* (1967), *Beritt Huber den Bodensee* ("La Chevauchée sur le lac de Constance", 1971).

En République Démocratique Allemande, Heiner Müller (1929-) évoqua le monde ouvrier dans *Der Lohndrücker* ("Le Casseur de salaires", 1956), *Die Korrektur* ("La Rectification", 1959). Son univers devint ensuite de plus en plus sombre, allant jusqu'à un pessimisme historique qui contribua à l'écarter un peu des programmations officielles. En 1987, il écrivit cependant le livret d'un spectacle de Robert Wilson, *Hamlet Machine*.

Notons, dans la continuité du théâtre absurde de Gombrowicz, les pièces effrayantes du polonais Slawomir Mrozec (1929-), *Policjana* ("La Police", 1958), et *Striptease* (1961) dans une lignée plus politique.

En Tchécoslovaquie, Joseph Topol (1935-) rencontra le succès avec *Konec Karnevalu* ("Fin de Carnaval", 1962), tandis que l'œuvre de Vaclav Havel (1936-), *Zahradni slavnost* ("La Fête en plein air" ou "Garden-Party", 1963, *Vyrozumini* ("Le Rapport dont vous êtes l'objet", 1965), *Ztizena moznost soustiedeni* ("Difficulté accrue de se concentrer", 1967), *Spiklenci* ("Conspirateurs", 1970), *Protest* ("Pétition", 1976), s'est vue pendant plus de vingt ans interdite à la publication et à la représentation. Étonnante destinée pour un dramaturge, Vaclav Havel fut propulsé en 1989 par la soudaine démocratisation de son pays au poste de chef de l'État.

Enfin, en Espagne, Alfonso Sastre (1926-) traita dans son théâtre de sujets sociaux ou d'actualité, avec *Escuadra hacia la muerte* ("Escouade vers la mort", 1953), *La Mordoza* ("Morsure", 1954).

Un nouveau théâtre américain

Thomas Lanier, dit Tennesse Williams (1911-1983), avait été marqué dans son enfance par la dégradation de son Sud natal, et ses personnages instinctifs, insatisfaits, souvent à la limite de la pathologie, illustrèrent une autre facette de la réalité américaine. Ses grandes pièces, *The Glass Menagerie* ("La Ménagerie de verre", 1945), *A Streetcar named Desire* ("Un Tramway nommé Désir", 1949, créé par Vivian Leigh), *The Rose Tattoo* ("La Rose tatouée", 1951), *A Cat on a Hot Tin Roof* ("La Chatte sur un toit brûlant, 1955), *Sweet Birds of Youth* ("Doux Oiseaux de la jeunesse", 1960), *The Night of the Iguana* ("La Nuit de l'iguane", 1961), toutes brûlantes et inspirées, étaient également servies par une formidable maîtrise du dialogue. Elles se prêtaient bien à l'adaptation cinématographique et Marlon Brando, Richard Burton ou Ava Gardner y trouvèrent des rôles à leur mesure.

Arthur Miller (1915-) fit de son théâtre une quête de la vérité et de la justice sociale. Ses pièces, dont *All my Sons* ("Ils étaient tous mes fils", 1947), *Death of a Salesman* ("Mort d'un commis voyageur", 1949), *The Crucible* ("Les Sorcières de Salem", 1953), *A View from the Bridge* ("Vu du pont", 1955), ainsi que ses prises de position, lui attirèrent quelques ennuis à l'époque du maccarthysme, où il suffisait de critiquer l'*american way of live* pour être considéré comme suspect. Miller fut également le troisième mari de Marilyn Monroe, pour qui il écrivit le scénario de *The Misfits* ("Les Désaxés", réalisé par John Huston, avec également Clark Gable).

Plus proche du théâtre de divertissement, les pièces de William Inge (1913-1973), dont *Pic-Nic* (1953) et *Bus Stop* (1955, avec Marilyn Monroe dans l'adaptation au cinéma), tournaient autour de thèmes sentimentaux ou familiaux. Il faut également mentionner Arthur Laurents (1918-) pour une pièce psychologique, *A Clearing in the Woods* ("Une clairière dans les bois", 1957), et pour le livret de *West Side Story*. Arthur Kopit (1938-) fit quant à lui un joyeux mélange de parodie et de farce dans des pièces comme *Oh Dad, Poor Dad, Mamma's Hung you in the Closet, and I'm feelin' So Sad* ("Oh ! P'pa, pauvre P'pa, Maman t'a pendu dans le placard et c'est ça qui m'flanque le cafard", aussi appelée "Le Placard", 1960), *The Day the Whores Came Out To Play Tennis* (1965), ou *Wings* (1979). Et Neil Simon (1927-) fut également un auteur d'agréables divertissements, dont *Barefoot In the Park* ("Pieds nus dans le parc", 1963).

Enfin, le théâtre d'Edward Albee (1928-) cachait derrière une écriture exubérante, grinçante et violente, les secrètes angoisses de la société américaine. Il écrivit *The Zoo Story* (1958), *The American Dream* ("Le Rêve américain", 1961), mais sa pièce la plus marquante reste *Who's Afraid of Virginia Woolf ?* ("Qui a peur de Virginia Woolf ?", 1962), la plus hallucinante de toutes les scènes de ménage depuis "La Danse de mort" de Strindberg. George et Martha, dans un paroxysme d'injures et d'inventions méchantes, s'entre-déchirent toute la nuit sous les yeux d'un jeune couple attiré à leur domicile ; et ce n'est qu'au petit matin, alors que le terrible jeu se termine, que l'on réalise qu'il s'agissait d'un acte d'amour, un exorcisme cruel, mais peut-être nécessaire(1). Albee écrivit encore *Tiny Alice* (1965), *Delicate Balance*

(1) L'adaptation cinématographique, un peu édulcorée, manqua peut-être d'une réalisation de talent. Elle fut pourtant bien servie par ses deux interprètes, Elizabeth Taylor et Richard Burton.

("Délicate Balance", 1966), *All over* (1971), *Seascape* (1975), en tentant de poursuivre un nécessaire renouvellement du théâtre, avec des principes nouveaux qui pourraient en être les clés :

« Il est temps que public, critiques, et tout un chacun, y compris les auteurs dramatiques, se débarrassent de cette idée du symbolisme conscient dans les pièces... »

LES ANNÉES CONTESTATAIRES

Le grand mouvement de la fin des années soixante fut d'un effet profond et durable sur le théâtre, lequel en contrepartie devint l'une des caisses de résonance des idées contestataires. Aux États-Unis surtout, le théâtre s'inventa des formes complètement nouvelles de fonctionnement et de représentation, et devint, envers et contre tout, le porte-parole d'une nouvelle génération. Ce fut l'ère des troupes-tribus, de meneurs charismatiques qui rassemblaient autour d'eux de véritables familles, lesquelles tentaient d'exprimer "autre chose", et "autrement".

Le Living

La plus grande aventure, la plus folle mais la plus cohérente, fut celle de l'*American Living Theatre,* qui prit véritablement toute sa dimension pendant l'ère sinistre de Lindon Johnson, alors que ce dernier prônait l'escalade de la guerre du Vietnam contre l'ensemble de son opinion publique, que les manifestants venaient tous les jours crier sous ses fenêtres : « Hey hey, LBJ, / how many kids / did you kill today ? », et que la lutte des Noirs pour leur intégration trouvait ses premiers martyrs.

Julian Beck (1925-1985) et Judith Malina (1926-) s'étaient rencontrés en 1943, et ils avaient décidé du nom du *Living Theatre* dès 1947. Mais ce n'est qu'au bout d'une quinzaine d'années qu'ils parvinrent à faire véritablement fonctionner la troupe.

En 1962, un journaliste avait demandé à Julian Beck de définir en une vingtaine de mots les objectifs du Living, et il avait répondu :

> « Accroître la conscience claire, mettre l'accent sur l'aspect sacré de la vie, faire tomber les murs. »

Déjà, ils s'étaient presque entièrement débarrassés des artifices de la scène et présentaient un répertoire d'avant-garde, concentré sur le jeu des comédiens.

Le *Living* cependant était poursuivi par le Service des Impôts, et en 1963, Judith et Julian firent respectivement un et deux mois de prison. Ils continuèrent leur travail sans moyens ni subventions, sans soutien du reste de la profession. L'année suivante, ils inaugurèrent avec *Mysteries and Smaller Pieces* une nouvelle forme de rapports avec les spectateurs en n'hésitant pas à les interpeller, à les brutaliser par des images. *Mysteries* se terminait par les spasmes d'agonie de tous les comédiens de la troupe, qui finissaient en un épouvantable charnier immobile ; il était assez difficile de savoir à quel moment quitter la salle, et il aurait été ignoble d'applaudir.

Mais il fallait faire face à de nouveaux ennuis et de nouvelles dettes, et le *Living*, profitant de l'intérêt qu'il avait suscité, s'enfuit en Europe.

Il fut invité dans les grandes capitales, participa à quelques festivals. Il y trouva tout à coup les moyens de poursuivre ses recherches et d'aboutir à sa véritable forme d'expression. Cela donna en 1967 un spectacle inoubliable à partir de l'*Antigone* de Brecht, jouée sur des plateaux de théâtre entièrement dénudés, sans même les habituels rideaux de côté ou de fond, scène et salle en plein feu, avec une interpellation permanente des spectateurs. C'était alors une véritable révolution, que la densité du jeu des comédiens rendait encore plus évidente. La vie du *Living* elle-même faisait partie de la démarche : les acteurs étaient accompagnés de leur famille, de leurs enfants, et cela constituait une sorte d'assemblée beatnik qui investissait le théâtre, le quartier, qui engageait des discussions passionnées, qui prolongeait dans la rue un message dont la scène ne donnait encore qu'une vision fragmentaire. Le pas fut franchi l'année suivante quand la troupe envahit Avignon pour préparer *Paradise now*(1), qui devint l'aboutissement scénique d'un message de paix, de non-violence, de tolérance, de compréhension, et de refus d'une

(1) Francis Coppola y répondit dix années plus tard avec le film "Apocalypse now", autre facette d'une même époque.

société de surconsommation. La création de la pièce, quelques semaines après les événements de mai 68, prit une ampleur historique et symbolique que les organisateurs du festival n'avaient pas prévue, et qu'ils eurent d'ailleurs quelque peine à maîtriser.

Le spectacle était monté comme un voyage (*trip*...), avec la succession de huit "Échelons", huit "Rites" et huit "Visions"(1). Les comédiens, réduits à des personnages symboliques de bourreaux, victimes, vivants, morts, amants, etc., allaient jusqu'au bout d'eux-mêmes, et les scènes les plus crues, dans un autre contexte, n'auraient pas été tolérées par la censure. Le spectacle n'utilisait que très peu de textes, mais jamais la communication théâtrale n'avait été aussi extrême. L'instant devenait unique, et les acteurs, comme les spectateurs, en étaient conscients. Les Beck et le *Living* avaient atteint le point de non-retour, et surtout le bout de leurs forces. On critiqua la forme de leur théâtre et son contenu, Peter Brook déclara :

> « Cherchant le sacré sans avoir une tradition, une source, ils sont obligés de faire appel à des traditions, à des sources variées — le yoga, le Zen, la psychanalyse, les livres, les on-dit, la découverte, l'inspiration... »

Cependant, tout le monde fut saisi par la puissance de leur travail ; et il est assez facile aujourd'hui de constater à quel point ils ont influencé le théâtre de la fin du siècle.

Le retour aux États-Unis, cependant, tourna au fiasco, et les

(1) Le plan de *Paradise now* montre bien l'entière nouveauté du spectacle, et son assez grande ambition : *ÉCHELONS :* 1/ du bien et du mal. 2/ de la prière. 3/ de l'enseignement. 4/ de la voie. 5/ de la rédemption. 6/ de l'amour. 7/ du ciel et de la terre. 8/ de Dieu et de l'homme. *RITES :* 1/ du théâtre de guérilla. 2/ de la prière. 3/ de l'étude. 4/ de la copulation universelle. 5/ du voyage mystérieux. 6/ des forces contraires. 7/ des possibilités nouvelles. 8/ du moi et du toi. *VISIONS :* 1/ de la mort et résurrection de l'Indien américain. 2/ de la découverte du pôle Nord. 3/ de la création. 4/ de la vie de l'Apokatasis (ou restauration d'un état de perfection). 5/ de l'intégration des races. 6/ de l'éclair d'amour magique (ou de la conquête non violente du Pentagone). 7/ de l'arrivée sur Mars. 8/ de l'abandon du mythe de l'Eden. Au tout début du spectacle, les comédiens se répandaient dans les gradins en criant longuement aux spectateurs, et comme s'ils étaient devenus fous de frustration : « Je n'ai pas le droit de voyager sans passeport », « Je ne sais pas comment arrêter les guerres », « On ne peut pas vivre sans avoir d'argent », « Je n'ai pas le droit de fumer du haschisch », « Je n'ai pas le droit d'ôter mes vêtements », etc.

nouvelles mises en scène n'entraînèrent plus qu'un mouvement de curiosité. Le *Living* appartenait aux "sixties", et il fallait maintenant tourner la page. Dès 1971, on pouvait lire dans une influente revue théâtrale, *Performance I* :

« Une compagnie théâtrale ne peut pas être le microcosme du monde qu'elle souhaite créer. Les théâtres révolutionnaires américains ont trop souvent tendu à refléter les structures de la société plutôt qu'à les changer... »

La fin du Vietnam, le Watergate et la crise pétrolière allaient contribuer à rendre caduques les grandes utopies, l'Amérique devenait une nouvelle fois une "nation adulte", et la contestation se transformait en réflexion avec l'ouverture à New York[(1)] et partout ailleurs d'une myriade de petites salles "underground" plus ou moins misérables, présentant un théâtre qui se voulait de recherche.

Les troupes

Cependant, l'exemple du mode de vie instauré par le couple Beck avait été suivi par de nombreux comédiens, qui tentèrent de créer leurs propres troupes-tribus. Joseph Chaikin, un ancien du *Living*, créa en 1963 l'*Open Theatre*, qui présenta quelques grands spectacles, *America Hurrah* en 1966, *The Serpent* en 1968, *Terminal* en 1969.

En France, le *Théâtre du Soleil* naquit en 1964 à partir d'un groupe de comédiens qui travaillaient déjà ensemble depuis quelques années. Ils s'étaient orientés vers des techniques de création collective, mais confièrent bientôt la direction de la compagnie à Ariane Mnouchkine (1939-). Le Théâtre du Soleil monta "La Cuisine" de Wesker, "Le Songe d'une nuit d'été" de Shakespeare, puis décida, à l'imitation du *Living*, dont il avait adopté une partie des méthodes, de ne plus travailler sur des textes d'auteur. Le premier montage collectif, *Les Clowns* (1969), fut une semi-réussite. La deuxième tentative, *1789* (1970), rencontra enfin la faveur du public, qui y

(1) Le off-off-Broadway comptait 316 théâtres en 1975, dont certains n'étaient que des arrière-boutiques, et dont se détachèrent le *Café Cino, La Mamma*. On trouve un reflet de cette vie culturelle dans "Rêve de singe", le film de Marco Ferreri.

retrouvait le goût de la fête et de la révolution de 68.

1789, spectacle de bateleurs, utilisait la technique des clowns, celle de la commedia dell'arte, empruntait au *Living*, au *Bread and Puppet* pour les grandes marionnettes, et à l'*Orlando Furioso* pour la structure éclatée des lieux de scène(1). Le spectacle devait beaucoup à la fougue communicative des comédiens, car la structure du récit, fragmentaire, utilisant tour à tour le premier et le second degré, passant du clin d'œil très boulevardier à l'agression de type *Living*, souffrait d'un manque de cohésion. *1793* (1972), d'une manière plus réaliste, poursuivait le principe d'un travail à la fois collectif et individuel sur l'histoire, et *L'Âge d'or* (1975) y ajouta la technique de la commedia dell'arte, élargie à toutes les ressources de la pantomime.

Avec la réalisation d'un film sur Molière (1975), Ariane Mnouchkine tournait une première page de la vie du Théâtre du Soleil, qui s'était distingué, dans la préparation de chaque pièce, par un travail exceptionnel de recherche et d'improvisation. Ce travail se poursuivit mais revint à l'utilisation de textes, adaptés ou écrits sur mesure. Le choix des sujets, celui de *L'Histoire terrible mais inachevée de Norodom Sihanouk, roi du Cambodge* (1986) et de *L'Indiade* (1987, deux textes d'Hélène Cixous), ainsi que la rigueur de ce travail, ne contribuèrent pas à en faire des succès populaires.

Un certaine tradition du Théâtre du Soleil fut cependant poursuivie par l'un de ses anciens fondateurs, Jean-Claude Penchenat, qui fonda en 1975 le *Théâtre du Campagnol*.

(1) En 1970, Luca Ronconi avait présenté dans l'un des pavillons des anciennes Halles de Paris son *Orlando Furioso*, spectacle géant, baroque et sauvage, d'après le poème de L'Arioste, et qui avait été créé l'année précédente à Spolete. Ronconi poussa l'année suivante sa mise en pièce de la relation scénique et de la linéarité du spectacle dans XX, qui reste malheureusement l'exemple d'une brillante idée perdue dans une réalisation médiocre. L'*Orlando* et *1789* furent à l'origine d'une illusion, celle de la "fête théâtrale collective", en partie créée par des malentendus : en 1970, les pavillons Baltard étaient menacés de destruction par la Ville de Paris malgré une nombreuse opposition qui voulait au moins conserver deux édifices pour des manifestations culturelles, et le passage de la troupe italienne avait été un peu rapidement fêté comme une victoire ; la Ville profita de l'été, finalement, pour tout raser. Quand à *1789*, de nombreux spectateurs l'avaient considéré comme un spectacle militant d'agit-prop, et applaudissaient frénétiquement les répliques révolutionnaires, au grand étonnement des acteurs.

Reprenant une idée qui n'avait pas abouti au Soleil, le Campagnol monta en 1979 *Le Bal*, qui fut l'un des derniers grands succès de création en France.

En 1968, un groupe d'Argentins, le groupe *T.S.E.*, mené par Alfredo Arias, arriva à Paris avec des spectacles baroques, des travestis inquiétants. En 1970, *Eva Peron*, une pièce de leur compatriote Copi (1939-1987), attira l'attention sur eux, mais ce n'est qu'en 1978 qu'ils triomphèrent avec *Les Peines de cœur d'une chatte anglaise*, adapté d'un conte de Balzac et joué avec des masques splendides.

Le *Grand Magic Circus et ses animaux tristes* fut l'une des résultantes, sous la paternité du metteur en scène Jérôme Savary, de l'agitation de 68. Structuré lui aussi en troupe, il donna de fastueux et flamboyants montages, *Zartan, frère mal-aimé de Tarzan*, *De Moïse à Mao* (1973), *Good Bye Mister Freud*, assez proches de l'esprit des *Actuel* et *Charlie-Hebdo* de l'époque, mais transmués dans une forme qui laissait la plus grande part au spectacle, à l'évasion, au rêve, et qui était pimentée d'un aimable érotisme. Dernier grand spectacle du Magic Circus, *Les Mélodies du malheur*, récits de clown triste, retrouvaient également la dimension très onirique des images de Robert Wilson.

Jérôme Savary se spécialisa ensuite dans les mises en scène d'opérettes et de comédies musicales. Il prouva avec son *Cyrano* en 1985 qu'il pouvait avoir un respect du texte et du contexte tout en privilégiant le jeu et le plaisir du public. Il demeure avec Marcel Maréchal et quelques autres l'un de ces metteurs en scène qui aiment plus le théâtre que leurs propres carrières, et les spectateurs leur en sont reconnaissants. Il est depuis 1988 à la tête du Théâtre National de Chaillot.

Le Festival de Nancy, dirigé par Jack Lang qui était alors professeur d'université, était devenu dès 68 un lieu important de découverte de talents. Il avait fait connaître cette année-là le *Bread and Puppet Theatre* de Peter Shumann, qui revint encore pendant quelques années avec ses étranges marionnettes. Et, en 1971, *Deafman Glance* ("Le Regard du sourd") de Robert Wilson tint pendant sept heures et demie les festivaliers dans une sorte de transe hypnotique. La lenteur des gestes, l'étirement de toutes les impressions, le silence, la répétition d'images oniriques et de gestes somnambuliques, abolissait littéralement le temps.

Robert Wilson, malgré de faibles moyens, avait trouvé les clés de l'une des plus primitives fascinations, de celles qui font que l'on reste à regarder rougeoyer un feu, mais il lui avait donné un troublant contenu émotionnel. Son succès fut immense, et il devint l'invité obligé des plus grands festivals. L'un de ses "spectacles", à Chiraz en Iran, dura sept jours et sept nuits sur une montagne désertique, avec soixante-dix-neuf comédiens. Mais le "Regard du sourd", qui n'était pas encore un succès de snobisme, reste le plus épuré de tous ses spectacles, et le plus émouvant[1].

Le café-théâtre

Comme à New York et dans une moindre mesure à Londres, où l'on voyait proliférer des petites salles marginales, des jeunes comédiens et des jeunes auteurs français prirent également en main leur destin[2] et firent découvrir des nouveaux lieux, dont La Vieille Grille, la Cour des Miracles, Le Lucernaire, Le Café de la Gare. Malgré l'inconfort et des installations souvent très approximatives, les "cafés-théâtres" à l'impropre dénomination firent découvrir les talents de Romain Bouteille, Zouc, Rufus, Patrick Dewaere, Coluche, et furent un tremplin pour de grands comédiens, Gérard Depardieu, Miou-Miou ou Michel Blanc. Le café-théâtre, malheureusement, se tourna trop rapidement vers un rire facile et vers l'exploitation d'un public béotien qui, entassé sur des bancs, se donnait l'impression de participer à quelque chose d'un peu marginal. En dehors du Café de la Gare, auquel Romain Bouteille conserva son esprit décapant, le café-théâtre a presque intégralement sombré dans la facilité.

(1) Il est peut-être possible de faire un parallèle entre son travail si particulier et celui du cinéaste Tarkovski.

(2) Les scènes parisiennes, toutes très spécialisées, préféraient sombrer dans le marasme plutôt que de s'ouvrir à l'aventure de nouveaux genres ; et les structures subventionnées étaient trop rigides pour accepter de les accueillir autrement qu'en touristes très occasionnels.

Provocation

Cette période "contestataire" donna au théâtre une floraison d'œuvres aussi colorées qu'éphémères. Le succès de *Hair* fut suivi d'un certain nombre d'autres spectacles vaguement musicaux et anarchisants. La scène était un lieu où l'on pouvait désormais tout faire et tout dire ; une certaine dose de provocation confirmait l'appartenance à une nouvelle modernité. Les comédiennes du Café de la Gare montraient leurs culottes, celles du Magic Circus montraient qu'elles n'en avaient pas, et d'autres spectacles, ceux d'Arrabal, par exemple, allaient encore plus loin. Le théâtre se fit le plaisir de toutes les audaces et prouva rapidement que les audaces n'avaient d'intérêt que lorsqu'elles étaient inscrites dans une véritable démarche. Elles furent néanmoins récupérées, tournèrent aux tics ou à la surenchère et n'intéressèrent plus personne. Le mouvement d'intérêt pour un certain "théâtre contestataire" faisait long feu. En le rejetant, les spectateurs rejetaient également tout le théâtre d'après-guerre, qui n'avait jamais été remis en cause, mais qui prenait tout à coup un grand coup de vieux. Sans le vouloir, l'art dramatique était entraîné dans un processus qui le coupait de plus en plus de son public.

Les auteurs

Les auteurs furent les grands perdants de cette époque de mutation. Les "anciens", tout d'abord, peu enthousiasmés à l'idée de confier des pièces à des metteurs en scène subventionnés devenus mégalomanes, et à peu près assurés d'aller au massacre dans les théâtres privés qui ne pouvaient leur proposer que des budgets trop serrés et des distributions moyennes, préférèrent ranger leurs plumes.

D'autres auteurs, qui abordaient le théâtre dans ces temps difficiles, virent leur talent ni encouragé, ni véritablement reconnu. Aux États-Unis, Sam Shepard poursuivit de manière un peu confidentielle un théâtre de confrontations psychologiques avec *La Turista* (1966), *Operation Sidewinder* (1970), *The Tooth of Crime* (1972) ou *True West* (1980). En France,

Rémo Forlani (1927-), qui donna coup sur coup deux œuvres prometteuses, *Lundi, monsieur vous serez riche* (1968, l'une des rares comédies musicales françaises) et *Guerre et Paix au café Sneffle* (1969), malgré d'excellentes critiques, se découragea un peu de ne pas voir le public au rendez-vous. Serge Rezvani (1928-), au talent très original, avait donné en 1971 trois pièces, *Le Rémora, Le Camp du drap d'or,* qui saluait à sa façon les fêtes munificentes du Shah à Persépolis, et *Capitaine Schelle, capitaine Eçço,* autre "accusation" d'une belle verdeur, mise en scène par Jean-Pierre Vincent. Mais hélas, la mode n'était pas aux nouveaux dramaturges.

Quand aux jeunes auteurs, leurs épuisantes tentatives pour faire mettre en scène, ou tout simplement pour faire lire leurs pièces, leur démontrèrent aisément qu'on se passait très bien d'eux[1]. Les rares qui purent s'exprimer partagèrent leur mérite avec ceux qui les mettaient en scène, Hélène Cixous avec le Théâtre du Soleil pour ses pièces, Jean-Claude Grumberg (1939-) avec Jean-Pierre Vincent pour *En r'venant d'l'Expo,* Michel Vinaver (1927-) avec Antoine Vitez en 1977 pour *Iphigénie-Hôtel,* Bernard-Marie Koltès (1949-1989) avec Patrice Chéreau pour *Combat de nègre et de chiens, Dans la solitude des champs de coton, Le Retour au désert* (1988)[2]. Mais le plus souvent, il se révéla autrement plus confortable pour les metteurs en scène de servir une ultime resucée de *Dom Juan* — il y en eut, certaines saisons, jusqu'à cinq en concurrence — que de prendre un risque avec la pièce d'un auteur inconnu.

(1) En France, hélas, la situation n'a pas changé : à moins d'approcher une jeune troupe ou d'en créer une, de faire jouer eux-mêmes leur œuvre par des comédiens "en participation", c'est-à-dire sans cachet, et de franchir encore une deuxième étape qui consiste à faire voir le résultat dans une salle de seconde zone en Avignon ou en "mises en espace", sans être encore assuré de l'intérêt de quiconque, leur travail d'écriture est absolument vain. Face à cette situation, des hommes comme Lucien Attoun (théâtre Ouvert) ou José Valverde (Théâtre Essaïon) tentent de faire le relais, sans éveiller outre mesure l'intérêt d'une profession indifférente.

(2) Les créations française restent longtemps indissociées de leurs premières mises en scène, alors qu'outre-Rhin une pièce créée dans un théâtre est souvent reprise aussitôt par d'autres metteurs en scène.

LES ANNÉES 80

Survie du théâtre

Depuis quelques années, le théâtre se survit à lui-même, sans grands événements, mais tout en conservant la majorité de ses structures. Si la fréquentation reste d'une manière générale assez basse, les comédiens, jeunes et confirmés, continuent de se battre avec acharnement pour que survive leur profession. Ils réalisent en général eux-mêmes et à fonds perdus des spectacles quelquefois intéressants. Les théâtres sont sans cesse sollicités pour accueillir des réalisations qui, malheureusement, ne parviendront pas à capter un nombre suffisant de spectateurs pour subsister.

Le théâtre ne perdure qu'au prix de l'abnégation d'une grande partie de ses artistes. La situation est d'ailleurs approximativement la même dans tous les pays de l'Occident, et l'interventionnisme plus ou moins grand des états n'y change pas grand-chose.

L'Amérique

A New York, le succès de Broadway reste florissant, mais les théâtres n'ont rien produit de réellement nouveau depuis longtemps. Les comédies musicales, parfaitement professionnelles, continuent de satisfaire le public, même si les idées manquent. La grande réussite reste *Chorus Line*, qui est une revue sans scénario sinon celui d'une revue qui se monte ; et les dernières trouvailles ont pour nom "Les Misérables" et "Le Fantôme de l'Opéra". Les autres pièces sont des comédies à succès, rondement menées, dues à des auteurs de talent, mais qui ne peuvent guère s'écarter du cadre assez précis du genre.

Les théâtres expérimentaux se sont assez rapidement enfoncés dans l'intellectualisme, les spectacles schizoïdes, les "happenings" ou les attrape-gogos. Les rares talents qui se sont révélés sur ces petites scènes ont vite été récupérés par la profession(1). Et de nombreux comédiens, de nombreux auteurs, continuent de survivre grâce à des cachets de télévision en attendant leur chance, car l'Amérique reste, plus qu'ailleurs, le pays de tous les possibles.

Le vieux continent

La pièce de divertissement et la comédie musicale continuent de profiter à Londres d'un succès similaire, mais la survie est plus difficile dans les autres genres. Devant le manque de créations et les menaces de fermeture de théâtres, le Ministère anglais de la Culture s'est vu contraint d'augmenter un peu les maigres subventions qu'il distribuait. Cependant, les nouvelles pièces qui sont montées n'ont que modérément attiré le public, ce qui déplût au ministre(2). Alors, les théâtres justifient leur propre existence, comme partout ailleurs, en produisant inlassablement un choix de pièces de répertoire.

Les théâtres néerlandais, danois, scandinave, belge, bénéficient également de subsides d'état qui leur permettent de monter de bonnes pièces d'auteurs reconnus, et de faire quelques créations, souvent à thèmes historiques et locaux. Mais là encore, on ne joue pas à guichets fermés, et les pièces ne dépassent pas un intérêt saisonnier.

Les mêmes situations se retrouvent en Italie, au Portugal, en Espagne, avec peut-être dans ces pays-là un peu plus de vitalité que dans le Nord de l'Europe. Cependant, on chercherait en vain, là encore, un nouvel auteur qui semblerait marquer la renaissance du théâtre.

(1) De la même manière, les artistes français du café-théâtre qui se sont fait connaître du grand public se sont empressés de faire autre chose. Toute cette forme de théâtre de recherche, marginale ou parallèle, a fini par se révéler pour ce qu'elle n'avait jamais cessé d'être : un pis-aller.

(2) Les auteurs anglais, il est vrai, ne sont pas en verve ; les *angry young men* sont fatigués et les nouveaux dramaturges écrivent des pièces qui ne risquent pas de perturber les mânes de Marlowe ou Shakespeare. Citons néanmoins une farce, *Jumpers* ("Les Acrobates", 1985) de Tom Stoppard (1937-), et un conte épique, *Small Family Business* de Alan Ayckbourn (1939-). Le ministre cultive un autre sujet de mécontentement : les auteurs semblent en effet vivre dans l'obsession de la décadence britannique.

Le théâtre en R.D.A., bien subventionné, semble faire une part un peu plus grande à la création. Les auteurs sont néanmoins un peu trop obnubilés par leur propre démarche intellectuelle, et pas assez par les desiderata du public. Il y eut toutefois parmi de nombreuses pièces récentes, l'assez brechtien *Rotter* (1976) de Thomas Brasch (1945-), et l'étrange *Great and Small* ("Grand et Petit", 1978) de Botho Strauss (1944-). Mais l'Allemagne est peut-être le pays où le théâtre, mieux structuré, se porte le mieux.

Enfin, en France et pour ne pas faire exception, les saisons théâtrales sont emplies de grandes reprises, des plus attendues aux plus saugrenues, de traductions des comédies anglaises ou américaines, et de quelques rares créations qui sont quelquefois d'un véritable intérêt. Notons la réussite du *Saperleau* (1982) de Gildas Bourdet (1947-), qui signe par ailleurs d'excellentes mises en scène ; notons la troisième pièce de Yasmina Reza, *Conversation après un enterrement* (1988), l'œuvre qui se continue de Loleh Bellon, avec le remarquable *Une Absence* (1988, par Suzanne Flon). Mais il manque encore un véritable élan, celui de la grande magie d'un théâtre à la fois populaire et novateur, porteur d'idées, témoin de son époque, et qui offre dans le même temps aux comédiens de véritables personnages riches, complexes, faits de chair et de sang.

Les raisons d'espérer, selon certains, seraient plus grandes qu'il y a dix ans. Il ne fait plus de doute que l'on a négligé l'importance de l'auteur ; le théâtre sort un peu de son esthétisme et de son élitisme ; il n'est plus malséant de rire au théâtre; les grands acteurs, les uns après les autres, sont tentés par un retour sur les planches ; enfin, un public un peu élargi montre qu'il est resté en attente et qu'il ne demande qu'à faire le succès d'excellentes pièces : bien sûr, il se presse aux spectacles de Robert Hossein ; mais il se débrouille quand il le faut pour trouver au fond de la banlieue le hangar où se joue *Le Bal*, et il fait des salles combles pour d'excellentes adaptations comme "Le Récit de la servante Zerline"(*Die Erzählung der Magd Zerline* de Hermann Broch, 1886-1951), interprété depuis 1986 par Jeanne Moreau, ou des reprises comme celle de *Léopold le Bien-aimé*, avec Jacques Dufilho et Suzanne Flon.

EN GUISE DE CONCLUSION

Les Français

Il y a un peu plus d'un siècle, Gœthe écrivait :

« La littérature *nationale* n'a plus grand sens aujourd'hui : le temps de la littérature *mondiale* est venu et chacun doit aujourd'hui travailler à hâter ce temps. » Et il ajoutait : « Si je ne me trompe, ce sont les Français qui tireront le plus grand avantage de cet immense mouvement. »

D'une certaine manière, il ne se trompait pas ; les Français dominèrent en partie les destinées du théâtre pendant une grande partie du siècle passé, et montrèrent en tout cas l'exemple de leur invention, de leur talent et de leur rigueur dans tous les genres théâtraux.

La France, pourtant, n'est pas dans une meilleure situation aujourd'hui que la plupart des nations voisines, et cette situation quasi-générale de déclin montre bien que s'il y a une responsabilité à trouver, elle ne peut se résumer à un rapport théâtre-État.

Les subventions

Faut-il sauver le théâtre ? Faut-il maintenir en vie un art détrôné par les nouvelles techniques de l'image ? Les communautés doivent-elles continuer de porter à bout de bras un métier artistique dont l'activité tend à se limiter à l'exhumation des pièces du passé, comme elles subventionnent par exemple — mais pour des budgets moindres — la préservation de la danse classique ? Peuvent-elles se satisfaire de voir le théâtre ne plus intéresser qu'un groupe restreint de spectateurs, dont une partie, de surcroît, ne se déplacerait plus si elle ne bénéficiait pas de places gratuites ou d'importantes réductions ?

Le succès de certaines pièces ne doit pas faire oublier le nombre de réalisations médiocres ou incohérentes, les gaspillages, les astuces qui permettent de gonfler artificiellement la fréquentation — pour arriver à justifier les subventions, les demi-mensonges de dossiers de presse qui transforment un four en demi-succès, un demi-succès en succès d'estime...

Tout le monde en est pourtant conscient, au-delà d'un théâtre de simple distraction, aucune autre forme de théâtre ne pourrait survivre sans aide de l'État. S'il fallait répercuter à chaque fois sur le prix du billet l'intégralité des charges d'un théâtre, le prix du décor, des costumes, de la distribution, le coût des répétitions, le cachet du metteur en scène, etc., le théâtre cesserait rapidement d'exister. De tout temps, depuis Pisistrate, le théâtre est voué à une inéluctable dépendance des subsides du pouvoir.

Mais de plus grandes subventions sauveraient-elle le théâtre ? ou ne profiterait-elle qu'aux animateurs du théâtre ?

Les metteurs en scène

Il serait pourtant simpliste de ne rechercher les responsabilités que du côté des petits marquis de la mise en scène qui, même s'ils ne sont pas exempts de responsabilités, demeurent néanmoins à l'affût de nouvelles solutions et d'un éventuel renouvellement. Ils ont par ailleurs porté l'exigence de qualité à un niveau exceptionnel, et ont définitivement apporté à la scène toutes les ressources de la technique, de la lumière, de l'électronique, maintenant le théâtre à la pointe de tous les progrès.

Mais les "divas" de la mise en scène, condamnées à accepter les lois du service public et de l'action culturelle, ne s'y plièrent pas toujours sans en fausser le jeu et sans tenter de l'accorder à leurs propres visées. Peut-être leur a-t-on finalement donné trop d'importance, alors qu'on parle moins d'autres metteurs en scène aussi talentueux. En France, le nouveau Directeur du Théâtre, Bernard Faivre d'Arcier, se promet d'assainir et de moraliser la profession avant de tenter de reconquérir un public disparu.

Concurrences

Le cinéma et la télévision ont été accusés de porter ombrage au théâtre. Il a pourtant subi dans l'histoire des périodes difficiles qui ne devaient rien à une concurrence audiovisuelle, et les crises qu'ont également subi le cinéma, et dans une moindre mesure la télévision démontrent qu'on ne peut se satisfaire entièrement de ce type d'explication.

Le théâtre conservera toujours cet avantage suprême de la communication directe, dont Dullin parlait si bien :

« Le théâtre est davantage esprit qu'image, esprit, c'est-à-dire pensée, vie, sensualité. Le cinéma est quelque chose de bien plus cérébral que le théâtre. Au théâtre, on éprouve physiquement le frisson de la vie, l'œuvre dépend de l'acteur, de chaque minute de l'acteur. Au cinéma, d'un acteur médiocre, un bon metteur en scène peut tirer quelque chose en ne gardant de lui que ce qui est bon. Au théâtre c'est impossible. Le cinéma est une dissection suivie d'un recollage artificiel. Le théâtre est présence, vie. »

Le cinéma et la télévision sont eux-mêmes devenus concurrents et se battent avec acharnement pour conserver leurs spectateurs. En comparaison, le théâtre avec ses structures poussiéreuses, son élitisme, son isolement et ses gaspillages, fait un peu figure d'art suranné. Peut-il se moderniser, revenir en rivalité avec les spectacles audiovisuels ? Comment ? Ces questions-là se sont trop souvent heurtées à un esprit de caste et à un refus presque instinctif de faire entrer dans le théâtre "honorable" quelques principes de rentabilité.

Les nouveaux médias, et surtout la télévision, n'ont que rarement donné une image flatteuse du théâtre, en n'en faisant découvrir que les productions les plus boulevardières. Combien de créations, de mises en scène marquantes n'ont pas été conservées ? On a beau jeu de prétendre qu'il est difficile de filmer le théâtre, alors que l'on a trouvé le style qui convenait pour les ballets de Béjart, pour un concert rock ou pour un match de tennis. Quelques réussites (dont celles de la BBC avec l'intégrale Shakespeare) montrent qu'il suffisait d'en rechercher les moyens. Et l'on peut rappeler qu'en réalisant un *Dom Juan* (en 1965, avec Michel Piccoli et Claude Brasseur) à mi-chemin entre la théâtralité et le cinéma, Marcel

Bluwal a non seulement réussi un chef-d'œuvre, mais donné une leçon aux sceptiques.

Le théâtre est jaloux de sa forme d'expression ; il aurait cependant gagné à la constitution d'un répertoire télévisuel, ne serait-ce que pour susciter l'intérêt de nouveaux spectateurs. Et loin de se créer sa propre concurrence, il aurait pu y trouver (comme le cinéma) l'occasion d'excellentes coproductions. Cela aurait pu également éviter à certaines mises en scène certains obscurantismes, préciosités et audaces gratuites, que seul peut supporter un cercle étroit d'*aficionados*.

Cependant, le fonctionnement actuel du théâtre, sa précarité, son organisation difficile, n'ont rien pour rassurer d'éventuels producteurs, peu convaincus de surcroît de l'intérêt du téléspectateur moyen.

Le public

Les vraies nouveautés au théâtre, les œuvres qui éclairent leur temps, les œuvres fortes, même difficiles, attirent immanquablement le public. On s'étonnera toujours que des portefaix et des valets aient pu se presser aux grandes œuvres de Shakespeare, alors qu'ils boudaient dans le même temps des pièces qui ne leur plaisaient pas.

Le public n'est pas devenu ingrat, mais il a été rendu méfiant. Trop de spectacles prétentieux ou ennuyeux l'ont passablement découragé, et lui feront rater un autre jour un spectacle de qualité. En se refusant à une certaine rigueur, le milieu théâtral fait en partie payer à ses meilleurs éléments les faiblesses de ses plus médiocres.

Mondialisme et régionalisation

On sait maintenant qu'un grand spectacle est presque toujours issu d'un grand texte, et l'on constate qu'un grand texte tend souvent à l'universalité. Le mondialisme de Gœthe est devenu vrai dans le sens qu'une très bonne pièce finit par faire le tour du monde, même si elle aborde un thème très particulier. Or, les pièces récentes circulent mal, sont peu traduites. Sont-elles si peu intéressantes ? Avec une certaine frilosité, les auteurs tombent dans le régionalisme, dans l'intimisme, dans l'exploration d'univers trop personnels. Dominés d'autre part par le diktat de la mise en scène, ils produisent des textes bruts et laissant de nombreux non-dits pour qu'elle puisse s'exprimer.

En se fermant à une certaine idée de l'auteur souverain, en lui rendant le chemin si difficile, les structures du théâtre se sont coupées de nouveaux textes mais aussi de toute une évolution. Car il apparaît que si les metteurs en scène savent améliorer la forme et interpréter le fond, ce sont les auteurs qui créent les nouveaux mouvements de l'art dramatique. Un certain pouvoir des metteurs en scène est dangereux dans le sens où il tente de faire passer l'évolution de la forme pour une évolution fondamentale, et qu'il s'oblige à une fuite en avant dans la sophistication.

Le grand triangle auteur, metteur en scène, comédien reste nécessaire (il faudrait peut-être y ajouter le gestionnaire, ou le directeur de salle), mais celui qui n'est pas absolument nécessaire est le metteur en scène.

Le secret du théâtre

La conclusion (provisoire) de ce long parcours historique de l'art théâtral aboutit donc sur le constat d'une certaine période de repli, une période qui sera peut-être un jour analysée comme une étape nécessaire. Elle n'est pas sans précédents et, dans le passé, de nouveaux auteurs sont toujours parvenus à faire renaître de ses cendres une dramaturgie quelquefois défaillante. Peut-être faut-il susciter et soutenir ce nouvel élan, et l'espérer aussi beau, aussi riche, aussi surprenant qu'ont pu l'être en leur temps les grands moments de l'art dramatique. L'histoire et l'art sont imprévisibles, mais le théâtre continuera très certainement d'appartenir à l'un et à l'autre.

Il reste aux auteurs, aux acteurs, aux metteurs en scène de demain, à méditer le grand secret du théâtre, celui qu'avaient découvert leurs illustres prédécesseurs. Molière disait, dans *La Critique de l'École des femmes* :

« Je voudrais bien savoir si la grande règle de toutes les règles n'est pas de plaire. »

Racine renchérissait, dans la préface de *Bérénice* :

« La principale règle est de plaire et de toucher. Toutes les autres ne sont faites que pour parvenir à cette première. »

Et Boileau le versifia dans son *Art poétique* :

« Le secret est d'abord de plaire et de toucher. »

INDEX DES PERSONNES CITÉES

Les noms référencés ne concernent que les personnes citées, vivantes ou ayant existé ; les auteurs, comédiens ou metteurs en scène figurent en caractères gras. La mention de page en gras situe le chapitre où ils sont plus particulièrement traités ; l'italique indique qu'il sont cités en note.

INDEX DES ŒUVRES CITÉES

L'index rassemble l'ensemble des œuvres citées dans le livre. Les ouvages qui ne sont pas des pièces de théâtre sont mentionnés en caractères maigres ; les indications de page en italique concernent les titres cités en note.

TABLE DES MATIÈRES

Achevé d'imprimer le 18 septembre 1990
dans les ateliers de Normandie Impression S.A.
61000 Alençon
N° d'imprimeur : 902130
Dépôt légal : septembre 1990
Imprimé en France